O tempo dos inconciliáveis

SERVIÇO SOCIAL DO COMÉRCIO
Administração Regional no Estado de São Paulo

Presidente do Conselho Regional
Abram Szajman
Diretor Regional
Danilo Santos de Miranda

Conselho Editorial
Ivan Giannini
Joel Naimayer Padula
Luiz Deoclécio Massaro Galina
Sérgio José Battistelli

Edições Sesc São Paulo
Gerente Iã Paulo Ribeiro
Gerente adjunta Isabel M. M. Alexandre
Coordenação editorial Francis Manzoni, Clívia Ramiro, Cristianne Lameirinha
Produção editorial Maria Elaine Andreoti
Coordenação gráfica Katia Verissimo
Produção gráfica Fabio Pinotti
Coordenação de comunicação Bruna Zarnoviec Daniel

Cet ouvrage, publié dans le cadre du Programme d'Aide à la Publication 2020 Carlos Drummond de Andrade de l'Ambassade de France au Brésil, bénéficie du soutien du Ministère de l'Europe et des Affaires étrangères.

Este livro, publicado no âmbito do Programa de Apoio à Publicação 2020 Carlos Drummond de Andrade da Embaixada da França no Brasil, contou com o apoio do Ministério francês da Europa e das Relações Exteriores.

ABDELWAHAB MEDDEB

O tempo dos inconciliáveis

EDIÇÃO ESTABELECIDA E APRESENTADA POR
Amina Meddeb, Hind Meddeb e Raphaël Lauro

TRADUÇÃO
Flavio Soares de Barros

Título original: Le Temps des inconciliables: contre-prêches 2
© Éditions du Seuil, 2017
© Edições Sesc São Paulo, 2021
Todos os direitos reservados

Revisão técnica da tradução André Albert
Revisão Elba Elisa Oliveira, Bibiana Leme
Projeto gráfico e diagramação Elisa von Randow / Alles Blau
Capa Elisa von Randow / Alles Blau
Imagem da capa Sasan Nasernia

Dados Internacionais de Catalogação na Publicação (CIP)

Ab31t	Abdelwahab Meddeb
	O tempo dos inconciliáveis / Abdelwahab Meddeb; tradução de Flavio Soares de Barros. – São Paulo: Edições Sesc São Paulo, 2021. 304 p.
	ISBN 978-65-86111-43-9
	1. Islã. 2. Civilização Árabe. 3. História. 4. Política. 5. Problemas sociais. I. Título. II. Barros, Flavio Soares de.
	CDD 961.1

EDIÇÕES SESC SÃO PAULO
Rua Serra da Bocaina, 570 – 11º andar
03174-000 – São Paulo SP Brasil
Tel. 55 11 2607-9400
edicoes@sescsp.org.br
sescsp.org.br/edicoes
 /edicoessescsp

   8 *Nota à edição brasileira*
10 *Prefácio*, por Amina Meddeb e Hind Meddeb
17 O Islã não é o islamismo

DA BARBÁRIE

25 Auto de fé
31 Salvar Alepo
34 Destruição de mausoléus
40 Memória assassinada
45 Alexandria, a vergonha!
49 Boko Haram e os mártires de Córdoba
53 De um Iraque desmembrado
56 Ódio à cultura

EXERCÍCIO DO TERROR

61 Não ao terror islamista
66 Conflito de valores
69 Estupro em Túnis
73 O câncer salafita
77 Beijo punido
81 Morte em Túnis
85 Para pôr um fim ao islamismo
89 O crime do *takfîr*
92 Irmandade Muçulmana e violência
96 Entre liberdade e terror

A MENTIRA DOS ISLAMISTAS
- 101 Terceiro impasse
- 105 Traumatizados pela vitimização
- 109 Manipulação dos idiotas
- 112 Inteligência e astúcia
- 116 Do governo do clérigo ao amor à vida
- 119 Islamistas e mentira
- 122 Revés dos islamistas
- 126 Traição dos ocidentais
- 132 O apoio norte-americano aos islamistas
- 142 Nem ditadura nem islamismo
- 146 Fraude do Dâ'ish
- 149 *Salafi*, salafismo

RESISTÊNCIA CIVIL
- 153 Os heróis de 2011
- 157 Lições da revolução
- 159 Vozes laicas
- 164 Véu e liberdade
- 168 Tunísia livre
- 173 Resistência cultural
- 176 Extraordinária Amina
- 180 Liberdades silenciadas
- 183 Rejeição do islamismo por seu povo
- 187 De Weld El 15 a Mandela
- 191 O ano da liberdade
- 195 A arte e o mal
- 198 Para Azyz Amami
- 202 Fazer o bem

ELOGIO DA PLURALIDADE

- 207 Sobre a pluralidade
- 211 O sufismo é a solução
- 214 Direito e *sharî'a*
- 218 Direito e cultura
- 222 Governo mundial
- 226 A grande separação
- 230 Argel, ou a beleza da hibridização
- 234 Necessidade do Outro
- 242 Judeus e árabes, entre coabitação e convivência

ARQUEOLOGIA DO CONTEMPORÂNEO

- 247 Derrota da razão
- 253 Islã e Ocidente
- 257 Lição da Índia
- 261 Arabicidade do judeu
- 266 Atualizando o sufismo
- 270 Alexandria universal
- 274 Referência grega
- 277 O golpe egípcio
- 280 Perigo e salvação
- 285 Ibn 'Arabî, ou o dever de alteridade
- 289 Ibn Khaldûn atualizado
- 292 Ainda sobre Ibn Khaldûn
- 295 Fracasso da transição para a modernidade

- 298 *Nota à presente edição*, por Raphaël Lauro

NOTA À EDIÇÃO BRASILEIRA

Falecido em 2014, Abdelwahab Meddeb foi um importante e prolífico intelectual tunisiano, autor de cerca de trinta livros a respeito do Islã. Foi também professor de literatura comparada na Universidade de Paris X-Nanterre e de Genebra, editor da revista *Dédale*, além de produzir o programa "Culturas do Islã" para a rádio pública francesa France Culture.

Este livro, agora publicado no Brasil pelas Edições Sesc, trata-se de "um precioso manual de combate a todas as formas de fundamentalismo"; assim se referem os prefaciadores, familiares de Meddeb que, em parceria com seus amigos, reuniram dezenas de crônicas transmitidas pela rádio Méditerranée Internationale - Médi 1 e colunas publicadas na imprensa. Com essa homenagem póstuma, seguem difundindo a liberdade e a tolerância sempre defendidas por Meddeb e alertando os povos do Ocidente de que não estamos imunes a radicalizações e intolerâncias, sejam religiosas, socioculturais ou meramente geográficas.

E é desse modo também que o Sesc, instituição que preza pela diversidade e pelos ideais democráticos, busca contribuir com a sociedade: oferecendo, por meio de sua programação e de suas publicações, temáticas que lancem olhares respeitosos e desmitificados sobre povos e culturas do mundo todo.

PREFÁCIO

"Europa e Islã são, a um só tempo, idênticos e diferentes. Nosso presente encontra-se profundamente marcado pelo laço que une Islã e Ocidente, os quais não cessam de se observar um ao outro, oscilando entre fascinação e repulsão, entre aceitação e rejeição". É com base nesse estado de coisas, analisado de forma tão precisa, que Abdelwahab Meddeb constrói um método, oferecendo argumentos para que se vá além da hostilidade ou do ressentimento que invadem e ocupam nosso presente; hoje, tanto no Oriente como no Ocidente, vivemos em sociedades profundamente divididas, em que os confrontos e mal-entendidos se sucedem, constatação resumida pelo autor da seguinte forma: "O inconciliável divide de forma irrevogável; lida-se com essa divisão por meio da guerra ou da violência extrema da guerra civil". Abdelwahab desconstrói dessa maneira a tese do choque de civilizações, desenvolvida por Samuel Huntington, e revela aos leitores atentos uma realidade completamente diferente: vivemos o tempo dos inconciliáveis. As ideologias do ódio e do racismo espalham-se e inserem a guerra cultural no interior de todas as comunidades, tanto no Oriente como no Ocidente. Contra essa onda retrógrada e o retorno das barreiras identitárias, é importante voltar ao pensamento de Abdelwahab Meddeb, que recomenda a construção de uma comunidade futura para além das comunidades constituídas. Como [Louis] Aragon, ele defendia uma visão da história universal e transfronteiriça, que fosse além das origens e do Estado-nação, descrito pela filósofa Simone Weil como "uma violência, uma extensão da tribo". Abdelwahab opõe à teoria do choque uma ética da abertura, partilhada com o místico Abû Yazîd al-Bistâmî (sufi persa do século IX), que foi por ele traduzida e publicada[1]. Eis como um dos discípulos de Bistâmî interpela seu mestre: "Soube que você se desloca entre Oriente e Ocidente rapidamente". Bistâmî responde: "É possível, mas doloroso. Contanto que se creia que isso seja essencial, aonde quer que se vá, o Oriente e o Ocidente estão entre as mãos: pode-se ir aonde se queira". Estamos mesmo no tempo dos inconciliáveis, em que as ideologias se enfrentam no interior de cada grupo, distantes do choque de culturas que, como desejam os fundamentalistas, ao opor Oriente e Ocidente, ignora voluntariamente a complexidade do mundo.

Diante da ascensão irremediável do extremismo religioso na terra do Islã, Abdelwahab Meddeb propõe que se busque a sabedoria ancestral para desarmar a tragédia provocada pelo inconciliável. Ele enfrentou um combate duplo, contra o fundamentalismo muçulmano e contra o desconhecimento da contribuição civilizacional do Islã ao Ocidente: "Na origem da Europa, certamente temos Atenas e Jerusalém, mas também temos Roma, Bagdá e Córdoba. Essa é nossa resposta serena aos que difundem o ódio com seus apelos belicosos, em nome da irredutibilidade da história, das narrativas, dos temas, das imagens e dos conceitos", escreveu em seu *Contre-Prêches* [Contraprédicas] em 2006, publicado pelas Éditions du Seuil.

Abdelwahab Meddeb já havia compreendido muito tempo atrás que o pior ainda estava por vir, recordando sem cessar a urgência de decisões políticas que levem a civilização islâmica a ser estudada em nossas escolas, porque é por meio do reconhecimento do outro, de sua cultura e de sua grandeza, que viria a salvação: atenuar as feridas identitárias dos jovens europeus oriundos dessa civilização, os mesmos

---

[1] Yazid al-Bistâmî Abû, *Les Dits de Bistâmî (shatahât)*, Paris: Fayard, 1989.

que, apartados de sua cultura de origem, humilhados por pertencerem a ela, serão os candidatos dos sonhos para a *jihâd*.

Abdelwahab Meddeb impôs a si mesmo a tarefa de enredar os pregadores fanáticos na armadilha que criaram para si e de desconstruir seus discursos falsamente eruditos, voltados a uma juventude culpabilizada e desamparada. Oferece a esses excomungados uma nova possibilidade de salvação, ao fornecer as referências que eles buscam desesperadamente e que nossos livros de história ainda se recusam a oferecer-lhes. Abdelwahab Meddeb desenvolvia uma abordagem erudita do Islã e de sua civilização. Esse exame é, ao mesmo tempo, raro e valioso, pois poucos textos tiveram nele seu ponto de partida; por isso, levemos a sério suas palavras, que propõem a uma juventude fragilizada, abandonada, em busca de identidade, razões para ter esperança em nosso mundo.

Seria possível considerar esses textos ultrapassados, por examinarem eventos passados, mas também em decorrência da aceleração do desastre que se propagou após a morte de Abdelwahab Meddeb. O noticiário, no entanto, sempre foi, em sua proposta, a motivação para uma reflexão mais ampla, articulada com a história, o pensamento e a sabedoria dos antigos, o retorno a um *corpus* desconhecido tanto dos muçulmanos neófitos, vítimas do fundamentalismo, quanto do Ocidente, cujas negação e recusa do Islã são antigas e constantes.

Do *corpus* islâmico clássico, Abdelwahab Meddeb extrai a substância para uma escapatória do desastre. Existe em seu procedimento a busca de um apaziguamento, um retorno às luzes vindas do mundo que ele desejava proteger da extinção.

É sua análise, seu conhecimento profundo de uma civilização subestimada, que deve ser hoje transmitida amplamente, para despertar a consciência daqueles que se desencaminham ao semear o ódio e a destruição no espaço islâmico enquanto fingem salvá-lo. Abdelwahab Meddeb permite descobrir a complexidade e a beleza desse mundo. Toda a força de sua erudição é utilizada para desviar os neófitos dos discursos do islã político, fechados e reducionistas. Seria desejável que a generosidade de seu propósito fosse contagiosa, de modo que todos se esforçassem para extirpar de seu próprio grupo de pertencimento os males que, ao se agregarem aos males de outros, geram a cultura do confronto.

Como nos lembra incessantemente em seus escritos, o islã político não é o Islã; trata-se de uma ideologia política identitária que se satisfaz com o crime e a destruição em nome de uma pureza imaginária que lembra outras cruzadas em busca de uma hegemonia ilusória e assassina.

O combate contra os "sofistas" do islã político é violento. Abdelwahab Meddeb ousa confrontar os pregadores fundamentalistas que assolam as mesquitas, retransmitidos pelo YouTube e pelas redes árabes de televisão via satélite. Seu modo de atuação é comparável ao de Sócrates diante de Cálicles no *Górgias* de Platão, pois procede da mesma forma, *discurso contra discurso, versículo contra versículo*, como sugere o título de seu livro *Contre-Prêches* [Contraprédicas]. Não se deve permitir que os ideólogos islamistas, mestres em retórica e manipuladores astutos, ocupem a totalidade do cenário midiático. Abdelwahab Meddeb buscava constantemente, em ensaios políticos, crônicas no rádio e inúmeros artigos na imprensa, confundir a doxa islamista, atualizando implacavelmente aquilo de que os pregadores haviam se apoderado, ou mesmo que haviam encoberto, a fim de recrutar os ignorantes para um combate mortífero e vão.

É cruel a falta que sua voz nos faz hoje, sobretudo sua naturalidade e sua capacidade de circular entre culturas e línguas, filho do Oriente e do Ocidente que era. Restam-nos sua obra e centenas de horas de gravações radiofônicas (entre as quais os arquivos de seu programa *Cultures d'Islam* [Culturas do Islã], que apresentou entre 1997 e 2014 na rádio France Culture). Nós, seus familiares, mas também seus amigos intelectuais e artistas, seus leitores e seus ouvintes, temos a tarefa de manter vivo seu pensamento. É este o objetivo deste livro: ao reunir dezenas de crônicas radiofônicas transmitidas pela rádio Méditerranée Internationale – Médi 1, entre 2012 e 2014, assim como algumas colunas publicadas na imprensa, oferecemos ao leitor um precioso manual de combate a todas as formas de fundamentalismo.

As crônicas de Abdelwahab Meddeb desconstroem o discurso fanático e são uma alternativa às análises dos cientistas políticos contemporâneos e de outros "especialistas" em terrorismo, porque se contrapõem aos fundamentalistas religiosos remetendo-os à própria ignorância deles e à leitura unívoca e literal que fazem do Alcorão. Os melhores argumentos contra o discurso da propaganda do Dâ'ish ou da al-Qâ'ida são encontrados nos textos fundadores aos quais eles mesmos fazem referência. Abdelwahab considerava que o melhor meio de combater aqueles que destroem e matam em nome do Islã era voltar a mergulhar no Alcorão e, dessa forma, confundir os novos tartufos. Para isso, recorria à imensa herança teológica, filosófica, arquitetônica e literária que constitui a civilização islâmica. Sua erudição lhe permitia desmascarar a fraude da ideologia jihadista. Empenhemo-nos para que o antídoto chegue ao maior número de pessoas, porque nunca é tarde para salvar aquilo que ainda pode ser salvo.

Abdelwahab Meddeb dirigiu-se também ao Ocidente, tanto para que ali se ganhe consciência de que a ideologia islamista constitui uma ameaça à civilização como para demonstrar que o islã político não é a sina do mundo muçulmano. Ele combatia a tese culturalista desenvolvida por intelectuais e políticos ocidentais que ainda hoje acreditam que o Ennahdha, na Tunísia, o AKP, na Turquia, ou a Irmandade Muçulmana, no Egito, são partidos políticos semelhantes aos outros. Numerosos cientistas políticos os comparam à democracia cristã, enquanto Abdelwahab denuncia aqueles que se dizem democratas e avançam de forma furtiva, manejando com destreza a arte da dubiedade e do silogismo, mas cujo real projeto traduz-se apenas no exercício de uma ideologia totalitária, como aquela dos partidos fascistas dos anos 1930 ou da extrema direita europeia atual. Abdelwahab denunciava implacavelmente aquilo que os partidos islamistas "moderados" são na realidade: obcecados pela identidade, que recusam a presença de qualquer alteridade e têm como único programa, em última instância, a instauração da *sharî'a*. O perigo não vem só dos movimentos extremistas que recorrem à luta armada, mas também da doxa islamista que se propaga por todo o espaço muçulmano e que nasce como mera etapa que precede a instauração da ditadura religiosa. Abdelwahab Meddeb entendia que a visada universalista, da democracia e do respeito pelos direitos humanos, acabaria por triunfar sobre o islã político. Durante muito tempo, os norte-americanos financiaram militantes islamistas em sua guerra contra o comunismo, encarnado pela esquerda nacionalista árabe, sem se preocupar com as consequências de uma política desse tipo sobre o mundo.

A Arábia Saudita formou pregadores que oficiam de diversos lugares ao redor do mundo, esvaziando o Islã de sua espiritualidade, reduzindo-o a uma série de leis a serem respeitadas; em suas mãos, o Alcorão se torna um tipo de kit *"halâl-harâm"*, dissociado de sua civilização e de sua história. Assim como os nazistas queimaram os livros de Karl Marx, Sigmund Freud, Heinrich Mann, Erich Maria Remarque ou Stefan Zweig, considerados contrários à ideologia deles, no dia 25 de janeiro de 2013, os jihadistas queimaram os manuscritos de Timbuctu e, desde 2010, a Irmandade Muçulmana tenta proibir *As mil e uma noites*, que seria, para eles, um texto "pornográfico".

No campo de batalha, o combate é desigual: os militantes da liberdade nas terras do Islã têm uma carência cruel de apoio, enquanto os jihadistas e os pregadores se beneficiam da logística da Internacional Islâmica, financiada pelos petrodólares. As resistências cidadãs à hegemonia islamista são muitas, mas pouco conhecidas; apenas as violências jihadistas ganham espaço nas primeiras páginas dos meios de comunicação ocidentais. *A contrario*, neste livro, os membros da resistência civil são homenageados. Uma parte inteira é dedicada a eles. São os artesãos do que Abdelwahab denominava *fazer o bem*: de Nazir Afzal, procurador de sua majestade, a rainha da Inglaterra, a Ahmed Sha'lân, professor de hebraico na Universidade de Rabat, no Marrocos, sem esquecer Badra Khân, jovem estudante de 23 anos em Cambridge, responsável pela iniciativa da construção da primeira mesquita "verde" – ou seja, que respeita o meio ambiente –, assim como muitas outras personalidades da sociedade civil, sejam célebres, sejam anônimas, que serão encontradas ao longo da leitura deste livro.

Abdelwahab Meddeb interpelou incessantemente o Ocidente, seus intelectuais e seus políticos, convidando-os a apoiar aqueles que, espalhados pelo espaço islâmico, lutavam contra todas as formas de obscurantismo, pelo advento da liberdade e da tolerância. Toda vez que a Europa deixava de cumprir sua tarefa de apoiar as sociedades civis que se postavam contra a ditadura, Abdelwahab se insurgia e nos alertava sobre as consequências terríveis de uma política que escolhia a indiferença em relação ao destino do Outro. Ao não apoiar os cidadãos comuns que marcharam pelas ruas da Síria durante a primavera de 2011, as grandes potências ocidentais permitiram que os extremistas jihadistas assumissem o controle de uma causa que não era deles. Ao se abster de impedir Bashar al-Assad de massacrar seu povo, essas mesmas grandes potências permitiram indiretamente a infiltração jihadista financiada pelos petrodólares que deu origem ao Dâ'ish. Abdelwahab assistiu, impotente, à destruição da infraestrutura e da cultura de um país que é a mesma antiga Mesopotâmia, berço das civilizações da Suméria, da Babilônia e da Assíria. Ele observava esses acontecimentos funestos e os comentava diariamente. Com todas as suas forças, lutou para sensibilizar a Europa em relação a essas questões cruciais, para tentar salvar a Síria e o Iraque do caos. Em seu leito de hospital, segredou-nos isto: "Os males que corroem o Oriente Médio, suas cidades, seus monumentos destruídos, de Alepo a Mossul, passando por Palmira, deixam-me doente. Creio que o câncer que me corrói pode ser comparado àquele que mergulhou o Levante no caos. Deixamos que niilistas idiotas tomassem o controle do berço da humanidade".

Amina Meddeb e Hind Meddeb

O ISLÃ NÃO É O ISLAMISMO[2]

A política triunfa nos dias de hoje no Islã. Trata-se, no entanto, da parte mais pobre e menos adaptada a nosso tempo, até porque essa visada política se assenta em um dispositivo jurídico gasto. Essa parte pobre tem mobilizado as energias. Empregando normas que estruturam uma humanidade de outra época, os islamistas impõem uma identidade alternativa àquela, de origem ocidental, que se confunde com nosso tempo. É como se militantes islamistas quisessem tornar o sujeito islâmico um ser intempestivo e anacrônico. Esses dois atributos confirmam a inscrição do projeto islamista em uma lógica niilista. De fato, o islamista nega os valores da modernidade, em que o indivíduo é construído em torno da liberdade e da igualdade, sem distinguir sexo, gênero, etnia ou crença. E algo que define o niilista é querer impor seu projeto por meio da violência.

[2] Excertos de um artigo publicado em 24 de janeiro de 2012 no *site* de notícias tunisiano *Leaders*.

Esse é o desafio com o qual se confrontam as sociedades árabes hoje, depois de haver ultrapassado, em 2011, o limiar que as impedia de agir. As próprias pessoas que iniciaram o processo revolucionário estão decepcionadas, pois haviam agido de acordo com os princípios do direito natural, por meio da resistência e desobediência civil, distantes da referência religiosa. Em nome da liberdade, da dignidade, da igualdade e mediante a não violência, derrubaram sistemas políticos arbitrários, corrompidos, iníquos. Em seguida, após vários meses de governo transitório, o processo eleitoral revelou em toda parte a hegemonia islamista, no Egito, na Tunísia, mas também no Marrocos. Foi o choque do desvelamento dos países reais.

Mas o país real é islâmico, não islamista. Aí está toda a nuance. Por que a referência islâmica contra a qual os povos se escoram foi redirecionada para o islamismo, ou melhor, para a parte mais pobre do Islã? Definamos melhor os contornos do islamismo. Por ele, é confirmado o fechamento sofrido pelo Islã na era medieval, com a controvérsia teológica sendo substituída pelo controle da sociedade por força do culto e da norma. Essa política produziu uma censura social, a qual, por sua vez, instaurou uma ordem moral que impediu o surgimento de um sujeito que apreciasse a liberdade. Mesmo esse sistema coercitivo permanecia utópico. A sociedade não se conformava a ele, era astuta para se assumir como organismo movido por um ímpeto vital. Sabia organizar os espaços de transgressão para escapar às restrições da autoridade teológica e política. Basta ler *As mil e uma noites* para se convencer disso. O islamista de hoje sonha em concretizar no real o que a história revelou ser irrealizável. É verdade que, sem o dinheiro do petróleo, o islamismo não teria obtido os meios para sua política. O dinheiro árabe, de fato, rega essa ideologia em sua versão dupla, *soft* nos movimentos que emanam da Irmandade Muçulmana, *hard* naqueles que se denominaram salafitas e que são, na verdade, vaabitas puros e duros. Sua propaganda, transmitida via satélite por canais de televisão, corrompeu o senso comum islâmico mesmo nos países onde a secularização é avançada, como a Tunísia.

O Islã ao qual as sociedades em questão se sentem profundamente fiéis, no entanto, não foi cedido aos islamistas e à sua interpretação reducionista. Não podemos deixar essa referência simbólica e de imaginário para os niilistas. Estes a utilizam como resposta à crise de valores por que o mundo passa. Acreditam encontrar no islamismo o antídoto para a ruína do humanismo e para a suspeita que corrompe o universalismo. É à beira desse desastre que o islamismo age como niilismo. Sua ação militante é favorecida pela impunidade de que se beneficiam as finanças internacionais, que souberam impor sua visão da globalização.

É nosso dever denunciar a trapaça do projeto islamista. Trata-se também de uma política ineficiente. A salvação das sociedades que valorizam sua referência islâmica não virá do niilismo islamista. Aliás, algumas tendências islamistas pressentem esse fato. É a razão pela qual seus inspiradores abandonam sua pretensão ideológica e penetram ainda mais na lógica da técnica política que consagra o pragmatismo. É o que os leva a proceder a numerosos processos de acomodação, ou mesmo de palinódias. Essa adaptação ao real, à custa da infidelidade aos princípios, não é apenas iluminada pelo discurso ambíguo e pelo recurso à tática, com a finalidade de atingir um objetivo estratégico. Pode-se, de fato, ver aí a mutação possível do islamismo em democracia islâmica.

No entanto, nessa passagem eventual do islamismo à democracia islâmica, a restrição da norma vai resistir. O moralismo não será evitado, mesmo que seja possível livrar-se dos laços da lei religiosa. Temo que a lei religiosa seja até reintroduzida na sociedade pela via dos costumes, e isso só pode ir contra a liberdade e restringir seu campo de aplicação. As condições de coabitação entre seculares e religiosos, laicos e islamistas, praticantes e negligentes, dogmáticos e livres-pensadores, pudicos e libertinos correm o risco de serem perturbadas por um conservadorismo que não pode deixar de restringir a liberdade dos costumes. Não é por meio de um moralismo tão elementar e medíocre que serão restaurados os valores do humanismo e do universalismo em crise.

Para se contrapor a essa crise, precisamos retornar ao Islã como civilização e extrair de seu fundamento glorioso as formas de participar na reorientação de nosso tempo. Com isso, restauraremos a pertinência da referência islâmica. Dessa referência, abandonaremos justamente aquilo que é fetichizado pelos islamistas niilistas, ou seja, o político e o jurídico. Privilegiaremos a ética e a estética. Colheremos essas duas direções da matriz islâmica que é o próprio Alcorão. Nossa leitura desse texto, de fato, privilegia a ética em relação à lei. Não inventamos nada: essa hierarquização é expressa literalmente na surata v[3], a última a ser revelada, portadora da mensagem final que é reconhecida por meio do versículo 3: "Hoje, completei a religião para vós". Nessa surata, dois versículos adiante daquele em que a tradição exegética identifica a proibição das bebidas alcóolicas, é dito: "Os fiéis que praticam o bem não serão reprovados pelo que comeram, uma vez que passem a se abster, continuando a crer e a praticar o bem..." (Alcorão, v, 93). Nessa insistência sobre o ato "bom", "salutar" (*'amal al-çâlihât*), encontra-se o primado da ética. A expressão reaparece sessenta vezes no Livro Sagrado, mais que a palavra *çalât*, "oração". Ela é reencontrada, na mesma surata, no versículo 69: "Os fiéis, os judeus, os sabeus e os cristãos que creem em Deus e praticam o bem, no Dia do Juízo Final, não serão presas do temor". O versículo 48 dessa mesma surata v faz da emulação ética o critério de eleição e de salvação antes da identificação da crença: "A cada um de vós temos ditado uma lei e uma norma; e, se Deus quisesse, teria feito de vós uma só comunidade; porém, fez-vos como sois, para pôr-vos à prova quanto àquilo que vos concedeu. Encaminhai-vos, pois, para fazer o bem, porque todos vós retornareis a Deus" (*istabqû al-khayrât ilâ Allâh*). Esse primado da ética resguarda a alteridade e instaura aquilo que alguns chamaram "teologia das religiões", reconhecendo a coabitação das alianças pelos séculos dos séculos[4], notadamente por meio de suas formas judaica, cristã e islâmica.

[3] Seção, versículo ou capítulo do Alcorão. [N.T.]
[4] A eternidade. [N.T.]

Também o âmbito estético é encontrado em potência no texto corânico. Ele está encarnado na celebração da palavra inspirada pela salmodia e pela caligrafia, essas duas artes nas quais se reconhece a especificidade da criatividade islâmica. Submetidas à harmonia, às regras de proporções, adaptam o número áureo e o pitagorismo a essa matéria nova, ambas constituindo a música do espírito. Com o auxílio do Cálamo[5] e da Tábua para a inscrição da Letra, os teósofos do Islã reconhecem a conjunção entre a Inteligência Primeira e a Alma Universal, que dá origem à existência. Dessa forma, o ato caligráfico e a contemplação de seu produto atualizam o fenômeno da Criação.

Essas duas direções, ética e estética, são profundamente apropriadas pelos espiritualistas do Islã, os sufis. Com base nelas, uma ética da nuance pode ser adaptada a nosso tempo e contribuir para a reparação da crise do humanismo e da universalidade. Basta um único exemplo para ilustrar de forma eloquente essa tendência. É o de Tirmidhî (século X) em seu *Kitâb al-Furûq wa Man' al-Tarâduf*, traduzido para o francês por Geneviève Gobillot com o título *Le Livre des nuances ou de l'impossibilité de la synonymie* [O livro das nuances ou da impossibilidade da sinonímia]. Esse livro é composto de 156 capítulos que confrontam dois sinônimos para tratar da diferença que os distingue, tanto do ponto de vista psicológico como do ético. Em nosso contexto revolucionário, na Tunísia e também no Egito, onde ocorreram e ainda ocorrem processos contra os malfeitores do antigo regime, terei prazer em citar o capítulo V, que trata da diferença entre fazer justiça (*intiçâr*) e vingar-se (*intiqâm*). Tirmidhî recorda o versículo corânico que sugere que se vá além da lei de talião por meio do perdão: "E o delito será expiado com o talião; mas, quanto àquele que indultar [possíveis ofensas dos inimigos] e se emendar, saiba que a sua recompensa pertencerá a Deus" (Alcorão, XLII, 40). Encontramos ainda, no texto corânico, o primado da ética sobre a lei. Jacques Derrida acrescentará que só existe perdão

---

5 Instrumento feito de um pedaço de cana ou junco, utilizado para escrever em papiros e pergaminhos. [N.T.]

no perdão daquilo que é imperdoável. Não é essa, no entanto, a questão. Ela diz respeito, sobretudo, à recusa da lei de talião e de seu arcaísmo, que continuam a rondar as consciências. Trata-se de respeitar, da forma mais estrita possível, as regras e engrenagens da justiça para fazer justiça ao mesmo tempo que se faz com que sua causa (*intiçâr*) triunfe, distante de toda forma de vingança (*intiqâm*). Eis o ato de civilização que pode ser sustentado pela ética da nuance proposta por Tirmidhî.

O mesmo ocorre para a estética e a poética, ilustrada notadamente pelo amor e por suas ambivalências, na concretização do espírito pela carne, entrando, consequentemente, em ressonância com outras tradições da experiência interior, notadamente aquelas das tradições de sabedoria asiática, como o taoismo e o tantrismo. Estabelece-se uma experiência construída em torno do culto do belo, que tem justificada sua existência pelo cuidado de si. Poderíamos, assim, viver no mundo como poetas e seguir a vida como uma obra de arte. Esse enfoque é claramente perceptível no itinerário terrestre e celeste do andaluz Ibn 'Arabî, que vivenciou em Túnis uma experiência espiritual intensa, em quem o Platão divino se encarnou no âmbito da crença islâmica.

Quando discernimos as virtualidades éticas e estéticas contidas na tradição islâmica, ficamos consternados com a interpretação errônea dos niilistas islamistas. Essa crispação sobre a vocação política do Islã e sobre seu *corpus* normativo e jurisprudencial produziu um nó górdio que imobiliza essa comunidade há quase dois séculos, desde que os muçulmanos descobriram a inovação política e jurídica ocidental e a recusaram, por receio de trair sua origem, de ser infiéis a seu legado. No entanto, como é impossível desfazê-lo, o nó górdio deve ser cortado.

DA BARBÁRIE

AUTO DE FÉ[6]

Cresce a tensão na Tunísia. Os salafitas atacam o mundo das artes e da cultura, enquanto as autoridades governamentais islamistas pretensamente moderadas tratam como iguais tanto aqueles que semeiam o terror como os artistas, equiparados a agentes provocadores extremistas. Mais uma vez, transparece a estratégia do partido islamista que dirige o país, o Ennahdha. Trata-se de permitir que os salafitas se alastrem para, em seguida, condenar, com o mesmo ardor, o agressor e a vítima.

6 Artigo publicado em 16 de junho de 2012 no *site* de notícias *Leaders*, baseado em uma crônica transmitida pela rádio Médi 1 no mesmo dia e retomada no dia 28 de junho de 2012 no jornal *Le Monde*.

Os *nahdawîs* almejam neutralizar dessa forma as forças seculares e modernistas, ao equiparar sua presença na cidade ao mal que serve de motivação aos obcecados por Deus. Depois dos ataques aos meios de comunicação (no caso [do filme de Marjane Satrapi] *Persépolis*, exibido pela canal de TV Nessma), depois das violências contra o espaço acadêmico (especialmente na Faculdade de Letras, Artes e Humanidades de Manouba), chegou a vez do mundo das artes. O argumento é sempre o mesmo: a liberdade só pode ser exercida nos limites do sagrado. Como não se sabe o que é o sagrado nem onde ele começa ou termina, essa restrição acaba atentando contra a liberdade.

No último domingo [10 de junho de 2012], após ameaças constantes, salafitas invadiram durante a noite o palácio haféssida de Al-'Abdelliyya, em La Marsa, que abrigava a exposição Printemps des Arts [Primavera das Artes]. No local, profanaram obras polêmicas, uma dúzia de telas foi rasgada, destruída. Com esse vandalismo, mostram sua barbárie e sua ignorância. Tomemos o exemplo de uma das obras consideradas profanadoras, ainda que faça parte, mais que qualquer outra, do sagrado tal como o definimos. Trata-se de uma tela que transpõe a fórmula ritual *Subhân Allâh* ("Glória a Deus"), expressão idiomática que os muçulmanos pronunciam em forma de exclamação para exprimir admiração ou terror. Um desfile de formigas delineia as letras. As formigas do *aleph*[7] inicial da palavra *Allâh* seguem seu caminho até penetrar na cabeça de um ser humano para estocar alimento em seu cérebro e retirar-lhe, assim, a faculdade de pensar. Talvez seja essa a forma pela qual o artista simboliza a lobotomia produzida por um salafita.

Essa obra, no entanto, é duplamente legitimada: pelo sagrado da arte e pelo sagrado do sufismo. Primeiramente, o uso de formigas deriva daquele feito por Salvador Dalí em seus quadros. Vemos, no surrealista catalão, as operárias pretas ocupadas nas teclas brancas de um piano. Essa aparição insólita cria o choque da visão, que provoca a emoção. O artista tunisiano adapta esse elemento que pertence à memória da pin-

---

[7] Primeira letra do alfabeto árabe, corresponde ao nosso A. [N.T.]

tura à situação que está vivendo em seu país. Por meio desse empréstimo reorientado, ele opera como artista cosmopolita. É essa condição que choca o islamista, apoiado em uma identidade sitiada que se contenta com uma autarquia estéril.

A tradição islâmica propõe em seguida uma audácia da imaginação criadora que deu outro rumo à fórmula sagrada retomada pelo artista tunisiano. *Subhân Allâh* sai transformada da boca de um dos primeiros mestres do sufismo, Abû Yazîd al-Bistâmî (falecido por volta de 874): ela se transforma em *subhâni*; "Glória a Deus" torna-se "Glória a mim". A primeira pessoa assume o controle de uma expressão que o rito conjuga na terceira pessoa. O Deus ausente torna-se presente no corpo daquele que enuncia. Essa forma de encarnação é teorizada pelo *shath*, termo que pertence ao vocabulário técnico do sufismo e que foi traduzido por "paradoxo inspirado", "locução teopática", "dito em êxtase", "transbordamento". A palavra significa, na linguagem comum, a inundação causada por um rio ou a quebra de grãos que passam pela mó do moinho. Essa expressão denomina o excesso dionisíaco experimentado quando alguém se deleita pelo êxtase e quando se encontra por todos os lados investido pelo Absoluto e transbordando-o.

"Glória a mim", que substitui "Glória a Deus", transforma um enunciado (que é um dado convencionado) em uma enunciação que coloca em movimento uma subjetividade subversiva. Esta exprime a energia poética dramatizada pelo místico, enquanto Deus fala por meio dele. A passagem de Deus à primeira pessoa foi pensada ao longo de mais de um milênio; uma imensa literatura, tanto em árabe como em persa, debruçou-se sobre essa subversão para acomodá-la ao cânone e ao dogma. Esse reconhecimento assinala uma das formas subversivas do sagrado na crença islâmica. Sabemos que esse sagrado, no entanto, é odiado e combatido pelos islamistas. Aquilo que resta desse sagrado no sufismo popular e no culto aos santos, reavivado aqui por um artista contemporâneo, é execrado pelos salafitas, que na Tunísia demoliram túmulos consagrados que representavam cenas do transe teatralizado.

A posição islamista iconoclasta, na realidade, se constrói sobre a negação da tradição e da civilização islâmicas. A partir daí, a obra contestada, assimilada ao *harâm*, à "transgressão do proibido", ao *kufr*, à "descrença", e que, na lógica dos salafitas ignorantinhos, deve ser banida da cidade, adquire sua dupla legitimidade sagrada por meio de Dalí, pela dignidade pictórica, e de Bistâmî, na forma de produto de uma civilização mais aberta, mais paradoxal, mais complexa do que poderiam suportar os salafitas e islamistas. Essa dupla legitimidade honra a santidade do Espírito, violada pela censura islamista.

É preciso admitir que tanto a arte como a poesia podem ser subversivas ou não. O jovem artista tunisiano permanece distante da subversão se o compararmos ao poeta que vem da tradição islâmica (Bistâmî) e ao pintor que pertence a uma das revoluções artísticas presenciadas pelo Ocidente no século XX (Dalí).

Escrevo este texto em minha residência em Berlim. Eis que a história da Alemanha propõe episódios capazes de esclarecer os acontecimentos na Tunísia. Os islamistas da Ennahdha reivindicam uma democracia islâmica análoga à democracia cristã, representada, por exemplo, pelo partido conservador CDU, esteio do governo liderado por Angela Merkel. Os democratas-cristãos, no entanto, nunca interferem na criação artística ou nos costumes. Sua concepção de liberdade não é limitada pelo sagrado. Berlim acolhe cerca de 20 mil artistas do mundo inteiro, que vivem e criam em liberdade absoluta, sem nenhuma restrição moral. Os islamistas e seus aliados, que invocam o modelo dos democratas-cristãos, devem saber que estes agem com uma memória formada pelo ensinamento kantiano cosmopolítico do Iluminismo, cujo primeiro princípio é o respeito incondicional pelo indivíduo livre.

Além disso, encontrei em Berlim o responsável por uma fundação ligada ao governo que se especializou em transição para a democracia. A integração da Alemanha comunista ao Estado federal deu a essa fundação uma competência para a transição do totalitarismo ao liberalismo, da unanimidade ao pluralismo, da ditadura à democracia. A fundação se mobilizou em favor da revolução tunisiana desde a fuga do ditador, em 14 de janeiro de 2011. Seus responsáveis estavam dispostos a investir para contribuir com o sucesso da fase de transição. O especialista citado, no entanto, transmitiu a mim a apreensão da instituição diante dos interlocutores *nahdawîs* que governam a Tunísia. Estes se interessam apenas pela parte do programa que apaga os vestígios do sistema derrubado; mostram-se também recalcitrantes quando se aborda a entrada em vigor do dispositivo que impede qualquer retorno à ditadura. É como se os *nahdawîs* deixassem aberta essa possibilidade para si mesmos.

Diante dessa ambiguidade, que gera suspeita, surge a segunda analogia alemã, aquela que revive a lembrança funesta do nacional-socialismo, que chegou ao poder pela via democrática para impor, em seguida, sua visão totalitária. O advento irresistível da ditadura começou com um ataque contra a cultura e as artes. Voltemos ao ano de 1933. Após a vitória nas eleições, os nazistas procederam à limpeza da cultura e das artes antes de fazer sua ideologia destruidora triunfar sobre todo o povo. Em 10 de maio de 1933, na praça da Ópera, em Berlim, foram queimados 20 mil livros, decretados não alemães ou antialemães. Rapidamente, Berlim, tão hospitaleira para o espírito, tornou-se irrespirável. Algumas semanas antes, na peça de teatro *Schlageter*, escrita por Hanns Johst e encenada em 20 de abril para celebrar o aniversário do *Führer*, um dos personagens diz: "Quando ouço a palavra *cultura*, saco minha pistola", palavra de ordem que seria empregada pelos nazistas.

No contexto infeliz vivido pela Tunísia entregue aos fanáticos, lembro-me de outra frase de um poeta alemão do romantismo, Heinrich Heine, que escreveu: "Onde os livros são queimados acaba-se por queimar os homens". A premonição de Heine é, infelizmente, verificada com regularidade na história. Na efervescência das mesquitas entregues à discórdia já circulam *fatwâs* condenando à morte artistas que expuseram em La Marsa. Dessa forma, tornam lícito, como dizem, o derramamento do sangue de qualquer candidato ao crime.

Obviamente, esses fanáticos que espalham fogo e sangue pelo país considerarão este texto (se dele tiverem conhecimento) inválido na íntegra, dadas suas referências, tanto nos meandros da questão como em sua perspectiva. Na verdade, este texto dá lugar de honra ao universal, que, segundo eles, é povoado apenas por cruzados (Dalí, Kant), judeus (Heine) e descrentes heréticos (Bistâmî). Mesmo aquele que o escreveu terá seu nome adicionado à lista de rejeitados. Custe o que custar, é esse o universal que exigimos para resistir à barbárie.

SALVAR ALEPO[8]

A guerra em Alepo é, claro, acima de tudo, uma tragédia humana. Ali, a morte é semeada diariamente, cada dia traz sua porção de vítimas. É o resultado trágico da guerra civil, que é a pior das guerras. Quando se estabelece uma linha de divisão no interior de uma sociedade, toda a trama que garantia sua integridade se desfaz. A divisão surge com essa linha. O pior, nessa guerra civil, é o fato de que a parte principal da sociedade não tem relação alguma com ela. São duas franjas que se matam.

[8] Crônica transmitida em 6 de outubro de 2012 pela rádio Médi 1.

Aquela que emana da *'açabiyya* étnico-sectária tomou o poder há mais de quarenta anos e encarnou, por conta própria, o Estado. Trata-se do "espírito de corpo" que une os alauítas, vindo de uma tradição religiosa sincrética que reúne numerosos dogmas de todas as partes do mundo islâmico. É daí que se originam, aliás, sua tolerância religiosa e o fato de que outras crenças minoritárias tenham se aglutinado a esse espírito de corpo e aderido a esse Estado. É daí que vem também a adesão à ideia de nação fundada no povo, deixando à parte considerações de fundo religioso, o que associa esse Estado à ideologia nacionalista árabe laica, para a qual, aliás, contribuíram numerosos teóricos e ideólogos de confissão cristã. O problema é que essa ideologia se aproxima do fascismo e opta por uma visão e uma concretização totalitárias do Estado. Tal é a tradição da *dawla*, esse Estado cíclico destinado a viver por três gerações, que o ocupam com o apoio de um espírito de corpo tribal, seja majoritariamente étnico, seja submetido à hegemonia de uma seita; essa tradição, analisada por Ibn Khaldûn (1332-1406) no século XIV, é acompanhada pela adoção da forma moderna de Estado. Partido totalitário que institui uma ditadura apoiada simultaneamente pela *'açabiyya* tradicional e pela ideologia fascista do século XX. Essa é a primeira parte das forças que alimentam o conflito assassino cujo palco mais notório é Alepo.

A segunda parte é decerto composta por diversas forças, mas a que predomina é o islamismo em suas múltiplas variantes, um islamismo que abrange desde a Internacional da Irmandade Muçulmana até a Internacional Terrorista da al-Qâ'ida. O desprezo pelo que é humano é partilhado pelos dois lados. Não se trata do mal de um lado e do bem de outro, como certa propaganda, orquestrada principalmente por Catar e Arábia Saudita, quer que acreditemos. Essa tragédia nos mostra que o mal está dos dois lados. Além do massacre humano, o mal é agravado pela divisão, por sua presença ativa nos dois campos em conflito, o mal, portanto, está presente no fato de que Alepo foi deliberadamente escolhida como teatro de guerra, o que é abominável. Porque a destruição tem como cenário um dos conjuntos urbanos mais belos e mais impressionantes legados pela história.

Alepo é provavelmente a cidade islâmica mais bonita que nos chegou na integralidade de sua trama urbana medieval, não tendo sofrido nenhuma ruptura, nenhum banho de sangue, trama em peça única, através do labirinto de seus *souks*[9] cobertos, que se estendem da mesquita do século XI à cidadela do século XII. Nesse espaço, numerosas madraças, *khâns*, caravançarás, conventos de sufis, outras mesquitas e igrejas lançam suas sombras do século X ao século XVIII. Há, em especial, uma magnífica mesquita otomana do século XVI, construída, em seus mínimos detalhes, com base em um desenho feito pelo genial arquiteto Sinan, o mesmo que assinou duas obras-primas absolutas: a mesquita de Solimão, em Istambul, e a mesquita de Selim, em Edirna. Esse é o conjunto que a guerra fratricida está destruindo metodicamente, com a inconsciência irresponsável partilhada pelos dois lados. Essa cidade prestigiosa, que conheceu tantas guerras entre as múltiplas 'açabiyya e a sucessão das dinastias, que escapou aos horrores das Cruzadas e da invasão mongol, que permaneceu intacta depois da agressão colonial, essa cidade admirável, que escapou a tantos infortúnios inscritos no curso da história, encontra-se hoje em processo de destruição, ameaçada, colocada em risco por seus compatriotas, sírios contaminados e tornados irresponsáveis pelo duplo totalitarismo que, para nós, representa o pior, aquele da ditadura nacionalista desviada pela 'açabiyya de um clã e aquele da ditadura religiosa que não crê nem na arte, nem na cultura, nem no Estado-nação.

Alepo e sua destruição compõem a tragédia histórica de uma sociedade árabe aprisionada entre os dois perigos que assombram nosso presente. Para salvar Alepo e o que resta da Síria, devemos passar pelo perigo de Cila após termos escapado ao de Caríbdis. Devemos evitar a ditadura religiosa após nos salvarmos da ditadura de um partido-Estado desviado em benefício de um clã corrompido.

9 Mercado. [N.T.]

DESTRUIÇÃO DE MAUSOLÉUS[10]

No fim da noite da terça-feira, 16 de outubro [de 2012], às três horas da manhã, cinco pessoas encapuzadas entraram no mausoléu da sufista Saïda Aïcha Manoubia, em Manouba, perto de Túnis. Ali, aterrorizaram as quatro velhas guardiãs do santuário, encharcaram o cenotáfio com gasolina, espalharam pneus ao redor e atearam fogo, depois de subtrair das mulheres as poucas bijuterias e os telefones celulares que possuíam, além de terem assediado e tentado violentar, em meio a isso tudo, a jovem de 22 anos que estava na companhia delas. Esse ato criminoso põe em prática a ameaça reiterada dos salafitas às guardiãs.

[10] Texto publicado em 20 de outubro de 2012 no site de notícias *Leaders*, intitulado "La Destruction de la zaouia de Sayyida Manoubia" [A destruição da *zaouia* de Sayyida Manoubia], retomando uma crônica transmitida no mesmo dia pela rádio Médi 1, intitulada "Ils Détruisent nos Mausolées. Nous les Reconstruisons" [Eles destroem nossos mausoléus. Nós os reconstruímos]. O texto também foi publicado no dia 21 de outubro de 2012 no *blog La Troisième République tunisienne*, com o título "La Destruction de la zâwiya de Sayyida Manoubia". Foi mantido aqui o título que consta no manuscrito.

O acontecimento foi recebido com comoção pela opinião pública. Isso porque Saïda Manoubia é bastante venerada na cidade desde os tempos em que ali viveu. Nascida em 1180 e falecida em 1257, em plena época em que Túnis estava sob a autoridade dos almôadas, antes que um ramo da dinastia berbero-atlasiana se emancipasse e fundasse uma dinastia própria, local, a dos haféssidas, essa santa está presente de tal forma no imaginário coletivo que marca a nomenclatura. Manouba, onde está uma das duas *zâwiyas* erigidas em sua homenagem, é um topônimo inspirado em sua memória, assim como muitas mulheres têm o nome Manoubia, que não encontrei em nenhum lugar no mundo árabe. O nome também é declinado no masculino, e muitos tunisianos chamam-se Manoubi.

Uma monografia foi dedicada a essa santa venerável, na qual nos são apresentados seus *manâqib*, seus feitos, pensamentos e ações. É uma santa a um só tempo popular e erudita. Frequentou cursos de *kalâmet*, *fiqh*, teologia e casuística na grande mesquita de Zitouna. Ousou desafiar a separação dos sexos e a reclusão das mulheres para estar entre os homens nos círculos que se formavam em torno dos mestres. Ela era *çâhibat maqâl*, dama que dominava o *logos*, discurso articulado, baseado em argumentos, enquanto se mantinha *mâlikat hâl*, pessoa dominada por estados espirituais que conduzem ao êxtase. Por essas qualidades, o grande Abû al-Hasan al-Shâdhilî, vindo do Marrocos, antes de embarcar com destino a Alexandria, legou-lhe a autoridade sobre seus discípulos, que ele deixara em Túnis. Ela faz parte dos sufis simultaneamente especulativos e extáticos, de onde vem sua influência e sua harmonia com Abû al-Hasan, cujos discípulos se perpetuaram ao longo dos séculos até hoje, tanto no Marrocos e na Tunísia como no Egito.

Essa foi a figura santa atacada, em conformidade com a lógica dos vaabitas, que se apropriam de forma ilegítima do termo *salafi*. Os fatos recentes nas cercanias de Túnis confirmam o que houve nos últimos meses na Líbia, com a destruição do mausoléu de Sîdî Lasmar, juntando-se às destruições que ocorreram pelas mesmas razões na Somália e no Mali. Trata-se, sempre, de um ataque ao patrimônio universal. Aliás, assim como na demolição dos monumentos do Timbuctu, a Unesco condena tal profanação da obra de arte que é essa construção antiga, a qual conserva viva a memória quase milenar de Saïda Manoubia.

Voltemos à base teórica que legitima esse tipo de ação. Encontramos, inicialmente, Ibn Taymiyya (séculos XIII e XIV), que, em suas epístolas e *fatwâs*, condena o sufismo, o culto aos santos e a visita às sepulturas (*ziyârat*). Esse doutor hambalita percebe na intercessão dos santos uma ofensa à Unicidade Divina. Seria um *shirk*, uma forma de politeísmo, que associa outro ente, divindade ou paredro, ao Deus Uno. As visitas dos santos e sua intercessão são vistas como idolatria. Vamos, em seguida, a Ibn 'Abd al-Wahhâb, o fundador da seita vaabita no século XVIII. Ele consagra, em seu breviário sobre a *tawhîd* (a Unicidade Divina), um capítulo breve à imagem, vetor da idolatria. Após ter condenado essa prática, acresce um complemento que não existe na tradição polêmica contra a imagem, a santidade e a idolatria: considera, de fato, ser necessário destruir, erradicar, apagar todo sinal de idolatria. Usa a palavra *tams* para esse fim.

A destruição dos Budas de Bâmiyân pelos talibãs e pela al-Qâ'ida, na primavera [do Hemisfério Norte] de 2001, corresponde à aplicação desse mandamento. Da mesma forma que as demolições na Líbia, na Tunísia, no Mali e na Somália. Temos de enfrentar a barbárie da Internacional Vaabita. Na Tunísia, houve, nos últimos tempos, outros ataques aos locais sufis: em Fahs, próximo de Zaghouan, na quarta-feira, 10 de outubro [de 2012], a *zâwiya* de Sîdî Bouhdiba foi saqueada; no dia 20 de setembro último, os autodenominados salafitas impuseram o fechamento e a desafetação do memorial de Sîdî 'Abd al-Qâdir al-Jîlâni em Menzel Bouzelfa, no cabo Bon; alguns meses antes, os mesmos devotos usaram tratores para arrasar o santuário de Sîdî Ya'qûb em Beni Zelten, próximo de Matmata, na província de Gabès.

Esses são os malfeitos dos zelosos neófitos em vaabismo. Na verdade, apenas continuam a obra destruidora dos fundadores dessa heresia. Os primeiros vaabitas começaram a erradicação de qualquer vestígio sufi no Najd e no Hijâz. Em 1806, as tropas vaabitas destruíram, em Medina, o al-Baqî, cemitério que conservava numerosos traços evocando personagens da origem do Islã. O túmulo do próprio Profeta foi protegido por um triz da fúria iconoclasta.

Esses vaabitas, em nome do Deus Uno, desertificam a memória. Extinguem a história e a matéria arqueológica que lhe serve de base. Ignoram, além disso, que, ao agir dessa forma, dão ao Deus Uno o estatuto de Leviatã, Totem, Moloch, ídolo formidável e ciumento que se alimenta de todos os ídolos que deve abolir. Por seu gesto destruidor, estabelecem uma ordem construída em torno da idolatria do Uno.

Ao defendermos esses lugares e essas memórias, nós o fazemos em dois planos. Em primeiro lugar, recorremos à tradição maliquista magrebina, que tolera o culto aos santos, sobretudo na forma sóbria originada do mestre bagdali Junayd (século IX). Lembro-me de que os últimos grandes *shuyûkh al-mudarrisîn*, os últimos ulemás da Zitouna, frequentavam círculos de recitação coletiva de hinos de Abû al-Hasan na *zâwiya* consagrada a ele no alto da colina de Jallâz. Isso ocorria durante a estação que o celebra, o verão, nas noites entre quinta e sexta-feira.

Em seguida, nossos doutores[11] maliquistas distinguiram-se, com seus colegas hanafitas, por sua virulência na refutação do vaabismo desde os primeiros decênios do século XIX. Lembro-me de uma *munâzara*, uma disputa, organizada no Hijâz nos anos 1820, entre um sufi maliquista marroquino, chamado Idrissi, e doutores vaabitas. Nosso compatriota magrebino os confundiu ao legitimar tudo aquilo que eles proibiam, notadamente a intercessão dos santos, receptáculos da graça divina, que eles têm a virtude de difundir a seu redor.

Essa encarnação da graça divina pode constituir um regulador eficaz do excedente social, daquilo a que, em outra perspectiva, Georges

---

11 Especialistas na jurisprudência islâmica. [N.T.]

Bataille, seguindo os passos de Marcel Mauss, chama "a parte maldita". Essa presença desempenha papel de um exutório, de uma bomba que aspira a energia ruim, a tendência ao mal, a pulsão de morte. Em suma, nessa cena sufi dispomos do recurso trágico que faltou à cultura árabe, a qual, não tendo conhecido o teatro, ignorou tanto a tragédia como a comédia. É por meio da mediação do culto aos santos e da cena do transe que se presentifica no imaginário islâmico a *catarse*, a eliminação daquilo que é excessivo e que sobrecarrega as almas. A catarse é uma das funções da tragédia, tal como teorizada por Aristóteles na *Poética*.

Além disso, o culto aos santos pertence à cultura vernácula, que propõe riquezas estéticas e metafísicas notáveis, destinadas a alimentar nossos imaginários. O culto aos santos (ou sufismo popular) guarda viva a memória pagã no interior da crença islâmica. Ele preserva uma forma de arqueologia do ser, como ocorre com a teatralidade do transe, ainda praticado uma vez por semana no interior do mausoléu de Saïda Manoubia que os escudeiros do vaabismo acabam de incendiar. Nessa teatralidade, percebemos a sobrevivência cotidiana do dionisíaco na forma como foi tornado célebre pelo último dos três grandes tragediógrafos gregos, Eurípides (século IV antes da era comum[12]), em sua peça *As bacantes*. O local onde ocorre o culto aos santos recebe "o excesso", para retomar mais uma palavra do léxico empregado por Georges Bataille. Pode-se também falar em "desmesura", se nos referirmos à linguagem de Nietzsche, que defende o polo dionisíaco, colocado em oposição ao polo da medida, encarnado por Apolo.

Por meio do palco que recebe o excedente feminino durante as sessões de transe, tal como praticadas no interior do mausoléu de Saïda Manoubia, encontramos também a cenografia do teatro da crueldade advogado por Antonin Artaud, um dos revolucionários do teatro da primeira metade do século XX, que se inspirou notadamente nas representações arcaicas múltiplas vindas do México e da Indonésia.

---

12 Equivale a "depois de Cristo". Trata-se de uma maneira laica de indicar a cronologia ocidental. [N.T.]

Não é preciso dizer que não é a superstição o que apoiamos ao defender esses lugares de culto popular aos santos. Na necessidade de atribuir um papel ao irracional, pensamos na estética e na metafísica investidas nesse palco, organizando as disposições abertas sobre o abissal e o belo. Isso satisfaz o traço arcaico que continua a funcionar em nós – nós, seres de razão, habitados pela prudência, mestres do *logos* e, no entanto, corroídos pela desconfiança nessa era pós-moderna. Temos a oportunidade de dispor desse traço milenar em casa, traço ainda vivo em nosso território. Vamos mantê-lo vivo contra os novos bárbaros erradicantes, curiosamente aliados dos agentes da globalização consumista e uniformizadora. Mantenhamos viva a diversidade que anima o Islã por meio de todas as remanências que ele soube recuperar das culturas em que foi enxertado. Retiremos a política funesta da purificação, aquela herdada de 'Ibn Taymiyya, que, pelas mesmas razões, baniu do interior da cidade o exercício da filosofia e das artes.

A melhor resposta ao incêndio que calcinou o cenotáfio de Saïda Manoubia e sua embalagem arquitetônica é restaurar o conjunto e devolvê-lo intacto aos visitantes que ali encontrarão consolo para seu sofrimento. A decisão foi tomada e isso será feito, com o apoio adicional da Alecso [Organização para a Educação, Cultura e Ciências], o equivalente da Unesco na Liga Árabe, que, em uma exceção à regra, participará finalmente da boa causa e justificará sua própria existência.

MEMÓRIA ASSASSINADA[13]

Mais uma vez, os salafitas destruíram mausoléus sufis. Por meio dessas destruições, assassinam nossa memória. Esses ignorantinhos[14] querem nos privar de uma antiguidade que atravessou os séculos para permanecer viva em nosso imaginário. Sîdî 'Abd al-'Azîz al-Mahdawî e Sîdî Abû Sa'îd al-Bâjî são personagens perfeitamente identificáveis que viveram entre os séculos XII e XIII e continuam vivos em nosso cotidiano. Antes de tudo, deram seus nomes a lugares que habitamos, visitamos e amamos. São seres que encarnam o sublime que eleva o humano. Esse sublime se manifesta por meio da escolha dos locais que deviam frequentar, sempre se abrindo para a imensidão marinha desde o cimo de uma colina, que nos eleva e nos convida ao voo celeste. Além disso, são personagens de bela intensidade, como testemunha o *corpus*.

---

13 Artigo publicado no dia 21 de janeiro de 2013 no *site* de notícias Leaders, republicado no dia 24 de janeiro de 2013 no *site Opinion internationale*.
14 Forma irônica com que eram tratados, desde o século XVIII, os irmãos leigos do Instituto dos Irmãos das Escolas Cristãs, fundado por São João Batista de La Salle. [N.T.]

Abû Sa'îd morreu por volta de 1230 (ano 628 da hégira). Seus feitos e palavras chegaram até nós. Os locais onde parou e morou foram registrados por al-Hawârî no *Manâqib Abû Sa'îd al-Bâjî*. O manuscrito está guardado em nossa Biblioteca Nacional, em Túnis. Nelly Amri, professora da Universidade de Manouba que escreveu uma monografia sobre Saïda Aïcha Manoubia, o cita e nos informa, em um artigo científico, sobre uma anedota relativa a nosso sufi que foi extraída dessa obra. Ao se aproximar da morte, por ele pressentida, o mestre dá a seus companheiros os bens que possuía. Ele distribui, principalmente, seus livros e suas vestimentas. Um deles recusa o presente: "Nem livros nem vestimentas entre nós dois". Esse companheiro não queria que o menor obstáculo material pudesse obstruir a transparência de sua relação puramente espiritual. Anedota entre tantas outras que ilustram tão bem o sublime cuja evocação nos transfigura.

Além disso, Sîdî Abû Sa'îd permanece ativo em nós, tanto que foi cantado pelos coros fraternos em múltiplas *zâwiyas* e *tarîqas* de Túnis. Ele pertence, pelo canto, ao repertório popular, sobretudo quando é invocado como santo protetor dos marinheiros e dos pescadores, de todos aqueles que correm risco ao navegar em alto-mar. Nossos ouvidos são preenchidos pelas modulações desse canto: "*Alâ râyis Labhâr...*". Canto que não para de atormentar, sobretudo depois de ter sido revisitado e revivificado por Fadhel Jaziri em *Hadhra*. Também aqui, reconhecemos uma maneira e uma matéria que nos transfiguram pelo sublime, categoria superior ao belo em razão do efeito que produz nos espíritos.

A memória de 'Abd al-'Azîz al-Mahdawî nos é restituída pela leitura de Ibn 'Arabî, que abre sua monumental obra maior, *Al-Futûhât al-Makkiyya*, com uma epístola com 117 versos dedicados a ele. Ibn 'Arabî nos lembra que encontrou Sîdî 'Abd al-'Azîz quando esteve pela primeira vez em Túnis, em 1194 (ano 590 da hégira), depois de ter passado por Algeciras, Ceuta e Tlemcen. Anos mais tarde, em 1201 (ano 597 da hégira), durante sua segunda estada em Túnis, parte do itinerário que o conduzirá definitivamente ao Oriente, Ibn 'Arabî permanecerá, segundo nos conta, nove meses ao lado de Sîdî 'Abd al-'Azîz.

Traduzo a passagem em que o xeque al-Akbar [Ibn 'Arabî] menciona Túnis explicitamente:

> Ó andarilho que corta o deserto, indo
> Em minha direção para alcançar o posto de vigias
> Diga a ele que você encontrará entre os exilados
> Um poema sobre mim que seria um bom conselho
> Saiba que estará perdido e largado em confusão
> Se ignorar minha mensagem e meu chamado
> Aquele a quem ainda reivindico a pessoa
> Aquele que visitei sobre a colina verde
> Na cidade muito branca, a cidade de Túnis
> Em um lugar pleno de fervores e que seduz
> Nesse lugar de destaque, em solo santificado
> Por sua presença, a *qibla* oblíqua
> Em direção a um grupo excepcional bem escolhido
> Sobre o banco dos nobres e chefes
> É ele quem os conduz aos lampejos da ciência
> Ele ilumina-os com a sabedoria da suna pura
> O *dhikr* continua a ser cantado distintamente
> Noite após noite, o conhecimento é revelado nele
> Uma lua de catorze noites que ilumina
> Mesmo as noites de lua cheia
> Filho de morabito, ele é único
> Por ele as verdades transpassam
> E seus filhos giram ao redor de um trono
> Que se ergue onde quer que ele esteja
> Ele é o imã e eles são os substitutos
> Todos reunidos, dessa maneira, pareceriam
> A lua, no céu, cercada por estrelas

E cada sabedoria que ele lhe transmitir
É apenas fênix anunciada[15]

Esse é o panegírico espiritual que Ibn 'Arabî dedica a Sîdî Abd al-'Azîz, que dá fama universal a nossa boa cidade de Túnis, a qual se tornou, pela graça desses antigos sufis, o teatro que acolhe as cenas do sublime. É a essa dádiva que nossos salafitas ignorantinhos permanecem insensíveis. Em seus sites, a título de rejeição, dizem *sîdhum* ("seu mestre"). A cisão entre nós será radical: onde dizem *sîdhum*, insistimos em dizer *sîdnâ* ("nosso mestre"). Dessa forma, estamos protegidos deles. Mesmo que queiram nos privar dos esplendores que nutrem nosso orgulho, não serão capazes de fazê-lo. Essas glórias nunca desaparecerão de nosso coração nem das nossas memórias. Ninguém nos impedirá de as celebrar na intimidade e em público.

Foi dessa forma que o povo de Sidi Bou Said reagiu quando recebeu, com a injunção "Saiam!", os líderes islamistas chorando lágrimas de crocodilo sobre as cinzas fumegantes do mausoléu que, antes de sua destruição, era sustentado por uma arquitetura atravessada de todos os lados pelo ar e que, literalmente, levita, laje arrebatada da lei da gravidade que voa nos céus e sobre os mares com suas colunas, arcos e abóbadas.

---

15 Ô errant qui coupe le désert en allant / Vers moi pour atteindre le rang des veilleurs / Dis à celui que tu rencontreras parmi les exilés / Un dit me concernant qui serait d'un bon conseil / Sache que tu seras perdu et jeté dans la perplexité / Si tu ignores mon message et mon appel / Celui dont je continue de réclamer la personne / Celui-là je l'ai fréquenté sur la colline verte / Dans la ville très blanche la ville de Tunis / Sur un site plein de ferveurs et qui séduit / En ce lieu éminent au sol sanctifié / Par sa présence la *qibla* oblique / Vers une bande d'exception bien choisie / Sur le banc des nobles et des chefs / C'est lui qui les conduit vers les lueurs de la science / Il les éclaire par la sagesse de la *sunna* pure / Le *dhikr* ne cesse d'être distinctement chanté / Du soir au soir les connaissances se révèlent en lui / Lune de quatorze nuits qui illumine / Même les nuits de pleine lune
Fils de *murâbit* il est unique / Par lui les vérités transpercent / Et ses enfants tournent autour d'un trône / Qui s'érige où qu'il se place / C'est lui l'imam et eux ce sont les substituts / Ainsi tous rassemblés ils ressembleraient / À la lune dans le ciel entourée d'étoiles / Et chaque sagesse qu'il te transmet / N'est que phénix annoncé [N.T.]

Sabemos que essas destruições que nos ferem são um sintoma. Sintoma que revela, além da doença vaabita, pessoas desajustadas, despojadas do sentimento de pertença à memória de nossos lugares, o mesmo que constitui o apego à terra natal, aquilo que faz com que nossa alma vibre em uníssono. Sintoma por meio do qual diagnosticamos a política maligna do partido islamista Ennahdha, política que poderá ser usada com habilidade pelo radicalismo destrutivo dos salafitas para manter a instabilidade e o caos, a fim de se apresentar como o recurso para a estabilização e a ordem. Com isso, a transição será transformada em um estado de exceção. Acreditam que assim continuarão no exercício de um poder ao qual decerto chegaram pelas urnas, mas de forma provisória e para tarefas cuja execução era delimitada no tempo. Sabendo, aliás, que o país e o povo os rejeitariam em pleitos futuros, acabam temendo participar de eleições que possam perder. Tentam também manter abertas as portas que levam ao pior. Mas cuidado com os aprendizes de feiticeiro! A história ensina que qualquer política aventureira e mal-intencionada acaba se voltando contra aqueles que a iniciaram.

ALEXANDRIA, A VERGONHA![16]

Há motivos para ter vergonha do que aconteceu em Alexandria no dia 5 de março [de 2014], dia em que foi destruída a *villa* Aghion, construída pelos irmãos Perret entre 1926 e 1927. O palacete, financiado pelo notável judeu alexandrino Aghion, era, entretanto, tombado. O artigo 144 do Código Egípcio de Proteção do Patrimônio foi violado por esse ato bárbaro, criminoso. Dessa forma, desaparece um dos testemunhos da Alexandria cosmopolita, internacional, colorida pela diversidade étnica e religiosa, um testemunho da Alexandria tal como retratada no *Quarteto* de Durrell.

[16] Crônica transmitida no dia 22 de março de 2014 pela rádio Médi 1.

Bem, sabemos que a cidade mudou por completo. Sabemos que ela passou dos 200 mil habitantes com que contava em 1900 aos 6 milhões em 2014. Sabemos que o crescimento demográfico é enorme, que a crise habitacional é infinita. Sabemos que a cidade não tem mais nada a ver com aquilo que foi, que ela não representa mais a diversidade mediterrânea em que se misturavam árabes, judeus, coptas, armênios, sírio-libaneses, italianos, gregos e albaneses balcânicos. Sabemos que o êxodo rural é inelutável, que a cidade antiga se tornou, de algumas décadas para cá, vertedouro da superpopulação do delta. Não ignoramos que essa invasão do campo tira da cidade os atributos da urbanidade. Por todos esses fatos, os bairros residenciais elegantes, ricos, próximos do centro da cidade, são atacados pelos tubarões do mercado imobiliário, ávidos por se aproveitar da questão social para transformar regiões pouco adensadas, ocupadas por casas amplas, em áreas a ser verticalizadas. É o caso da *villa* Aghion, construída no bairro Wabour al-Maya. Essa *villa* já era cercada de edifícios com arquitetura medíocre, de uma construção no negativo, em liquidação, no nível mais baixo, na vileza do material e na forma idiota de um pombal com dez ou doze andares. Dessa forma, a desarmonia do feio e do vil sucedeu à beleza e ao luxo das mansões do bairro.

    São previstos quatro edifícios no terreno retangular deixado vago pela residência recém-destruída e pelo jardim arrasado por um trator. É verdade que defendemos a existência dessa construção sem ocultar o imenso problema social enfrentado pela cidade. Mas a preservação do patrimônio não impede o tratamento da questão social. Cada coisa deve, simplesmente, ser tratada a seu modo. A destruição da residência não é, de fato, a solução para a moradia social. Estamos diante de um exemplo patente de má governança. Cabe a nós fazer com que a memória de nossos países seja preservada pela consciência do patrimônio em todos os seus estágios: do Egito da Alta Antiguidade faraônica à extraordinária riqueza introduzida pela modernidade por estímulo de Muhammad 'Alî e de seus sucessores a partir de 1830. Deve-se lembrar que esse processo precede o período colonial. E é muito importante recordar no presente que nossos países participaram da arte internacional já no século XIX.

Voltando à *villa* Aghion, lembro-me de tê-la visitado em 2009, quando, no mês de agosto, circulou a notícia de que ela havia sido atacada. Já abandonada, num estado de ruínas por duas décadas, recebeu o golpe fatal. Ela foi, de fato, no verão de 2009, eviscerada a partir de sua fachada semicircular, do lado do jardim. Um trator havia passado por ali, provavelmente enviado durante a noite pelos tubarões do mercado imobiliário, para destiná-la à destruição. Está feito. Quatro anos e meio após o atentado, ela foi demolida. Foi assim que o Egito perdeu um monumento essencial da obra dos irmãos Perret.

Essa destruição diz respeito tanto ao patrimônio francês como ao egípcio. Para além das nacionalidades, diz respeito ao patrimônio mundial. É uma perda que exige que todos a lamentem e a denunciem, para que tais gestos não se repitam. Isso nos diz respeito, primeiramente, na Tunísia, na Argélia, no Marrocos, cujas cidades têm um rico patrimônio arquitetônico das artes internacionais, seja da *art nouveau* de 1900, seja da *art déco* de 1925-1930. As obras-primas espalhadas por nossas cidades podem estar em perigo.

Lembro-me de que, no início dos anos 1990, fomos alertados da destruição iminente de uma *villa art déco* em Casablanca, em frente ao prédio da Segurança Nacional. Nós nos mobilizamos, na época, para salvá-la. Conduzi com Alain Bourdon, diretor do Instituto Francês, e o pintor Fouad Bellamine uma ação conjunta para dedicar o espaço da *villa* à arte. Uma exposição realizada ali, encomendada a Fouad Bellamine por Alain Bourdon, reuniu renomados artistas europeus e magrebinos. Simultaneamente, ocorreu um ciclo de conferências e seminários sobre questões de arte contemporânea. Ficou provado que essa *villa* poderia ser dedicada à criação artística, poética e filosófica que dá vida à cidade. Desde então, essa *villa* tornou-se a Villa des Arts [Villa das Artes]. Ela foi salva.

Que essa vigilância que salva, que mantém o que se salvou[17] no mundo devastado, seja nossa linha de ação. Afinal, como diz Goethe, todo passado que desaparece desaparece para sempre. Precisamos nos nutrir do passado para criar no futuro. Precisamos continuar a viver com os mortos para permanecermos vivos e sermos capazes de aproveitar as ferramentas e a matéria que nosso tempo nos oferece. Para sermos, na aventura da forma, inventivos na orientação de nossa energia criativa. Para estarmos também, em seu limiar, no âmbito do mundo, nacional, internacional.

Com a *villa* Aghion, em Alexandria, poderíamos ter sido esse nacional-internacional que desejamos. O desaparecimento ultrajante dessa *villa* é um escândalo que amputa nossa memória.

---

17 No original, *sauf*, expressão usada por Jacques Derrida em *Foi et savoir*, Paris: Éditions du Seuil, 2000. [N.T.]

BOKO HARAM E OS MÁRTIRES DE CÓRDOBA[18]

O sequestro no dia 14 de abril último [de 2014] de 276 estudantes de ensino médio (entre 12 e 17 anos de idade) escandalizou o mundo inteiro. Aconteceu em Chibok, no leste de Borno, província do nordeste da Nigéria, fronteiriça a Camarões, onde irrompe o Boko Haram, cujo primeiro nome é "Jamâ'at Ahl al-Sunna li-Da'wa wa al-Jihâd". Diz-se até que algumas garotas capturadas foram vendidas para contrair matrimônio com guerreiros da fé. O líder atual do Boko Haram, Abû Bakr Shekau, apareceu em um cenário imitando Bin Laden: vestindo uniforme militar, um turbante circundando a testa, embalando uma Kalashnikov nos braços. Disse: "As meninas foram sequestradas, vou vendê-las de acordo com a *sharî'a*, lei de Deus [...]. A educação ocidental deve acabar. As meninas devem abandonar a escola e se casar".

[18] Artigo publicado em 12 de maio de 2014 no site de notícias *Leaders*, baseado em crônica transmitida em 10 de maio de 2014 pela rádio Médi 1.

Como situar quem comete tal crime, associado universalmente a um ato de barbárie absoluta? Está tudo contido no nome desse grupo. Boko Haram são duas palavras estrangeiras adotadas pela língua vernácula, o hauçá: *boko* vem do inglês *book*, "livro"; e *harâm* é a palavra árabe que faz referência ao proibido, ao pecado. De forma condensada, Boko Haram significa: a cultura ocidental encarnada nos livros é um pecado, ela é proibida. A denominação árabe desse grupo assinala em nome de que esse mandamento é instaurado: a cultura ocidental deve ser substituída pelos livros que ilustram a suna, a Tradição, e instruída pela *da'wa*, a "propagação da fé", para conquistar o mundo e converter a humanidade inteira ao Islã, pela força da *jihâd*.

Esse é o radicalismo islamista em ação. Ele atinge o máximo de esquematização quando é advogado e praticado por neófitos que levam seu zelo ao excesso. Para além da farsa sangrenta que representa, trata-se de um radicalismo originado da obsessão pela identidade que a ideologia islamista explora em qualquer forma que assuma, da Irmandade Muçulmana à al-Qâ'ida e ao Boko Haram. O objetivo desses obcecados pela identidade é lutar contra a cultura hegemônica, no caso, ocidental, e neutralizar aqueles entre os seus que a adotam, que adaptam o sentido e seus valores a sua própria singularidade para viver no tempo presente e funcionar em nosso contexto histórico.

Os contaminados pelo vírus da identidade exclusiva querem destruir os modernos entre os muçulmanos, querem amarrar os laicos entre seus concidadãos, sejam eles de qualquer crença. Os devotos do Boko Haram querem neutralizar os muitos nigerianos que brilham em todos os campos da criação artística, literária, científica e técnica. A corrente ideológica à qual pertencem quer destruir aqueles que, dentre nós, dão o melhor de si a fim de contribuir para a civilização e fazê-la chegar aos seus.

Gostaria de voltar no tempo e proceder ao que a historiadora Lucette Valensi chama "anacronismo controlado" – e, eu acrescentaria, "edificante". A referência a que recorro pode até servir de apólogo. De fato, a obsessão pela identidade que assola o Islã hoje, e da qual o Boko Haram é a manifestação em estado bruto, me lembra o momento em que ela corrompeu a consciência cristã, quando o Islã representava a cultura dominante. Retomemos o episódio dos "mártires de Córdoba" (850-857): cinquenta cristãos provocaram a autoridade muçulmana para serem martirizados; seus nomes chegaram até nós e são glorificados pelos exclusivistas católicos como heróis da fé. Animados pelos ideólogos da identidade, Eulógio e Álvaro, ofereceram-se ao martírio para apontar sua recusa da cultura hegemônica da época, aquela que levou a civilização a um apogeu até então desconhecido, sobretudo depois da vinda do famoso Ziryâb (789-857) do Oriente, introduzindo novidades culturais que fizeram mudar os costumes.

Seduzidos por essa cultura, muitos cristãos sucumbiram a ela. Para grande desgosto de Eulógio e de Álvaro, que convocavam os seus à recusa dessa cultura. Atacavam com virulência seus correligionários aculturados, aqueles que trocaram o latim pelo árabe, mesmo como língua litúrgica. Instalou-se no campo cristão a polêmica entre vituperadores e defensores da cultura dominante. O bispo Reccafède, metropolitano de Sevilha, criticava com ferocidade Álvaro e outros obcecados pela identidade. Recusava-se até mesmo a conceder a condição de mártir aos que foram mortos em Córdoba após provocarem a lei. O mesmo ocorreu com Saul, bispo de Córdoba, que frequentava assiduamente a corte do emir 'Abd al-Rahmân II (822-852). O conflito, entre cristãos, opunha a Igreja oficial integrada à cultura dominante aos rebeldes que formavam uma igreja purificada ou "donatista".

Segundo o medievalista norte-americano da Universidade de Nantes John Tolan, esse episódio dos mártires de Córdoba põe em cena a oposição, no campo cristão, entre identitários e partidários da hibridização, aqueles que chamamos moçárabes, do árabe *musta'ribûn* ("arabizados"), equivalentes dos ocidentalizados entre nós nos dias de hoje. Cito John Tolan:

Confrontados com a islamização e a arabização do emirado de Córdoba, a maior parte dos cristãos da capital abraçaram a nova alta cultura islâmica, ou ao menos se adaptaram a ela. Falam e escrevem árabe, vestem-se como muçulmanos, frequentam a corte do emir; alguns chegam até a se circuncidar. Diante dessa cultura urbana *dhimmî*, que se adapta bem às exigências e aos limites da *convivencia* omíada, ergue-se a cultura latina dos monastérios, que vê esse compromisso como uma capitulação. Para um monge como Sansão, a circuncisão dos cristãos é o prelúdio da apostasia; para Álvaro, educado nos monastérios, é a marca do Anticristo. A crise dos mártires de Córdoba é frequentemente apresentada como uma confrontação entre islã e cristianismo. Seria mais exato ver aí uma profunda ruptura entre duas culturas cristãs, hostis uma à outra desde então, com dificuldade para se entenderem.[19]

São esses moçárabes, desacreditados pelos obcecados pela identidade, que terão o papel de mediadores da transmissão do avanço árabe aos latinos, transmissão que dará asas à criatividade humana para fazer mudar o espírito e contribuir para a construção da civilização híbrida que ilumina nosso mundo atualmente.

Acredito que vivemos hoje no Islã uma situação similar, opondo os laicos, que se adaptam às contribuições de nosso tempo, aos puristas radicais, que exaltam o retorno a uma origem fantasiosa. Estes querem se impor ao mundo recorrendo às violências mais extremas. Buscam matar o maior número de pessoas: é isso que os distingue de seus irmãos cristãos de outrora, com quem partilham a obsessão pela identidade; afinal, estes últimos não prejudicaram os outros, e sim se ofereceram à autoimolação no altar do sacrifício.

---

19 John Tolan, "Réactions chrétiennes aux conquêtes musulmanes. Étude comparée des auteurs chrétiens de Syrie et d'Espagne", *Cahiers de Civilisation Médiévale*, n. 44, 2001, p. 365.

DE UM IRAQUE DESMEMBRADO[20]

A desintegração da Síria e do Iraque é das mais tristes para uma consciência humana, e mais ainda para uma consciência instruída e alimentada pela tradição e cultura islâmicas de expressão árabe. Ao citar esses dois países, um longo cortejo de poetas, escritores, sábios, polígrafos e artistas desfila na imaginação: os poetas Abû Tammâm, Abû Nuwâs, al-Mutanabbî, Ma'arrî, os sufis Junayd, Hallâj, Shiblî, os filósofos al-Kindî, Fârâbî, Khwârizmî, inventor da álgebra, Ibn al-Haytham, que mudou a óptica grega, o polígrafo Tawhîdî, o enciclopedista Mas'ûdî, entre tantos outros... Acreditava-se que essa herança poderia ser uma barreira sagrada para a preservação e salvaguarda desses países.

[20] Crônica transmitida pela rádio France Culture no dia 17 de outubro de 2014, como introdução ao programa *Cultures d'Islam*, com Pierre-Jean Luizard, intitulada "L'Irak existera-t-il?" [O Iraque existe?].

Tendo em vista, no entanto, o estado de coisas, isso não ocorre. Pareceria que a santidade do Espírito, tão estimada por esses países, não resiste ao desencadeamento do instinto de morte destruidor que se apossa dos humanos. É ainda mais desolador que essa propagação de Tânatos ocorra de forma consciente, com toda legitimidade religiosa, divina, com toda certeza inabalável, aquela buscada pela fé, indiscutível. Seria preciso, então, lembrar a esses "obcecados por Deus" que a palavra provavelmente mais repetida no Alcorão é Deus "misericordioso", cheio de "misericórdia"? De fato, esse Deus misericordioso é o grande ausente nos atos horrendos produzidos pelos fanáticos islamistas.

Nas revistas, nos jornais, durante discussões entre intelectuais árabes, nos perguntamos sobre esse fenômeno jihadista que perdura, que ganha terreno, que parece triunfar com o Dâ'ish, acrônimo árabe de Estado Islâmico no Iraque e no Levante. Muitos entre esses intelectuais assumem, pela primeira vez, sua responsabilidade, sem buscar atribuir esse fenômeno de grande barbárie apenas à manipulação das grandes potências a serviço de Israel. A destruição pelos islamistas de tudo que estiver em seu caminho, no entanto, leva a uma barbárie nunca antes atingida, amargamente questionada pelos próprios intelectuais árabes.

Não tento idealizar o passado. Sei que o reconhecimento relativo do Outro no Islã sempre foi problemático. Ninguém ignora que a proposta de proteção de cristãos, por exemplo, pela autoridade islâmica era uma maneira de os fagocitar. Isso porque o processo de islamização era feito essencialmente por meio da conversão de cristãos. Não poderia ser de outra forma. Estes prefeririam se tornar muçulmanos a se submeter à condição de humilhado, de inferior, mesmo que protegidos. O não reconhecimento radical de toda alteridade, no entanto, tal como praticado no Iraque pelo Estado Islâmico, constitui, pode-se dizer, uma inovação. Certamente, a fuga dos cristãos da região foi um processo de longo prazo. Esse massacre foi realizado de forma lenta e garantida, apenas durante o século XX. Relíquias históricas estão desaparecendo sob o olhar de todos, impotentes.

É como se uma decisão geoestratégica tivesse sido tomada, decisão à qual todos parecem se conformar. De agora em diante, nessa região, o único país tolerável aos cristãos seria o Líbano, sem falar dos iazidis. Eis uma comunidade que sobreviveu em meio muçulmano durante quinze séculos, apesar de seu paganismo, de seu suposto satanismo, pois sabemos que a radicalidade do Uno no Islã não aceita nenhuma presença pagã em suas terras. É verdade que a ação dos xiitas no poder em Bagdá depois da guerra norte-americana de 2003 facilitou o avanço das hordas islamistas, as quais encontraram um espaço acolhedor na terra dos sunitas e das tribos intimidadas pela vingança histórica, que, durante séculos, haviam submetido à sua autoridade os xiitas majoritários. Diz-se que as tropas restantes de Saddam se aliaram ao Estado Islâmico. Diz-se também que a confraria sufi dos *naqshabandîa* fez o mesmo. Isso porque essa confraria de práticas espirituais sofisticadas, composta de adeptos sunitas, tem um contencioso histórico com os xiitas: xá 'Abbâs, fundador, no Irã, da dinastia safávida no fim do século XVI, que impôs o xiismo como doutrina de Estado na Pérsia, foi um destruidor feroz de tudo que não fosse xiita, inclusive os adeptos *naqshabandî*. Essa oposição xiita-sunita constitui assim uma ferida profundamente histórica, sobre a qual o Estado Islâmico prospera. Muitas feridas históricas, no entanto, cicatrizaram-se no âmbito de um Estado-nação. Eis, assim, uma experiência que falhou no Iraque. Estamos diante de um Iraque facilmente desmembrável. Ao qual se juntam páginas negras acumuladas sobre o registro da barbárie.

ÓDIO À CULTURA[21]

Um dos fenômenos que parecem inspirar todos os movimentos islamistas radicais se reduz ao ódio contra a cultura. Esse sentimento é partilhado por todos os jihadistas, do Boko Haram, que significa "Livros Proibidos", à AQMI [al-Qâ'ida no Magrebe Islâmico], à Ançâr Sharî'a, ao Estado Islâmico. Lembrem-se do escândalo da destruição de mesquitas e mausoléus do Timbuctu pela AQMI. O noticiário nos oferece um exemplo de destruição sistemática dos mais aterrorizantes: a obra do Dâ'ish, o Estado Islâmico, em Mossul, segunda maior cidade do Iraque. Quase a totalidade do rico patrimônio monumental da cidade foi destruída. Tudo vai acabar, não apenas os templos. O Estado Islâmico começou por fazer desaparecerem os monumentos do patrimônio islâmico: mesquitas, mausoléus, túmulos de personalidades espirituais ou da ciência.

[21] Crônica transmitida pela rádio France Culture no dia 24 de outubro de 2014, como introdução ao programa *Cultures d'Islam*, intitulada "La Haine de la culture" [Ódio à cultura], com Christian Jambet.

Dessa forma, a mesquita que continha o cenotáfio do xeque Fethi, que remonta a 1050, se converteu em um amontoado de pedras. O mesmo ocorreu com a mesquita-mausoléu do xeque Qadhîb al-Bân, construída em 1150. E o mesmo com o mausoléu do imã al-Bahîr, edificado em 1240. Desse ano, data o mausoléu do imã Yahya Abul' Qâsim, também destruído. Ou, ainda, o mausoléu do imã 'Awn al-Dîn, datado de 1248, que teve o mesmo destino. Também foi destruída a mesquita do profeta Jonas, cuja construção data de 1365 e que se erguia sobre uma colina assíria. Somam-se a essa lista funesta a destruição das mesquitas do profeta Girgis, datando de 1400, e a dedicada ao profeta Seth, filho de Adão, edificada em 1647. Mais irracional é a destruição do túmulo de um dos maiores historiadores da tradição islâmica, Ibn al-Athîr (1160-1233), que viveu ao longo da segunda metade do século XII e chegou ao início do século XIII, tendo sido notadamente uma testemunha preciosa das Cruzadas.

Ao ler os nomes inscritos nessa lista, constata-se que a história dessa cidade se caracteriza pelo respeito à diversidade interna ao Islã. Nela são celebradas, pelo monumental, personalidades xiitas e sunitas, sábios exotéricos e mestres esotéricos; nela estão, lado a lado, o *'âlim* e o sufi. Nela estão magnificados, também, os profetas bíblicos cuja sabedoria profética é reconhecida pelo Alcorão. É como se essa arquitetura monumental ilustrasse a obra famosa de Ibn 'Arabî que emana a quintessência do verbo expresso por cada um dos profetas, ou seja, *Fuçûç al-Hikâm* ("Os relicários de sabedoria"), tão comentados na tradição gnóstica, enigmática. Por outro lado, Ibn 'Arabî nos deixa uma obra na qual consignou as inspirações que o iluminaram quando de sua estada na própria Mossul.

Voltemos à ira destruidora do Estado Islâmico. A lista anotada se estende a outros monumentos. Citemos ainda, entre as obras destruídas, o memorial dedicado ao imã Ibrahim (datado do século XIII), o memorial do imã 'Abd al-Rahmân, o mausoléu do imã 'Abd Allâh Ibn Yasîn, neto do califa 'Umar, o segundo califa, o cenotáfio de Ahmad al-Rifâ'î, chefe da grande confraria que criou, assim como muitos outros mausoléus. Essa convulsão destruidora não poupa as obras modernas. Dessa forma, foram destruídas duas estátuas, uma que apresenta um retrato imaginário do grande poeta do século IX Abû Tammâm, outra que honra uma personalidade da modernidade, nascida ali, o poeta e musicólogo erudito 'Uthmân al Mawçilî (1854-1933). No entanto, constatamos a resistência aguerrida da população que conseguiu fazer o Estado Islâmico recuar quando este se empenhava na destruição da mesquita de al-Nouri, datada de 1172, com seu célebre minarete inclinado, mesquita que é um símbolo nacional do Iraque.

Passemos aos mausoléus não muçulmanos. Mossul é privilegiada por contar com cerca de trinta igrejas em seu patrimônio. Entre elas, está a mais antiga do mundo, do ano 300. Trata-se da igreja de São Simeão da Pureza, *Sham' ûn al-Çafâ'*. Outra igreja, a de Mâr Hûdînî, data de 575. Todo esse conjunto está no programa de destruição do Estado Islâmico.

Na verdade, essa destruição não é nova. Ela foi teorizada e praticada pelos vaabitas entre os séculos XVIII e XIX, por desprezo pela memória religiosa, histórica, patrimonial e arqueológica. Em nome dessa pureza da Unicidade Divina que não suporta nenhuma mediação, nenhuma intercessão, nenhuma encarnação, os vaabitas, por assim dizer, destruíram todos os mausoléus da Arábia, saquearam Kerbala, o santíssimo lugar dos xiitas; a mesquita e o túmulo do próprio Profeta, em Medina, foram poupados por pouco, *in extremis*. O que coloca, como sempre, a Arábia Saudita diante de seu paradoxo: aquele de uma ideologia cuja lógica pode apenas engendrar algo como uma al-Qâ'ida ou um Estado Islâmico, contradizendo a vontade do Estado de lutar contra os terroristas que são, na verdade, filhos de sua própria doutrina.

EXERCÍCIO DO TERROR

NÃO AO TERROR ISLAMISTA[22]

A violência islamista está prestes a irromper na Tunísia. Os salafitas agem, e os *nahdawîs* no poder os deixam agir, os testam, observam até onde eles podem ir. Obviamente, estamos lidando com uma aliança tática. Duas formas de islamismo, a dura e a branda, se revezam. Salafitas duros agem por fora, no exterior do poder estatal, enquanto os *nahdawîs*, os brandos, agem por dentro. Os salafitas representam a utopia islâmica. Já os *nahdawîs* praticam o pragmatismo, sem o qual o exercício político seria impossível.

---

22 Crônica transmitida em 28 de janeiro de 2012 pela rádio Médi 1.

O que é a utopia islâmica? Ela é admiravelmente analisada por Leïla Babès em seu livro *L'Utopie de l'islam. La Religion contre l'État* [A utopia do Islã: a religião contra o Estado], publicado no fim de 2011 pela editora Armand Colin. A relação entre religião e política é de fato real no Islã, ela é central, não há como negar. É, no entanto, um exercício do político em nome do ideal islâmico que destrói a política e até o Estado. Tudo que contribuiu para a formação de uma cidade e de uma civilização foi feito contornando o ideal islâmico, pelo recurso ao pragmatismo e à adaptação do ideal ao real. Esse uso do político em nome da religião – um uso que destrói o político – manifestou-se desde o início, desde os primeiros atos do roteiro original. Manifestou-se de maneira inaugural por meio do fenômeno do carijismo, a primeira seita nascida no Islã, cerca de trinta anos após a morte do Profeta. Além disso, sua ação política destruidora do político destina-se muito mais à comunidade que ao Estado. Ela se dirige à própria criação de Maomé, o Profeta, em Medina, onde ele fundou uma comunidade que se aproxima da noção de Estado sem a alcançar. Nessa abordagem da comunidade, o exercício da política em nome da religião, que destrói a política e impede o acesso ao Estado, é realizado numa lógica de seita. É essa estrutura criada pelos carijitas, em continuidade ao que foi tramado em Medina, que reaparece regularmente na história do Islã. Diante do pragmatismo político e de seus sucessos, essa estrutura se manifesta pelo brandimento do ideal islâmico como *slogan* político destinado, em nome da religião, a corromper o político e a arruinar o Estado.

Um dos vetores em que esse movimento opera foi teorizado pela *hisba*, a polícia de costumes, cujo lema é a expressão corânica *Al amr bil ma'aruf wa al-nahî 'an al-munkar* ("A comenda do bem e a persecução do mal"). É o que hoje representam os salafitas, aqueles que, sob a bandeira dessa expressão corânica transformada em *slogan*, sonham em impor à sociedade sua ordem moral. Começaram por atacar os bordéis; depois, as sinagogas; depois, a liberdade de criação, com as campanhas contra o filme de Nadia El Fani *Nem Alá, nem mestre* (cujo título, sob pressão deles, foi transformado em *Laïcité, Inch'A llah!* [*Laicidade, se Alá quiser!*]) e, em seguida, contra *Persépolis* [filme de Marjane Satrapi] e o canal Nessma, que o transmitiu; e, finalmente, veio sua ação contra a liberdade de cátedra na universidade. No contexto do processo contra o Nessma por blasfêmia, jornalistas e intelectuais foram atacados, tendo sofrido uma espécie de linchamento na saída do Palácio da Justiça, em Túnis, na segunda-feira, 23 de janeiro [de 2012].

O jornalista Zied Krichen e o intelectual, ensaísta e professor de ciência política Hamadi Redissi, em particular, foram perseguidos, ameaçados, insultados, tratados como "inimigos de Deus", como párias. Hamadi Redissi chegou a levar uma cabeçada violenta e vergonhosa. O vídeo que comprova essa agressão circulou e gerou um movimento de protesto e imensa solidariedade à vítima. O ataque a Krichen se deve ao fato de ele ser o secretário de redação e diretor do jornal *Al-Maghreb*, o mais crítico ao islamismo, o mais lido, que se tornou o órgão representante da corrente modernista. Ainda mais grave, a agressão sofrida por Redissi se deve à função de ativo intelectual crítico que ele assume no coração da cidade, estando presente em todas as frentes, da escrita à expressão midiática na televisão ou no rádio. Essa agressão ocasionou um curto-circuito no meio intelectual e político. O governo a condenou de forma reticente. A sociedade civil percebeu nela a aproximação de uma irrupção de violência e terror que nos levaria à beira do cenário sinistro da execução de jornalistas e intelectuais livres-pensadores na Argélia dos anos 1990, vivido, em particular, quando da morte a tiros do amigo escritor, o saudoso Tahar Djaout, e do amigo dramaturgo Abdelkader Alloula. O ataque verbal causado pelo último espetáculo de um dos maiores dramaturgos da Tunísia, Fadhel Jaziri, *Sâhib al-Himar* (*O homem no burro*), montagem da peça escrita há quarenta anos por um de nossos maiores escritores, Ezzedine Madani, passou pelo mesmo processo de terror. Busca-se atingir, intimidar os símbolos da criação e do pensamento crítico no país.

Outra anedota se junta a esses fatos. Dois dias atrás, o livreiro Lotfi El Hafi, proprietário da livraria Mille Feuilles, em La Marsa, foi visitado por um senhor de olhar sinistro que ameaçou incendiar suas instalações caso não retirasse um álbum dedicado à pintura renascentista que mostrava nus na capa. O desejo de estabelecer a ordem moral da *hisba* é testado pelos salafitas e consentido pelos *nahdawîs* no poder. É essa ação política, conduzida pelo ideal islâmico de destruir a cidade em nome da comunidade, que se articula com a ideologia totalitária moderna. É somente dessa maneira que pode ocorrer a ativação, em nosso tempo, da estrutura herdada.

Devemos estar muito atentos diante desses atos. Lembramos também ao presidente Marzouki que o linchamento sofrido por Hamadi Redissi se assemelha, salvo engano, ao linchamento que ele próprio sofreu em 2002, pelos capangas da RCD [Rassemblement Constitutionnel Démocratique – União Constitucional Democrática], a serviço do ditador Ben Ali, no funeral de seu colega Hammadi Farhat, professor de medicina da faculdade de Sousse. Sua estada no palácio de Cartago não deveria ser motivo para tornar sua memória curta. Ele deveria se lembrar dos métodos que minaram sua integridade física e moral e que hoje se manifestam na cidade pela qual ele tem a responsabilidade moral. Esperamos uma condenação de sua parte, para que faça agir os recursos da moderação, em sua forma secular, no interior de sua aliança com os islamistas, que, no poder, fazem um jogo duplo.

A situação é grave. Requer uma ação política forte e sem demora. Acreditamos que isso tenha se expressado por meio do chamamento de Béji Caïd Essebsi, ex-primeiro-ministro da transição, o antigo ativista bourguibiano[23] que conclamou à mobilização e à vigilância no último dia 24 de janeiro; desse chamamento, cito o terceiro ponto, que convida "todas as forças políticas e intelectuais da Tunísia que tenham banido o extremismo e a violência e que se incluam no processo reformista

---

23 Referência a Habib Bourguiba, presidente da Tunísia entre 1957 e 1987. [N.T.]

histórico de nosso país a reunir suas forças morais e materiais em torno de um uma alternativa capaz de fortalecer o equilíbrio político e ativar os mecanismos de uma alternância pacífica, sem a qual a democracia não pode se realizar".

É hora, pois, de se mobilizar, de agir para não deixar o país afundar no arcaísmo de um ideal que intervém como político para destruir o político e arruinar o Estado em nome de um moralismo elementar liberticida.

CONFLITO DE VALORES[24]

Os acontecimentos que nos chegam de Túnis nesta semana [de 10 de março de 2012] põem em evidência o conflito de valores do qual o futuro do país dependerá. Esse conflito vai além do caso da Tunísia. Diz respeito ao mundo inteiro e aos países do Islã. Tal conflito pode ser visto como incontornável para todo o espaço civilizacional de ascendência islâmica. É aquele que perdura desde o século XIX, desde o choque da descoberta da modernidade europeia pela tradição islâmica. Neste momento, assistimos a seu mais recente ato, cujo palco é Túnis.

[24] Crônica levada ao ar pela rádio Médi 1 em 10 de março de 2012.

Vamos, em primeiro lugar, à Faculdade de Letras e Artes de Manouba, perturbada desde novembro pelos problemas causados pelos salafitas. Uma centena deles, estranha à faculdade, foi até lá para apoiar as *munaqqabâts* – três ou quatro – que queriam impor sua presença em cursos e provas, embora o regimento interno da universidade proíba o uso do *niqâb* nas aulas e durante as provas. Esses salafitas agem de forma violenta. São experientes nas artes marciais, e diz-se que de seu corpo emerge uma força física impressionante, conjugada a um olhar de determinação e ódio. Vestem o *qâmîs* afegão, usam barba, calçam tênis, enfim, instauram em Túnis e no espaço universitário uma atmosfera à maneira talibã. São eles os portadores fanáticos do retorno à identidade pura, identidade fantasiosa que supõe encontrar a lealdade à Medina do Profeta, dos *çahâbas*, os "companheiros", dos *salafs*, os "ancestrais devotos". São eles que, em nome dessa identidade fantasiosa, semeiam o terror e atacam a esmagadora maioria dos professores e estudantes, que consideram vendidos ao Ocidente, estrangeiros em seu próprio país, resíduos do colonialismo e, como dizem, "órfãos da França". É certo que o corpo universitário, estudantes e professores, não ficou impassível. Eles resistem, alguns com abnegação, diante de uma violência com a qual estão acostumados.

Nesta semana, uma *munaqqabâ* furiosa e seus acompanhantes, homens igualmente furiosos, portando facas e adagas, foram em busca do reitor para um acerto de contas. Não o encontrando, tiveram tempo de saquear seu escritório. Em seguida, um dos salafitas removeu do mastro a bandeira nacional para colocar em seu lugar a flâmula sinistra da Internacional Salafita, a bandeira negra atravessada pelas letras brancas da profissão de fé, a *shahâda*, grafadas em um estilo agressivo que transforma o *aleph* e os *lâm* em lanças e chuços, dando à fórmula litúrgica a aparência de um exército de cavaleiros do período medieval.

Esse gesto foi vivenciado na Tunísia como um choque para a consciência nacional, choque amplamente compartilhado pelo povo. O intento dos salafitas é minar a história de uma nação cristalizada em um Estado para a substituir pelo mito do califado universal. Eis até onde pode ir o fanatismo da identidade, construído sobre o exclusivismo e a pureza de origem. Por suas características, a população universitária representa a hibridização que colore todos os povos do planeta e é o sinal da modernidade, uma hibridização que busca reunir em um quebra-cabeças coerente o que vem de si mesmo e o que é emprestado de outros.

É nesse processo de hibridização que começa a nascer a cultura-mundo, da qual participam todas as nações, todas as raças, na encruzilhada das culturas, enquanto os salafitas permanecem fascinados pela visão de um mundo em que as entidades resistem à hegemonia ocidental, percebida como algo que alterou as humanidades, que as corrompeu por sua dominação.

Ao mesmo tempo, em Túnis, essa participação na cultura do presente pela hibridização esteve em marcha em outro lugar, o Mad'Art, em Cartago, espaço cultural criado e dirigido pela atriz e diretora Raja Ben Ammar, que acolheu os irmãos Thabet, rapazes de Bruxelas, de pai tunisiano, que nunca romperam com essa origem – aliás, a cultivaram. São dois coreógrafos, Ali e Hédi: o primeiro, vindo diretamente da dança, trabalhou com o belgo-marroquino Sîdî Larbi Cherkaoui; já o segundo é oriundo das artes circenses. São acompanhados musicalmente por Sofian Ben Youssef, tunisiano formado no Conservatório de Túnis, intérprete de piano, compositor que articulou a base sufi com a tradição indiana, acrescentando à mistura um tom de música contemporânea.

Eles convidaram o público a participar de seu trabalho em andamento, um *work in progress* intitulado *Rayah Zone*, "Deriva na área". O próprio título, reunindo uma palavra árabe e uma palavra francesa, é emblemático desse procedimento conduzido pelo processo de hibridização. A obra atraiu um grande público, entusiasmado. Esse trabalho circulará ao redor do mundo e retornará à Tunísia para ser mostrado ao público.

Entre o que aconteceu em Manouba e em Cartago quase simultaneamente, temos em ação o conflito de valores. Ele é real. Como essa dialética entre a talibanização e a hibridização vai terminar? O futuro da Tunísia, do Magrebe, do mundo árabe e do Islã está ligado a essa dialética. O choque de contradições será feroz.

ESTUPRO EM TÚNIS[25]

Eis que estamos no meio de um escândalo. Em Ain Zaghouan, a cerca de dez quilômetros do centro de Túnis, região cortada pela via expressa que leva ao litoral e aos subúrbios residenciais entre Gammarth e Cartago, via La Marsa, nessa região de Ain Zaghouan, ocorreu o estupro de uma mulher por dois policiais em serviço e uniformizados, enquanto um terceiro colega neutralizava o companheiro da mulher. Eis que a mulher estuprada é acusada pelo juiz de atentado ao pudor. O argumento está no fato de que o casal foi surpreendido em flerte e que a mulher agredida estava vestida de forma indecente, segundo esses policiais de um novo tipo, formatados pela moralidade islamista, a mesma invocada para perseguir as mulheres liberadas que não se submetem à 'awra, noção que combate o corpo descoberto, associado à nudez, e que quer que se permita ver descobertos, na melhor das hipóteses, apenas o rosto e as mãos da mulher e, na pior, nada, absolutamente nada, exceto os olhos, que brilham com suas pupilas móveis atrás da trama ornada de uma burqa' que cobre todo o corpo. De acordo com essa lógica que escandaliza mulheres e homens na Tunísia e além, é à vítima que se atribui a condição de acusada.

[25] Crônica transmitida em 29 de setembro de 2012 pela rádio Médi 1.

É essa lógica do triunfo do patriarcado que é acionada em uma Tunísia que se pensava ter aderido definitivamente à modernidade e à convicção da igualdade entre os sexos. Acreditava-se nisso, obviamente, antes do reinado do governo islamista do Ennahdha, que, apesar de um discurso pretensamente aliado à modernidade e à democracia, é incapaz de se livrar do tropismo islamista, centrado no renascimento de todos os arcaísmos estabelecidos pelo patriarcado e pela falocracia, em nome de um islã rapidamente interpretado de forma consensual pelos homens, com base na centralidade do Homem percebido apenas no masculino.

Segundo essa lógica, é a mulher quem sempre está na origem do desejo; é ela que o provoca, que o inflama e que, em sua exposição equiparada à nudez, gera a sedução, a qual, por sua vez, produz sedição: só ela é agente de *fitna*, palavra árabe que significa tanto sedução como sedição, que suscita no homem a ideia do estupro. Em suma, como se uma mulher fosse estuprada por ter se colocado em uma situação em que poderia sê-lo. Esse raciocínio, que é detestável, parece ter penetrado o espírito das autoridades policiais e judiciárias, o que é confirmado pelo silêncio dos ministros envolvidos. Afinal, quem cala consente.

Pior ainda, os defensores da ordem islamista agora ameaçam, pela internet, estuprar as mulheres que se interessaram por esse caso e que têm defendido ferozmente a vítima dessa agressão sexual abominável que, por uma questão de princípio, não é reconhecida pelos que hoje representam a autoridade na Tunísia. Depois da convocação, pelos islamistas, à morte dos militantes da modernidade, hoje testemunhamos a convocação ao estupro. Esse caso, que inverte os papéis, que dá à vítima a condição de acusada, é grave, muito grave. Precisa ser levado a sério.

Devemos primeiramente lembrar aos oficiais que querem perpetuar o patriarcado que o desejo não tem o feminino como origem exclusiva. A energia que desafia a lei por meio do desejo pode vir também do polo masculino. A linha divisória não é a diferença sexual. A intensidade alta e baixa do desejo percorre indiferentemente sujeitos de um e de outro sexo. O exemplo de DSK[26] ilustra perfeitamente a possibilidade masculina em tudo o que o desejo provoca como desordem. Essa é a primeira lição que, por meio da psicanálise, põe em xeque a ordem patriarcal e sua responsabilização da mulher pela desordem causada pelo desejo.

A segunda lição pertence à economia dos direitos humanos, que estipula que qualquer um disponha do próprio corpo como bem entender, da maneira que bem entender, seja homem, seja mulher. A doação do corpo para o outro só pode ocorrer por meio do livre-arbítrio, que implica duplamente consentimento e livre escolha. O estupro começa assim que esses dois pré-requisitos desaparecem, assim que eles deixam de ser honrados em um relacionamento sexual. A violência de tal agressão é acentuada pela diferença biológica que distribui uma força física maior ao homem, o qual, no contexto do estupro, usa e abusa dela.

A terceira lição desse caso nos remete ao cerne da batalha dos costumes. Com a ordem islamista, é a liberdade dos costumes que está em perigo, pois o sonho islamista é reislamizar a sociedade, vendo a norma islâmica tradicional triunfar nela, se tornando ainda mais rígida em sua revivificação. E, para fazer com que a sociedade retorne a esse padrão do qual foi libertada, um instrumento de coerção eficaz aos olhos deles é o recurso à *hisba*, à polícia de costumes. Isso faz com que juízes e policiais se transformem, na Tunísia, em agentes dessa *hisba*, teorizada por Ibn Taymiyya no século XIV e atualmente em vigor no país vaabita, a Arábia Saudita, país esse que difunde hoje em dia, no mundo, o chamado modelo salafita.

Essa *hisba*, no entanto, nunca foi sistemática na história do Islã. Lembro-me do poeta transgressor Hâfez, que, na Shiraz do século XIV, canta em seus *ghazals* a dissolução da *hisba* e do *muhtasib* [funcionário que a comandava] assim que o príncipe que chegasse ao poder fosse

---

26 Iniciais de Dominique Strauss-Kahn, que renunciou à presidência do Fundo Monetário Internacional (FMI) em 2011, após ser acusado de estupro. Naquele momento, era tido como candidato potencial à presidência da França. Mais tarde, foi acusado, com outras pessoas, de agenciamento de prostitutas. [N.T.]

liberal. Enquanto isso, na tradição maliquita magrebo-andaluz, o papel do *muhtasib* foi reduzido ao controle do mercado, procurando bens adulterados e monitorando a regularidade de pesos e medidas. Ela foi limitada à moralidade da transação comercial diária.

Com esse recurso à *hisba*, o que se quer é fazer triunfar a ordem patriarcal. Devemos salvar a mulher violentada, em um primeiro momento, e permanecer vigilantes para evitar que a Tunísia sucumba à insuportável ordem patriarcal estabelecida em nome de um islã mal – muito mal – interpretado. Devemos lutar essa luta, entre muitas outras, se quisermos, por um lado, evitar a derrota na batalha dos costumes e, por outro, preservar as conquistas femininas na Tunísia e até mesmo aprofundá-las.

O CÂNCER SALAFITA[27]

É responsabilidade do Ennahdha ter permitido que as células malignas do salafismo se desenvolvessem. Essa metáfora pode ser aproximada à leucemia, pois estamos lidando com uma doença da infância. Os salafitas não passaram, de fato, do estágio infantil. E não há pior criminoso que a criança que cai no crime. Além disso, é provável que essa leucemia alcance o corpo social e o lance na certeza da corrupção.

---

[27] Crônica transmitida em 3 de novembro de 2012 na rádio Médi 1, com o título "La Maladie infantile du salafisme" [A doença infantil do salafismo].
O título mantido aqui é o do manuscrito original.

Aquela Tunísia conhecida como país pacífico ficou para trás. O Ennahdha no poder nos acostumou a um jogo duplo, um discurso duplo. Por um lado, esse partido se apresenta, em seu desenvolvimento histórico, como distante da violência, adepto da democracia, em suma, em uma transição do islamismo para a democracia islâmica. É nesse sentido que o partido foi apoiado, uma vez no poder, pelos Estados Unidos. De resto, no meio secular, pouquíssimas pessoas acreditaram nessa mudança, o que as leva a dizer que os norte-americanos escolheram os aliados errados. Agora, esses mesmos norte-americanos parecem concordar e prestar mais atenção ao outro lado, o dos secularistas, modernistas e liberais. Porque, em contrapartida, o Ennahdha deixou a semente salafita brotar. Considerou até mesmo que a ação violenta de seus seguidores serve ao seu propósito de devolver à norma islâmica radicalizada pela interpretação islamista um país que, por sua adesão ao tempo presente, dela se afastou. Além disso, o discurso interno da *Nahda* é, em si, muito próximo da ideologia salafita. Para se convencer disso, basta notar a diferença entre o discurso oficial para interlocutores estrangeiros e aquele que é difundido na blogosfera pelos militantes do Ennahdha, que se mostram tanto grandes técnicos como assustadoramente hegemônicos nessa blogosfera. Há nela apenas *takfîr*, anátema, incitação ao assassinato, à execução do rival, em conformidade com uma intolerância que não aceita nenhuma presença da diversidade, da alteridade, de um outro ponto de vista. A Liga de Defesa da Revolução (Ligue de Protection de la Révolution – LPR) é apenas uma milícia disfarçada, sempre estimulada pelo Ennahdha e também muito próxima, em sua ideologia e sua ação violenta, dos salafitas.

Esses ativistas querem instigar o terror e impor um modelo de sociedade fundamentado em uma visão radical do Islã, totalmente alheia às tradições do país. A Ennahdha os encorajou porque eles lhe são úteis. Sua ação se exacerbou num crescendo. Primeiro, atacaram o filme de Nadia El Fani, na primavera de 2011. Em seguida, agrediram o diretor do canal Nessma em sua própria casa, depois da transmissão de *Persépolis* [filme de Marjane Satrapi]. Então, novamente, profanaram as obras de arte na exposição no Al-'Abdelliyya, em La Marsa, em junho de 2012. A primeira frente atacada é a da criação artística. Em seguida, investiram contra o espaço acadêmico da faculdade de letras de Manouba. Além disso, o reitor da faculdade de letras ainda sofre pressão judicial. Eles queriam, com isso, instigar o terror no espaço acadêmico, artístico e intelectual. Depois, invadiram as mesquitas, transformando templos em células de doutrinação e casernas onde as armas são amontoadas. Mais tarde, atacaram a Embaixada dos Estados Unidos. Eles confrontaram as forças de segurança pública em muitas ocasiões. Policiais militares e civis rebelaram-se. Culpam o governo, predominantemente *nahdawî*, por não lhes dar condições de manter a aura do Estado.

Os salafitas também tentaram estabelecer sua ordem absoluta em muitas áreas e regiões onde têm substituído a autoridade do Estado, como Sîdî Bouzid, Menzel Bourguiba, Sejnane e Hay Ettadhamen, na periferia popular de Túnis. E agora, no noticiário mais recente, em Douar Hicher, depois de Manouba, na saída oeste de Túnis. Ali, no entanto, a população se rebelou contra eles. Uma contramilícia foi formada. O caso girou em torno da proibição do consumo de álcool. Eram cerca de 350 pessoas contra 350. As forças policiais e os gendarmes tentaram intervir. O comandante da gendarmeria, Wissem Ben Slimane, foi atingido por um salafita, pelas costas, com uma machadada; ele teve o crânio esmagado. O suposto culpado foi preso em Bou Salem, indo para o oeste, em direção à fronteira argelina, que ele provavelmente pretendia atravessar para fugir. A mesquita Ennour, em Douar Hicher, foi transformada em base militar. No confronto com a polícia, dois salafitas foram mortos. A resposta foi o anúncio, pelos minaretes, de uma convocação à *jihâd*, seguida do *takfîr*, prometendo o paraíso aos candidatos a essa *jihâd*. Um dos jihadistas exibe sua mortalha na televisão, sinal de que ele se sacrificará pela *jihâd* contra qualquer oponente considerado infiel pela lógica do *takfîr*. Aliás, os aparelhos de televisão no país passaram a funcionar como o circo ou os gladiadores na Roma antiga. Nenhuma ética de mídia é levada em consideração. A invectiva, ou até mesmo o pugilato, são, de agora em diante, aceitos. Não é isso que fará o debate avançar. Além do mais, os minaretes das mesquitas ocupadas pelos salafitas pediram à população que festejasse os estragos causados nos Estados Unidos pelo furacão Sandy. Eles substituíram o Deus misericordioso do Alcorão pelo Deus vingativo. Em seu obscurantismo infantil, viram um castigo divino. Teriam de ser remetidos ao Voltaire do terremoto de Lisboa para que compreendessem que esse tipo de conclusão é uma prerrogativa dos simplórios.

Eis a situação em que nos encontramos hoje na Tunísia. Se não houvesse regozijo com a violência que causa a morte, teríamos continuado o caminho afastando-nos dos fanáticos, deixando-os prosperar e perecer em – e por – sua imbecilidade infantil. Mas temos de agir, sujar as mãos, "comer a carne sangrenta", como diz o provérbio tunisiano (*Aklu lahma bi dammihâ*), para impedir a proliferação das células malignas do salafismo e evitar que a Tunísia seja vítima de um definhamento que não merece.

BEIJO PUNIDO[28]

Uma mulher e um homem, jovens, de 20 anos. Eles se beijaram em um bairro popular de Túnis. O irmão da garota, testemunha do beijo, os denuncia. A polícia imediatamente intervém, prende-os, apresenta-os rapidamente ao juiz, que os sentencia a dois meses de prisão por atentado ao pudor. Um beijo punido com o encarceramento. Essa é a ilustração da ordem moral elementar que os islamistas no poder tentam estabelecer.

[28] Crônica transmitida em 12 de janeiro de 2013 pela rádio Médi 1.

O que está em ação é sempre a remanência da *hisba*, essa espécie de polícia medieval dos costumes que os islamistas sonham em nos impor novamente, segundo a doutrina hambalita mais obtusa, radicalizada por Ibn Taymiyya no final do século XIII, uma referência que permanece central no islamismo contemporâneo. Esse ataque à liberdade dos costumes é um dos riscos que corremos quando cedemos à pressão e à hegemonia dos islamistas. Tocqueville dizia em seu tempo, a respeito da rigidez católica, que uma religião que não consegue se adaptar à evolução dos costumes é uma religião destinada a perecer. Ao seguir na contracorrente da história, ela escava seu próprio túmulo. Devemos ser cautelosos com as aparências e não acreditar que o historiador, que em todo caso demonstrou sua lucidez e perspicácia, foi desta vez corrigido pelo Islã. De fato, ao agir contra a história, o Islã revela mais sua entropia que sua vitalidade. Tais ações só podem gerar desconfiança, ou até nojo, entre os jovens, que querem estar no ritmo do mundo.

Proibir o beijo é sinal de um moralismo antinatural. Punir o beijo é ainda mais prejudicial ao ser humano. E que tarefa titânica para os censores! Porque teremos de despir o espaço da representação de todos os beijos do mundo, beijos que são incentivos a todo ser vivo que respira. O ser que, quando não descobre, por sua própria natureza, a verdade do beijo, o vê por toda parte e quer imitá-lo. Beijos em fotos, em revistas, em comerciais, na televisão, beijos de cinema... Deveríamos usar uma tesoura para cortar todas essas imagens, de todos os filmes, para que os beijos sejam apagados de nossas telas, desapareçam dos jogos de luz e sombra nas ficções que nos fazem sonhar e com as quais nos identificamos? Beijos indianos, egípcios, turcos, japoneses, chineses, coreanos, brasileiros, mexicanos, argentinos; beijos franceses, russos, poloneses, norte-americanos, italianos; beijos magrebinos, africanos. Devemos arrancar de nossas telas, grandes e pequenas, todos os beijos do mundo? A profusão de beijos é tal que só pode frustrar o mais obsessivo dos censores. Isso se ele não fizer o papel de hipócrita, porque a verdade é que todo censor, todo fanático, todo islamista tem em si, potencialmente, um tartufo. Para socorrer o jovem casal de Túnis, para defendê-lo, para exigir sua libertação, façamos um elogio do beijo. Vamos fazê-lo duplamente, por uma referência islâmica medieval e por uma referência ocidental moderna.

No primeiro caso, Ibn 'Arabî dá ao ato físico do beijo um significado metafísico. O beijo une duas almas pela respiração. Um respira no outro, pelo outro. A respiração, o *pneuma*, o *nafas*, é o que mantém vivo, é o alimento da alma, da psique, da *nafs*. Além disso, a respiração também nutre o espírito: a respiração, comparada ao vento, ao *riah*, dá a razão ao espírito, *rûah*. É a consonância, em árabe, entre *nafas* e *nafs*, respiração e alma, *riah* e *rûah*, alento e espírito. Por meio do beijo, duas almas, dois espíritos, unem-se pelo tempo em que a respiração, a saliva, o gosto, o toque, o cheiro se misturam. Então, depois da união, vem a separação. Por meio do beijo, dois se tornam um. No final, dois voltam a ser dois. No tempo do beijo, masculino e feminino encontram o tempo em que estavam unidos, antes de serem separados. Ibn 'Arabî retoma assim o mito do andrógino que Platão ilustra em seu diálogo *O banquete*. É a quintessência do amor: amar, ser atraído pelo outro sexo. É, no momento da separação, a nostalgia do tempo original, quando os dois sexos estavam unidos em um só corpo, antes de serem cortados em dois.

A segunda referência apenas retoma o mesmo mito platônico: *O beijo*, esculpido pelo artista romeno Brancusi no início do século XX, entronizado sobre o túmulo de uma russa que morreu jovem, enterrada no cemitério de Montparnasse, em Paris. Essa escultura dedicada à juventude interrompida por pais prudentes mostra um homem e uma mulher unidos pelo beijo na mesma forma indissolúvel. A linha onde os dois corpos se juntam em uma massa única parece representar a linha do corte que separará o corpo bissexuado original em dois corpos distintos pela diferença sexual. Encontraremos novamente a linha de corte descrita por Platão em seu diálogo, na metáfora do sável, peixe de água doce, de carne densa, que encarna o corpo original destinado a ser partido ao meio.

Que Ibn 'Arabî e Brancusi, para além dos séculos que os separam, pela mediação de Platão, abençoem os dois jovens de Túnis que, tendo se beijado em público, apenas encenaram ou teatralizaram o retorno irreprimível à união original, uma nostalgia que revive o desejo de reparar a separação. É necessário que, em nome do Amor, as portas da prisão se abram a seus passos para que possam, mais uma vez, desfrutar da luz ofuscante da liberdade que privilegia a sempre renovada realização do desejo.

MORTE EM TÚNIS[29]

A morte nos visitou, em sua forma mais medonha, por meio de um ato covarde, de terror, assassino, levando um dos filhos da cidade, mestre do discurso e da ação[30]. Ela surgiu anônima, pé ante pé, trazida por um desconhecido disfarçado em seu albornoz que descarregou o revólver à queima-roupa no corpo sacrificado, que tombou, desfalecido, imóvel em seu sangue, no momento em que a vítima se preparava, em seu carro, para iniciar mais um dia de discurso e ação, como fizera na véspera, quando fora ouvida por toda a nação, acusando duramente aqueles que instauram o dissenso na cidade, esses lobos disfarçados de cordeiros que permitem que seus outros amigos lobos se apresentem como lobos, sem disfarce, exibindo suas presas, ameaçadores.

[29] Crônica transmitida em 9 de fevereiro de 2013 pela Médi 1.
[30] Abdelwahab Meddeb evoca o assassinato de Chokri Belaïd, líder da esquerda tunisiana.

Esse homem da palavra baleado havia anunciado na véspera que a cidade estava à beira do perigo, que os lobos aguardavam impacientes, nas sombras do bosque, até que seus congêneres disfarçados de cordeiros escancarassem as portas do cercado. Nem mesmo um dia se passou antes de aquele que nos advertiu do perigo ser, ele mesmo, vítima do perigo anunciado. Dizem-nos que devemos esperar, que não devemos nos precipitar, que é impossível saber por enquanto quem cometeu o ato fatal, que devemos nos armar de paciência enquanto a investigação não é concluída. Mas, investigando ou não, os fatos estão aí, óbvios. O lobo que agiu não somente foi autorizado, mas até encorajado a destruir sua presa. Por quem? Pelos lobos disfarçados de cordeiros, que gostariam de circular anônimos, sem serem identificáveis, irreconhecíveis em meio ao rebanho. Nenhum disfarce, contudo, engana nossos olhos. Há meses que os lobos andam à espreita, ameaçam, afiam as presas, atestam seu ódio irrefragável, sua sede de sangue, sua fome de carne viva, sua exaltação da morte. E toda vez os lobos disfarçados de cordeiros consolam o rebanho: não, não é nada, de todo modo, eles não pertencem a nossa espécie, não tenham medo, afinal, há espaço para todos, afinal, eles podem ser nossos filhos, basta lhes dar o direito de existir, eles vão se aquietar, enfim, há espaço para todos. Agora que os lobos agiram, o que fazer?

O povo, em reação visceral, exprime seu horror, se levanta contra eles, denuncia espontaneamente os lobos disfarçados de cordeiros que incitaram os lobos das sombras a agir. Eles atacaram aquele que os incomodava mais, tanto por seu discurso afiado, focado, que sistematicamente atingia o alvo, como por seu comportamento bem orientado, preciso, desmascarando as ilusões, eclipsando quimeras, mobilizando contra elas a consciência. Agora que os lobos disfarçados de ovelhas estão despojados de seus trajes, dos velos que vestiam, agora que sua pele manchada de sangue está a nu, agora que seus focinhos gananciosos foram despidos de todas as máscaras, eles entram em pânico e chamam os lobos das sombras e da noite para atacar e causar dificuldades e caos na cidade. Mas a cidade toda se reúne e se opõe a suas maquinações. Ela não se deixará ser tomada nem se abater pela promessa de violência. A cidade vai querer expulsá-los de seu interior sem recorrer à violência, sem alimentar o ciclo que, se iniciado, não terminará. Que recurso, que tesouro de sabedoria será necessário para evitar entrar no ciclo trágico do sangue derramado?

Vi nesta semana, apenas um dia antes do assassinato de Chokri Belaïd [ocorrido em 6 de fevereiro de 2013], o filme de Spielberg sobre Abraham Lincoln. Em seus momentos fortes, muito fortes, esse filme mostra a solidariedade entre política e violência quando a história está sendo escrita; mostra como a sociedade pode se dividir profundamente sobre princípios, sobre a concepção do mundo; como a comunidade pode chegar a uma situação em que o inconciliável a divide irrevogavelmente; e como essa divisão pode ser tratada apenas pela guerra, com extrema violência, de modo que haja um vencedor que imponha sua vontade ao vencido, a ponto de submetê-lo à lei que ele mais teme. Foi assim com Abraham Lincoln, presidente dos Estados Unidos, triunfante na terrível guerra civil contra os estados do Sul em conflito armado, impondo ao lado derrotado a Constituição reformada, reformulada pela 13ª emenda – que foi inserida na lei fundamental, vitória jurídica obtida depois de amargas manobras políticas. A parte derrotada foi levada a aceitar a nova lei que envolvia a abolição da escravidão e sua proibição; ela foi levada a aceitar aquilo que considerava inaceitável. A história que está sendo feita é violenta. Até mesmo o resultado feliz passa pelo caminho da tragédia.

Então penso: estamos na Tunísia, hoje, numa sociedade profundamente dividida em duas partes, que experimenta um inconciliável tão intenso quanto o norte-americano que acaba de nos ser lembrado pela representação cinematográfica. Como podemos evitar que esse inconciliável siga o caminho limitado pelas valas onde se acumulam aos milhares os tocos de estropiados e as carcaças de vítimas? Diria que, por natureza, o povo da Tunísia abomina a violência, que não se alia a ela. Poderá esse povo encontrar a fonte da sabedoria suprema, da sabedoria ancestral, para desarmar o trágico provocado pelo inconciliável e poder tratá-lo por meio da palavra, da ação, como fez Chokri Belaïd, ao remover dos lobos disfarçados de ovelhas seu adorno artificial, dizendo-lhes que seu lugar não pode mais ser a cidade, e sim a floresta, com seus pares, que não mais poderão se aproveitar da cumplicidade de companheiros que se encontram do outro lado da muralha, esperando a noite para abrir-lhes os portões da cidade e indicar-lhes a casa de sua presa favorita?

PARA PÔR UM FIM AO ISLAMISMO[34]

Como se manifesta o panorama político na Tunísia depois do choque sentido por toda uma sociedade, ao reagir ao primeiro assassinato político desde a independência, o segundo na história contemporânea, antecedido apenas pelo do líder sindical nacionalista Farhat Hached, perpetrado em dezembro de 1952, nos últimos suspiros do protetorado? Os nomes de Chokri Belaïd e Farhat Hached serão, dessa forma, inscritos sob a mesma rubrica. Ambos sofreram um destino semelhante: foram vitimados de manhã, ao deixar sua casa, pelas forças da sombra, desesperadas por não poderem influenciar o curso irrevogável da história, cujo fluxo opõe-se a sua convicção ideológica e a seu propósito político.

[34] Artigo publicado em 18 de fevereiro de 2013 no *site* de informações *Leaders* e baseado em uma crônica transmitida em 16 de fevereiro de 2013 pela Médi 1, intitulada "Le Paysage politique en Tunisie" [O panorama político na Tunísia].

Para Farhat Hached, o enigma do crime permanece, mais de sessenta anos depois do ocorrido. No entanto, à parte qualquer identificação precisa, é evidente que se trata do *lobby* colonialista. Esse *lobby* tinha sua facção armada, uma organização secreta chamada La Main Rouge [A Mão Vermelha], que, no mesmo segundo em que se transmitiu a notícia do assassinato, foi apontada por dedos acusadores.

O mesmo ocorre com Chokri Belaïd, cujos assassinos talvez nunca sejam identificados. Mas, logo após o ato funesto, foi o movimento islamista que se viu no banco dos réus. Este deseja impor sua ordem a uma sociedade inquieta, surda à sua mensagem. De fato, a responsabilidade pelo crime foi imediatamente atribuída ao partido islamista Ennahdha – se não ao partido em si, ao menos a sua complacência em relação aos salafitas, entre os quais circula uma lista negra de inimigos a serem eliminados, na qual aparece o nome da vítima. Soma-se a isso um vídeo que mostra visionários descabelados e barbudos, se dizendo salafitas, vestidos com túnicas afegãs, em Zarzis, proferindo um anátema contra líderes e ativistas políticos, entre os quais se menciona Chokri Belaïd. Outro documento audiovisual mostra o ministro islamista do Interior, um dos líderes do Ennahdha, massacrando Belaïd em uma diatribe, atribuindo-lhe a responsabilidade pela agitação social no país, de leste a oeste, de sul a norte, fazendo dele um agente perturbador onisciente, situando-o no lugar do homem que impede o projeto islamista de eclodir, implicitamente pedindo a eliminação de um obstáculo que obstrui seu caminho.

Há, portanto, toda uma atmosfera ideológica que preparou as condições para tal assassinato. Além disso, pensem na organização quase secreta da Liga de Defesa da Revolução (LPR), uma milícia originária do partido islamista Ennahdha. Essas ligas equivalem ao que foi A Mão Vermelha no período final do protetorado, a qual, por sua vez, prenunciou a famosa Organização Armada Secreta (OAS), que se alastrou durante a Guerra da Argélia.

O assassinato de Belaïd poderia ter desencadeado o processo de violência que levaria o país à guerra civil. Alguns sonharam com isso.

Fomos informados de que os líderes islamistas ordenaram que os milhares de tunisianos que lutavam na frente síria e no Mali retornassem a sua terra natal. Ouve-se dizer que esse radicalismo, sedento de sangue, ecoa nas fileiras do Ennahdha. Tal ameaça é, em todo caso, usada como um meio de pressão ou instrumento de coerção por Rached Ghannouchi, líder do partido islamista no poder.

No entanto, durante o funeral de Chokri Belaïd, uma sociedade quase inteira protestou tanto contra a virtualidade da guerra civil como contra o projeto de sociedade que o Ennahdha quer impor à comunidade nacional. Mais de 1 milhão de pessoas, em uma população de 12 milhões, tomaram as ruas de todo o país para dar vazão a sua raiva e afirmar sua rejeição à ordem islamista e à violência, vociferando a fobia que o líder *nahdawî* Ghannouchi lhes inspira. Essa demonstração unânime desvela simplesmente que, em termos históricos, o projeto islamista tem poucas possibilidades de sucesso. Ele vai contra a corrente da energia popular produzida pela história. Tal como o colonialismo diante da inevitável descolonização, que consistia em recuperar uma soberania que a ocupação estrangeira, tendo sido incapaz de abolir, manteve em suspenso, suspensão que foi prorrogada muitas vezes antes de se impor por meio da refundação do Estado pós-colonial no momento da independência.

É válido avaliar que a tentação islamista experimentou ontem uma circunstância histórica que, num dado momento, a favoreceu e agora vê o instante que a contraria. Instante precipitado pela incompetência dos islamistas em suas funções, porque a manutenção de miragens e quimeras não alimenta os homens nem fisicamente nem em espírito. Além disso, seu modo de agir, que mistura o domínio da fé e o que está no domínio da necessidade material, prejudica a religião e destrói a política. Sem querer vexá-los mais, recordemos, no caso que nos preocupa, sua incapacidade de assumir a tarefa para a qual foram eleitos, nomeadamente a elaboração de uma Constituição que não seja claudicante e que possa satisfazer a expectativa das pessoas, sem protelar, manipular nem usar de astúcias. Um povo que vê a si mesmo como muçulmano e não sente a necessidade de insistir em seu islamismo; um povo que quer, no seio do Islã, estar em sintonia com o conjunto dos direitos humanos, da liberdade de consciência, coerente com a era do indivíduo esclarecido pela livre escolha, desvencilhado das subjugações impostas a seus antepassados por uma autocracia guiada por normas teológico-políticas de outra era.

É nesse panorama político elucidado que a classe política tunisiana está trabalhando, sob o olhar atento da sociedade civil nacional e da comunidade internacional, para encontrar uma solução detalhada para a crise que entorpece a governança, solução esta que deveria, por um lado, incluir todos os atores da arena política e, por outro, recolocar no centro o pacto moral que fundamenta a legitimidade provisória saída das urnas em 23 de outubro de 2011 e que dava aos eleitos um ano para elaborar uma Constituição com base na qual se construiria, por meio de eleições livres, a legitimidade integral que levaria o Estado a uma refundação capaz de regenerar a nação. Assim, depois de fagocitar o islamismo, as forças vivas do país poderão levar à pia batismal a Segunda República da Tunísia.

O CRIME DO *TAKFÎR*[32]

Vivemos no Islã o momento de todos os perigos. É o do *takfîr*, a excomunhão, que leva um muçulmano a declarar outro muçulmano não muçulmano, consequentemente apóstata e, portanto, merecedor da morte. É uma lógica do terror que está causando estragos. Ela está na origem de todos os extremismos, todos os exclusivismos, todos os fanatismos que corrompem a comunidade. Está em toda parte: Bangladesh, Iraque, Paquistão, Egito, Iêmen, Líbia, Tunísia. É feita, é construída por uma visão restritiva do Islã, reduzida a uma uniformidade de prática. Qualquer um que se desvie dela é considerado não muçulmano e, portanto, punível com a pena de morte. É essa visão que alimenta o extremismo da al-Qâ'ida. É a mesma visão que alimenta aqueles que se dizem salafitas. Dessa forma se constrói a legitimação da *jihâd*, da luta santa no próprio interior do Islã. É essa ideologia que impulsiona todos os maquis[33] islamistas, todas as rebeliões armadas, instigadoras de guerras civis devastadoras. Agora, ela se manifesta de maneira universal, desde o Afeganistão dos talibãs até o Mali da AQMI [al-Qâ'ida no Magrebe Islâmico].

---

[32] Crônica transmitida em 11 de maio de 2013 pela Médi 1.
[33] Locais isolados onde os combatentes da resistência francesa se reuniam durante a Segunda Guerra Mundial. [N.T.]

A última expressão dessa ideologia destrutiva ocorreu e continua a ocorrer em cavernas e florestas do *djebel*[34] Chambi, perto de Kasserine, Tunísia central, não muito distante da fronteira argelina na latitude de Tebessa, na região mais montanhosa e mais florestada do país. Duas vozes se exprimiram recentemente para denunciar o fenômeno. Primeiro o tunisiano Muhammad Tâlbî, em artigo publicado na edição do jornal tunisino em língua árabe *Al-Maghreb* do domingo, 14 de abril de 2013. Ele denunciou a tendência do *takfîr*, comparando-a a um ato de terror equivalente a um crime. Tâlbî demonstra que não há base alguma no Alcorão que possa fundamentar o *takfîr*, porque o horizonte do Alcorão emerge no versículo que diz: "sem restrições na religião" (*Lâ ikrâh fî al-Dîn*). Tâlbî lembra que ele mesmo foi condenado pelo *takfîr*, que os islâmicos salafitas, ao invocá-lo, pediram sua cabeça. A eles, opõe o fervor de sua fé corânica, fundada exclusivamente no Livro Sagrado. Nesse artigo, ele avalia que, na esteira da infinidade de significados abertos pelo Alcorão, é fácil articulá-lo com a estrutura política mais moderna, incluindo a liberdade de consciência, que é o antídoto radical ao *takfîr*, sendo este um veneno que está, infelizmente, em potência, se não em ato, no *corpus* dos ulemás, na interpretação canônica do Livro Sagrado. Como prova, apresenta a maneira pela qual alguns versículos foram interpretados, como o versículo 22 da surata LXXXIII, *Al-Ghâshiya*, em que Deus se dirige ao Profeta, dizendo-lhe que ele não tem autoridade nenhuma sobre os crentes (*Lasta 'alayhim bi-muçaytirin*). Esse versículo, no entanto, foi considerado, pela tradição do *tafsîr* [comentário], "revogado" (*mansûkh*) por outros versículos, vistos como contrários. Isso do século IX ao século XXI, de Tabarî ao xeque tunisiano Tâhar Ibn 'Ashûr, que compôs o *tafsîr* mais amplo do século XX. Assim sendo, caso se considere esse versículo válido, a questão da fé fica fora do alcance humano, restituída exclusivamente ao mistério divino. Em nome do que poderia um homem, mesmo o Profeta, ter

---

34 Nome dado na África do Norte às montanhas. [N.T.]

autoridade sobre outro homem para saber o que está no segredo de seu coração? De acordo com Tâlbî, portanto, basta retornar ao texto do Livro Sagrado para encontrar a invalidação do *takfîr*.

O segundo texto contra o *takfîr* foi escrito pelo libanês Ridwân al-Sayyid. Foi publicado no jornal saudita em Londres *Asharq al-Awsat*, de 10 de maio de 2013. Al-Sayyid relembra uma discussão que teve no Cairo no início de 1970 com o xeque Muhammad al-Ghazâlî, por ocasião do lançamento de um dos primeiros tratados que reviviam o *takfîr*, *Al-Farîda al Ghâ'iba* ("O dever ausente"), escrito por 'Abd al-Salâm Faraj; esse "dever ausente" é a convocação à *jihâd* interna para eliminar muçulmanos considerados não muçulmanos pelo *takfîr*. Nessa oportunidade, o xeque Ghazâlî disse: "É a onda do *takfîr* se espalhando, Deus nos resguarde dela" (*Innaha mawjatun takfîriyya Nas'alu Allâh an yaqîna sharraha*). Porque ela é razão para a guerra civil, que atualmente se apresenta na terra do Islã, em ato ou potência. Ridwân al-Sayyid lembra que toda a história do Islã transcorreu em um contexto que aceita a diversidade de interpretações e abordagens, de doutrinas e escolas. Além disso, a cidade islâmica conseguiu, até com felicidade, gerir a pluralidade religiosa. Quando os teólogos, nos tempos antigos, foram amargamente atacados, ainda assim conseguiram coexistir. Foi assim na era dos *mu'tazila*. Quando pensaram ser a justiça divina o primeiro princípio, os doutores da suna responderam: "Mas a misericórdia é o valor supremo". É ao mistério da divina misericórdia que convém retornar a fim de desarmar aqueles que se dizem justiceiros de Deus para semear o crime do *takfîr*. Assim, honraremos o que o pensador canadense Charles Taylor propõe: em uma situação de conflito religioso mortal, é necessário estabelecer uma sociedade baseada na confiança, para que esta ocupe o lugar da desconfiança. Esse é o preço da concórdia social.

IRMANDADE MUÇULMANA E VIOLÊNCIA[35]

Nós amamos o Egito e tememos por esse país. Dele nos chegam imagens perturbadoras, desagradáveis, até aterrorizantes. Atentados, a fumaça de explosões na cidade, semeando o pânico. E, em resposta, policiais encapuzados fazendo controle de identidade. Imagens que lembram o estado de sítio.

[35] Crônica transmitida em 5 de abril de 2014 pela rádio Médi 1.

No Sinai, um estado de guerra está em curso. Dois dias atrás, terroristas que realizavam um controle de identidade, ao reconhecer um recruta entre os viajantes, o executaram friamente diante de todos os seus companheiros de viagem, com uma bala na testa. Isso nos lembra da barbárie da "década negra" na Argélia. A tripla explosão sucessiva na área da Universidade do Cairo transformou em um instante a paisagem urbana das margens do Nilo em algo parecido com a Alepo mortificada. No Sinai, um grupo chamado Ançâr bayt al-Maqdis, "Defensores de Jerusalém", reivindica as ações militares. O atentado do Cairo foi reivindicado por uma organização chamada Ajnâd Misr, "Combatentes do Egito". As autoridades, a mídia egípcia e uma grande parte da população acreditam que todos esses nomes não passam de organizações fictícias, máscaras atrás das quais a Irmandade Muçulmana se esconde.

Eles se manifestam sob seu próprio nome em todos os lugares, e a população que se exalta contra eles precede a ação da polícia ou se empenha em ajudá-la quando esta decide reprimi-los. Nas universidades, os estudantes da Irmandade Muçulmana protestam, atrapalham e interrompem as aulas. O ódio que eles suscitam é tão amplamente compartilhado que, na Universidade do Cairo, os reitores votaram por unanimidade pela suspensão da imunidade acadêmica, pedindo à polícia que entrasse no recinto acadêmico para expulsar os manifestantes e restaurar a ordem necessária para uma transmissão serena de conhecimento.

A Irmandade Muçulmana estaria agindo em legítima defesa, depois da repressão sofrida no verão passado, especialmente na praça Râbi'a al-'Adawiyya, no Cairo? Se assim for, a violência do Estado deve ser revidada com violência? Não se arriscará uma guerra civil, o retorno à situação da Argélia 25 anos atrás, da Líbia, do Iêmen e da infeliz Síria hoje? É algo que não desejamos de nenhum modo para o Egito. Egito esse que, em nossa opinião, conduziu mal a ação contra a Irmandade Muçulmana, percebida como inimiga da nação. Porque, gostemos de Morsi ou não, seu *impeachment* é um golpe de Estado.

Violência gera violência e tenho medo pelo Egito. Esse Egito que decretou a Irmandade Muçulmana uma "organização terrorista", seguido na decisão pela Arábia Saudita. Até mesmo a Grã-Bretanha decidiu investigar se a organização da Irmandade Muçulmana, tão poderosa em Londres, é terrorista. Na mesma linha, uma comissão do Parlamento Federal canadense está debatendo a possibilidade de proibir essa organização com ramificações crescentes.

Para nós, a organização traz consigo os princípios da violência e do terror, pois seu *murshid* (líder supremo), 'Umar al-Tilmisanî, criou entre 1935 e 1936 a organização secreta cujos membros lhe juram fidelidade pessoalmente, em um quarto escuro, apoiando a mão sobre o Livro Sagrado e uma pistola. Esses iniciados macabros se assemelham à Ordem dos Assassinos[36] do século XII, criada por Hasan-i Al-Çabbâh, chamado "o velho da montanha", na fortaleza ismaelita de Alamût. Esses novos iniciados da morte carregam, desde o juramento de fidelidade, o título de *shâhid*. Um deles assassinou o primeiro-ministro egípcio Ahmad Mahir Bâjâ em 1945; um segundo, pertencente à mesma organização, tirou a vida de outro primeiro-ministro, também no Egito, Noqrâni Basha, alguns anos depois.

Dizem que há, atualmente, um debate interno na Irmandade sobre a questão da violência. Esse debate repercute na internet. Parte desse debate secreto veio a público. Tomemos o exemplo de Rached Ghannouchi, o Irmão Muçulmano tunisiano que ganhou a reputação de moderação e de escolha democrática. Para ele, isso é realmente estratégico ou puramente tático? Ele é a favor da violência? Para analisar isso, vamos relembrar o que ele disse aos salafitas em um vídeo vazado há três anos. Ele lhes diz explicitamente:

---

[36] *Hashichins*, seita criada para difundir uma nova corrente do ismaelismo, ramo minoritário do xiismo. [N.T.]

> Neste momento, o uso da violência nos matará. A relação de forças ainda não está a nosso favor. Vamos aplicar o que o fundador da Irmandade, Hasan al-Bannâ, chama de "gradação passo a passo" (*al-tadarruj fî al-Khatawât*). É pragmatismo na política. O estágio atual [continua Ghannouchi] exige que os islamistas inundem a Tunísia com associações, criem escolas corânicas, convidem pregadores radicais. A etapa atual é reislamizar o país, e então passaremos à próxima etapa. Por enquanto, devemos dominar a polícia, o Exército. Quando a Tunísia estiver reislamizada e o Exército sob controle, na próxima etapa, teremos os meios para impor a *sharî'a* à força e erradicar os laicos.

Com tais palavras, fica evidente que a violência é um princípio na Irmandade. Mas é um princípio que pode não ser aplicado, que pode ser suspenso, retardado pelo pragmatismo político. Termino com uma pergunta: a violência legítima do Estado deve ser usada para destruir aqueles que acreditam no princípio da violência, mesmo quando decidem não a aplicar? Para nós, essa questão deve ser regulada caso a caso, usando a lei que pune atos de violência. E o caminho da lei é longo. Ele exige paciência. Mas é aí que reside a possível mudança política que nos afastará da tentação do golpe de Estado e do apelo ao militar salvador.

ENTRE LIBERDADE E TERROR[37]

A Tunísia viveu uma semana que mostra que o país está em uma encruzilhada. Seu destino está entre o melhor e o pior. Estamos numa irresolução, e é normal que o país permaneça aberto a todas as possibilidades. Isso se deve à agitação que o país vem experimentando desde 14 de janeiro de 2011. Há mais de três anos o poder se mantém frágil e indeciso. O pior vem da ameaça terrorista, expressa no ataque à casa da família do ministro do Interior, em Kasserine, cerca de 300 quilômetros a sudoeste de Túnis, na zona onde se esbarra na fronteira argelina.

[37] Crônica transmitida em 31 de maio de 2014 pela Médi 1.

Esse evento foi posto em prática de forma espetacular. Testemunhas oculares estavam desorientadas. Uma dezena de homens fortes, armários, verdadeiros Hércules, irromperam, com a cabeça coberta, totalmente vestidos de preto, profissionais ao extremo, no controle de seus menores gestos, e por quase uma hora metralharam à vontade a casa visada. Eles mataram e feriram, voltando-se principalmente aos policiais que estavam encarregados da guarda da residência ministerial. Os jovens que se aproximaram atiraram pedras. Os terroristas nem sequer os olharam, agindo como leões que não dão atenção às moscas que molestam sua juba, para retomar a metáfora usada por um dos jovens que agiu como Davi contra Golias, sem conseguir derrotar o monstro.

Muitas perguntas surgem. Por que o centro das forças de segurança nas redondezas nem sequer entrou em estado de mobilização, ou mesmo de alerta? Por que o reforço militar só chegou muito tarde? Por que, aliás, os terroristas triunfantes, tendo dominado toda a área, não invadiram a casa neutralizada? Por que preservaram os membros da família do ministro que estavam lá? Todas essas questões indicam que houve um uso político desse ato de terror cuidadosamente encenado. Tal ato ocorreu logo após a prescrição da Liga de Defesa da Revolução (LPR), que todos suspeitam ser o braço armado, a milícia dos islamistas do Ennahdha. Essa é a primeira pista, sobre a qual muitas pessoas pensaram. Esse possível envolvimento do Ennahdha foi levado em consideração pelo povo de Kasserine, reunido em massa após o fim do tiroteio e que recebeu muito mal o deputado constituinte *nahdawî*, acabando por expulsá-lo do local.

É, portanto, um sinal que foi enviado, um sinal que mostra o que não deve ser excedido e que tem como destinatário o governo atual, que tem a responsabilidade de cancelar as indicações partidárias do Ennahdha ao aparelho de Estado e à administração. Depois de ter sido inocentado de uma das acusações, a prescrição da LPR, ele está prestes a atacar a segunda acusação, destinada a purgar a administração e nomear pessoas competentes no lugar dos partidários, uma condição exigida por todos para organizar futuras eleições com lisura.

O acontecimento de Kasserine indica que o instrumento do terror está muito presente, que pode ser utilizado a qualquer momento, que é eficaz, aguerrido, dominado, controlado e está pronto, se necessário, para ser generalizado. Isso pode colocar o país em perigo, porque o controle que os aprendizes de feiticeiro têm desse instrumento inteligente pode lhes escapar, conforme as habilidades tunisianas no terrorismo mais radical são provadas. Essas habilidades foram adquiridas pela geração atual em campo: no Mali, com a AQMI [al-Qâ'ida no Magrebe Islâmico]; na Líbia, com a Ançar Sharî'a; na Síria, com o abominável Dâ'ish, o Estado Islâmico do Iraque e da Síria. Que o país seja preservado desses obscurantistas sanguinários, inimigos da cultura, da civilização, enfim, da vida, inimigos de Eros atuando em nome de Tânatos!

E o melhor, pois já falamos sobre o pior, nos vem da ação do militante, ciberativista e blogueiro tunisiano Azyz Amami, após sua libertação, no último sábado, 25 de maio de 2014. Em duas entrevistas, foi simplesmente brilhante: na concedida à Mosaïque FM; no vídeo postado pela revista *on-line Nawaat*. Essas entrevistas se transformaram em um solilóquio transfigurado em discurso político, que imediatamente ganhou uma dimensão filosófica. Lá, vemos em funcionamento o exercício subjetivo, por meio de Amami, a serviço da comunidade. É realmente o sujeito que se dirige ao comum para fazer avançar a causa da liberdade e das liberdades, ao denunciar com imensa humanidade a violência policial e as condições carcerárias. Esse discurso subversivo incorpora uma subjetividade que surge como uma singularidade, realizando um ato de resistência e criação. Amami incorpora em seu discurso até mesmo os policiais violentos e desviantes, seus carrascos, que ele considera vítimas da máquina do poder. Eles também devem ser salvos em sua humanidade, que se desviou para a desumanidade. É essa a condição da dignidade humana – carrascos e vítimas. Na tensão de seu discurso, no entanto, Amami manifesta uma serenidade que o desejo da eternidade traz à alma. Baseia-se no amor como paixão que cria a existência comum e destrói o mundo do poder. Amami personifica novamente o spinozismo em ação, conforme atualizado pelo filósofo subversivo italiano Toni Negri como uma filosofia de afirmação. Esse contributo para a criação da existência comum diz respeito até à abordagem que devemos ter do fenômeno do terror, que, como vimos, se mostra um instrumento que participa do mundo do poder.

As pessoas que ouviram Amami sabem disso. Foi ele quem apedrejou os terroristas em Kasserine. Foi ele quem expulsou o deputado do Ennahdha, ainda em Kasserine. É ele quem vai agir contra a ameaça terrorista, trazendo o eterno de volta ao mundo mediante sua experiência de liberdade, experiência em que a liberdade e a necessidade coincidem em um poder soberano, que seria a democracia da multidão impulsionada pelo mesmo desejo que leva à constituição do comum.

A MENTIRA DOS ISLAMISTAS

TERCEIRO IMPASSE[38]

Decididamente, não abandonamos aquilo que Hegel chama de "o trabalho do negativo", aquele que ocorre na longa duração. Esse trabalho do negativo surgiu, na história dos árabes, com o choque causado pela expedição de Bonaparte ao Egito, no fim do século XVIII. A onda de choque originada por esse acontecimento brutal ressoou por toda a horizontalidade da qual o Egito faz parte, do golfo ao oceano, como se costumava dizer na era da utopia arabista. Esse espaço teve, portanto, de considerar o Ocidente como questão. É claro, não foi o único que teve de fazê-lo. Todas as grandes tradições históricas e civilizacionais precisaram enfrentar o mesmo trabalho do negativo, que questiona e desestabiliza as identidades quando elas enfrentam o avanço ocidental em todos os campos, exceto naquele do Ser. Diante da crise do Ser suscitada pela ruptura ocidental que subverte as tradições, rapidamente os múltiplos Orientes propuseram alternativas. Mas deixemos de lado esse comentário, dito entre parênteses, porque, no momento, nosso objetivo é outro.

[38] Crônica transmitida em 17 de dezembro de 2011 pela rádio Médi 1.

Diante do choque ocidental, o espaço da costa sul do Mediterrâneo e de seus prolongamentos asiáticos tentou se adaptar à nova situação. A questão então se tornou: como conciliar o progresso proposto pelo Ocidente e a fidelidade a si mesmo? A questão rapidamente se tornou uma aporia. Aqueles que se fizeram essa questão foram levados a encontrar uma resposta para uma pergunta cujos termos são inconciliáveis. É Hegel, ainda, quem considera que o salto no novo tempo não pode ser feito sem problemas, mas mediante a ruptura por decisão voluntária, a livre escolha, para que cesse o trabalho do negativo e o sujeito entre pela porta positiva no novo tempo que a história oferece. Essa tesourada que corta o cordão umbilical nunca foi aceita pelos árabes.

Houve, portanto, o primeiro impasse, representado pelo colonialismo, que colonizou países colonizáveis e que, historicamente, haviam sido eles mesmos colonizadores. Impasse esse que, de todo modo, perturbou a situação, no sentido de que o trabalho do negativo operou e desorganizou as estruturas tradicionais, participando da introdução de modos de pensamento que predispõem aos novos tempos. Isso tudo embora, por cinismo e manipulação, e com o objetivo de preservar seu poder, o colonizador tenha desempenhado o papel de Iago diante de Otelo, mergulhando-o no defeito de origem, encorajando-o não a passar por mutações, mas, em vez disso, a permanecer fiel à estrutura original que o restringe; foi o que ocorreu na Argélia, quando o colonizador incentivou o argelino a não exigir a nacionalidade para que permanecesse fiel à condição pessoal ditada pela *sharî'a* e considerada inconciliável com o direito positivo, que é o fundamento a reger a concessão da nacionalidade. É na defasagem entre a fidelidade a si mesmo e uma realidade material cambiante que reside o trabalho do negativo durante o impasse colonial.

O segundo impasse será pós-colonial. Vai assumir muitas formas, do populismo à vontade de, mais uma vez, conciliar o inconciliável, sempre na recusa da tesourada que corta o cordão umbilical. Um impasse que, de todo modo, viu as coisas evoluírem e a paisagem mudar no combate inarmônico entre aquilo que foi herdado e aquilo que, da modernidade, foi depositado em solo nacional, primeiro pelo colono, depois pelo nacionalista. Uma parte do espaço urbano e da paisagem, no entanto, se adaptou às condições da época, apesar de o trabalho do negativo não ter cessado, de ter continuado e até mesmo se acelerado pela heteronomia que afasta o original do moderno emprestado e adotado.

Eis que é o momento do terceiro impasse, aquele encarnado pelo islamismo que chega em toda parte ao poder, ou a seu umbral, na Tunísia, no Marrocos, no Egito, na Líbia, na Síria. Alguns pensariam que, finalmente, haveria uma reconciliação de si com a época em que se vive, o fim do trabalho do negativo. Pensamos, no que nos diz respeito, exatamente o contrário. É com o islamismo triunfante que o trabalho do negativo experimenta sua mais alta intensidade. Pois o islamismo é um niilismo, no sentido que Leo Strauss, filósofo judeu alemão que se naturalizou norte-americano por causa do nazismo, dá à palavra: negar os termos da modernidade, negar a técnica política que governa essa modernidade e o direito humano que lhe garante os fundamentos. Existe, no entanto, um distanciamento entre o islamismo radical, teórico, romântico, revolucionário, de extrema direita, ideológico, e o islamismo conciliador, pragmático, sujeito ao princípio da realidade, buscando se acomodar ao contexto. Talvez seja por meio deste que se completará o trabalho, o longo trabalho do negativo. Pois ele é obrigado a ceder a seus princípios, a se libertar do niilismo que está em sua base. Vemos isso no discurso proposto pelos islamistas que chegaram ao poder no Marrocos e na Tunísia. Talvez seja por esse islamismo adaptado que será feito, com tranquilidade, o corte necessário para um acesso coerente à modernidade. É ali que seria dada a tesourada decisiva, aquela que instauraria a ruptura, ao mesmo tempo que manteria as aparências da fidelidade a si mesmo. Assim, talvez, o desafio civilizacional fosse finalmente aceito, na exaustão do trabalho do negativo. O objetivo estratégico poderia ser finalmente alcançado após dois séculos de trabalho do negativo. Seria realmente possível, no entanto, alcançar um objetivo tão estratégico usando a tática do fingimento? Esse último traje do islamismo poderia convir para garantir a última tesourada que corta o cordão umbilical, mantendo, ao mesmo tempo, a ilusão de que esse corte não teria ocorrido, de que seria suave, não traumático. Decididamente, na política e ao longo da história, tudo é uma questão de cenografia, de teatro, de simulacro.

TRAUMATIZADOS PELA VITIMIZAÇÃO[39]

Nada justifica o crime absoluto de Mohamed Merah. Nada pode legitimar o ato louco do tolosano de origem argelina. Já na origem, há nele uma propensão à violência, o desejo de se afirmar eliminando o outro. É verdade que a execução do rival é, como os subterfúgios em torno da morte, o que impulsiona nossa condição. Jacques Lacan observa esse fato como um psicanalista e o torna um axioma. Exceto que a eliminação do rival tem como teatro o imaginário, cenário do exutório, que conjura nossas fantasias e nos livra simbolicamente da eliminação do rival. É justamente o deslocamento do simbólico e do imaginário para o real que define a loucura. Além disso, no plano individual, o ato de Merah é, literalmente, um ato insano.

[39] Texto estabelecido com base na crônica transmitida em 24 de março de 2012 pela Médi 1 e publicada em uma versão revisada no jornal *Libération* em 2 de abril de 2012.

A pior loucura é aquela que parece racional, fria, e que encontra sua justificativa na legitimação ideológica. Com essa mediação, chegamos a outro estágio da análise psíquica. Por trás do ato louco, a montante, foi internalizada pelo criminoso a condição de vítima. Vítima do Ocidente, que é visto como perseguidor do Islã nas Cruzadas, no colonialismo e na espoliação da Palestina. Esse argumento falacioso faz de quem acredita nele um ser reativo, e não um sujeito ativo.

Qual é a diferença entre ação e reação? A ação leva o sujeito a considerar, em primeiro lugar, que seu projeto nasceu em si e por si mesmo. Ele conta, então, com suas próprias forças para concretizá-lo. Em seu gesto positivo irradia o *sim*, vocábulo da afirmação de si e da aquiescência com o que está por vir. Tal estrutura estabelece a soberania do sujeito, ela gera seu próprio poder sem se deixar escravizar pela influência do outro, conferindo ao sujeito autonomia, na medida em que este percebe que sua ação é interativa, que não se realiza em um isolamento esplêndido, mas na relação intersubjetiva. Em seguida, a autonomia e a soberania do sujeito serão postas à prova pela ética e pela poética da relação.

Por outro lado, a reação é, desde o início, serva da decisão do outro. Aquele que a ilustra reage à ação do outro. A reação cabe ao escravo, cujo ato depende da ação do senhor. Ela é governada pelo *não*. Detectável no modo negativo, seu regime continua sendo a rebelião e a desobediência. Ela nutre o que Nietzsche chama de humanidade do ressentimento, que internaliza a condição de vítima diante do carrasco. Essa humanidade faz-se vítima para se vingar, por reação, do carrasco. Niilista, ela consome sua vida dizendo "não" a qualquer proposta razoável que exalte o progresso moral e material. O sujeito, já louco por ter deslocado o simbólico e o imaginário para o real, torna-se ainda mais insano ao internalizar a condição de vítima que o conduz ao ressentimento e ao niilismo. Tal sujeito, como Merah, renasce como uma fria máquina de matar assim que é articulado a um sistema ideológico que dê referência a seu trauma original.

Esse sistema acaba por confirmá-lo em sua disfunção psíquica. O indivíduo atingido dessa forma é confortado pelo selo comunitário que a ideologia à qual adere afixa em sua pele. No caso de Merah, a ideologia convocada é a do radicalismo fundamentalista islamista em sua versão mais extrema, a do islamismo jihadista defendido pela al-Qâ'ida. Ao agir em Montauban e Toulouse como um assassino capaz de matar crianças, de forma fria e deliberada, no pátio da escola delas, Merah, em sua solidão, indica sua participação em uma comunidade utópica, disseminada, desterritorializada. Ele justifica seu ato pela arcaica lei de talião para aplacar sua vingança como vítima contra aqueles que povoam a esfera do suposto carrasco. Ele se revela pós-moderno ao confirmar sua solidão por pertencer a uma comunidade à qual está ligado virtualmente, por meio da disseminação e da desterritorialização, ou seja, de acordo com as coordenadas em que se localizam a al-Qâ'ida e o mecanismo da *web*, rede, teia, tela informática que reativa o virtual.

Essa é a forma mais recente assumida pela ideologia totalitária. Como resultado, o islamismo não tem mais nenhuma conexão com religião, fé e cultos enredados. É a doença que explora o sujeito traumatizado para mobilizá-lo em direção a um destino assassino. É o avatar definitivo da ideologia totalitária, em que a referência arcaica se ajusta à condição pós-moderna. Dessa maneira, o círculo se fecha sobre si mesmo: o ponto final se funde com o de partida. Essa forma circular dá ao criminoso a ilusão de atravessar a integralidade do tempo, desde a Criação até o Apocalipse.

Para prevenir e curar essa doença, devemos nos mobilizar e nos manter vigilantes, a fim de evitar esse processo maligno que leva à legitimação do assassinato mais abjeto, aquele que desonra o ser humano ao atingir os inocentes, desafiando os preceitos – que limitam o instinto de violência – do mandamento bíblico "Não matarás", bem como a constatação do Alcorão segundo a qual matar uma alma inocente é como matar a humanidade inteira.

Temos de obstruir a porta que leva ao corredor da vitimização, que, por sua vez, conduz à sala do ressentimento, contígua à do niilismo. A ação didática e pedagógica de nossos Estados, instituições, mídia e sociedade civil deverá ser cuidada por essa vigilância psíquica e ética. Porque, nunca nos esqueçamos, onde quer que estejamos, aqui e em outros lugares, tanto na Tunísia como na França, criminosos, salafitas e companhia, esses traumatizados pela vitimização, rondam entre nós e, a qualquer momento, podem se enfurecer.

MANIPULAÇÃO DOS IDIOTAS[40]

Assisti aos treze minutos e cinquenta segundos do vídeo antimaometano intitulado *A inocência dos muçulmanos*, que ateou fogo à pólvora. É triste ver como é fácil cair na armadilha. Estamos diante de duas bobagens que se retroalimentam.

De um lado, temos os provocadores islamófobos, de outro lado, os fanáticos de nosso país que, pelo reflexo pavloviano, reagem exatamente como antecipado pelos provocadores. Isso porque essas imagens são tão miseráveis, tão medíocres, e sua manipulação é tão óbvia, que qualquer pessoa que esteja em seu perfeito juízo só pode as encarar com desprezo. No entanto, a irracionalidade fez com que esse vídeo provocador gerasse uma crise internacional de alta intensidade. Resultou, além disso, no assassinato de diplomatas norte-americanos em Benghazi, incluindo Christopher Stevens, embaixador dos Estados Unidos na Líbia.

[40] Crônica transmitida em 15 de setembro de 2012 pela Médi 1.

Seu rosto angelical indica a dimensão sacrifical de sua morte. A vítima não merecia morrer atingida por balas disparadas por indivíduos de um povo que amava. Ele, que era um estudioso do Islã e um arabista, tornou-se o alvo do islã radical. Um idealista que sonhava em levar o bem democrático baseado no direito e na liberdade para os países que amava. A partir dos 20 anos, passou a ensinar inglês no Alto Atlas como membro do Peace Corps. Foi assim que aprendeu berbere e árabe. Com base nessa experiência, conduziu toda sua carreira diplomática no mundo árabe que ele amava e que o fascinava, no qual experimentou a tentação. Há algo do calvário nesse episódio, nesse amor pago com a própria morte.

Isso sem falar nos manifestantes no Cairo, que também reagiram de forma epidêmica à provocação, assim como no Iêmen, na Tunísia, no Marrocos, ainda que em grau muito menos histérico nos dois últimos países. O episódio que acabamos de vivenciar tem, no entanto, um efeito geopolítico imediato. Após os violentos protestos do Cairo contra a Embaixada dos Estados Unidos, após a destruição da bandeirola dos Estados Unidos e sua substituição pela sinistra bandeira salafita, após a ausência de censura do grave incidente por parte do presidente egípcio, membro da Irmandade Muçulmana, e após seu apelo por protestos não violentos contra os Estados Unidos, responsáveis pela afronta, a posição do Egito mudou na estratégia norte-americana. Obama, de fato, declarou em entrevista a um jornalista espanhol que o Egito não é mais um aliado, sem, no entanto, se tornar um inimigo. É uma mudança que, acredito, terá efeitos significativos nas relações egípcio-americanas, pois o Egito, até agora, é o país que mais recebe ajuda depois de Israel. Essa atitude do presidente Morsi é mais um sinal de mau governo e de falta de conhecimentos básicos dos islamistas no poder. Esse é um dos erros mais facilmente evitáveis, porque é absurdo legitimar protestos, mesmo que pacíficos, contra uma provocação tão grosseira.

Dizem-nos mais, para botar lenha na fogueira: o diretor desse filme é um certo Sam Bacile, judeu da Califórnia, israelo-americano.

Soubemos ainda que o financiamento para sua produção foi feito com doações da comunidade judaica. Cria-se, assim, o melhor contexto possível para tudo aquilo que, na superfície dos imaginários, contém o potencial de ódio mais explosivo. Obviamente, no entanto, esse vídeo pavoroso – em todos os sentidos da palavra, estético e moral – traz as pistas de um projeto que emana do meio, fanatizado até o ponto da idiotia, dos coptas, cristãos egípcios, naturalizados norte-americanos, que guardam ódio visceral ao Islã. A propósito, o início desse vídeo descreve uma agressão abominável a uma família copta no Egito por muçulmanos fanáticos. A história do Profeta, violenta no plano duplo do sexo e da espada, é contada para mostrar que a violência muçulmana atual está na própria estrutura do Islã, desde a origem, desde o estágio da fundação. A representação como um todo é simplesmente estúpida. As vozes não estão sincronizadas. Alguns atores dizem agora que foram manipulados, que as palavras que saem de sua boca não são as que pronunciaram e que obviamente foram dubladas, pois eles falam árabe. A manipulação está em todas as áreas.

Houve, para essa obra estúpida, burra, idiota, uma reação estúpida, burra, idiota. O problema é que ela é assassina. Temos de proteger nossas comunidades do triunfo da estupidez mortal. Temos de poupá-las dessa infra-humanidade que mancha o ser com tanta idiotice irreparável, baseada apenas na bestialidade do homem.

INTELIGÊNCIA E ASTÚCIA[41]

No início de sua *Epístola sobre o intelecto* (*Al-Risâla fî al-'aql*), Fârâbî (século X) reflete sobre a diferença entre o inteligente e o astuto na política. Ele submete as duas categorias ao exemplo de Mu'âwiya, o califa fundador da dinastia omíada, que venceu 'Alî na disputa pelo poder, disputa que resulta na grande divisão entre sunitas e xiitas. Referindo-se às categorias aristotélicas, Fârâbî considera que o inteligente é aquele que pondera com base em seu intelecto (*'aql*) para distinguir entre o bem e o mal e escolher o bem para pô-lo em prática. Assim, pela mediação do *'aql*, o "intelecto", chega-se ao *ta'aqqul*, termo que adapta a "prudência" aristotélica, enquanto o astuto é aquele que, após ponderação, escolhe praticar o mal.

---

[41] Artigo publicado em 13 de outubro de 2012 no *site* de notícias *Leaders*, com o título "Rached Ghannouchi est-il intelligent ou rusé?" [Rached Ghannouchi é inteligente ou astuto?], e baseado em uma crônica transmitida no mesmo dia pela Médi 1.

Ao fazê-lo, Fârâbî reflete, no contexto islâmico, sobre a descendência, bastante consciente, da filosofia grega. De acordo com Fârâbî, é por meio da partilha do sentimento de humanidade, ao qual chama *uns*, que a sabedoria se perpetua para além da diferença que separa línguas, povos, crenças e épocas. Aqui reside o ponto de vista profundamente humanista que foi expresso no local demarcado pela crença islâmica em pleno século X em Bagdá.

No entanto, o outro ponto de vista, sunita hambalita, que mobiliza as turbas, se opunha à visão humanista tão frutífera naquele momento no meio intelectual e artístico, meio que produz as obras da cultura e as realizações da civilização. Meio ao qual Fârâbî pertence, assim como seu contemporâneo humanista, o filósofo e médico Abû Bakr al-Râzi, ligado à mesma linhagem descendente dos gregos. Fârâbî, no entanto, foi forçado a deixar Bagdá, provavelmente sob pressão da multidão hambalita (que se assemelha estranhamente a nossos salafitas de hoje).

Fârâbî sugere com sutileza que ele vê em Mu'âwiya mais um astuto que um inteligente, enquanto a multidão hambalita vê em Mu'âwiya apenas o inteligente virtuoso, por ter feito o bem servindo ao interesse da religião.

Nesta semana [de 13 de outubro de 2012], na Tunísia, foi revelado um vídeo da reunião organizada pelo líder do Ennahdha, Rached Ghannouchi, com outros líderes salafitas, para convencê-los do acerto de sua estratégia e pedir-lhes paciência. Nosso objetivo é compartilhado, foi o que ele lhes disse, em resumo, mas nossos métodos divergem. Nosso pretenso recuo, ele continua, referindo-se à não inscrição da *sharî'a* na Constituição, não é real. Nós nos contentaremos com a menção ao islã, religião do Estado, no artigo 1º. O resto é uma questão de interpretação. Com essa menção, poderemos aplicar a *sharî'a* posteriormente. Porque, para nós, como para vocês, islã e *sharî'a* são uma única coisa. Um não existe sem o outro. É preciso saber ter *paciência*, ele os aconselha. Contribuam para a reislamização da sociedade, convidem seus pregadores destacados, ocupem as mesquitas, criem escolas, conquistem almas, e o fruto maduro virá.

Ghannouchi, por fim, lembra aos interlocutores salafitas que o uso prematuro da violência pode se voltar contra eles. A polícia não está totalmente sob controle, o Exército é incerto, reafirma. Lembrem-se da Argélia, insiste, diante deles: os islamistas eram muito mais fortes que nós; seus laicos, muito mais fracos que os nossos; eles foram impacientes, optaram pela violência, acabaram esmagados. Talvez seja a "prudência" do *ta'aqqul* que Fârâbî evoca, seguindo Aristóteles.

Essas revelações tiveram o efeito de uma bomba na Tunísia. Os partidos da oposição, a blogosfera, os ativistas e aqueles que protegem a sociedade civil dinâmica aproveitaram e exigiram explicações de Ghannouchi e do Ennahdha. O campo secular festejou por ter, finalmente, a prova irrefutável do discurso ambíguo dos islamistas autoproclamados "moderados". Em suma, sua duplicidade e sua falta de confiabilidade estão agora patentes.

De fato, o recuo após a ação da sociedade civil que levou os islamistas a abandonar a complementaridade entre os sexos para retornar à igualdade sexual, a outra palinódia que levou os *nahdawîs* a não mais reivindicar o exercício da liberdade nos limites do sagrado, todas essas concessões não são mais consideradas como tal, mas como aceitação provisória e tática de disposições que serão transfiguradas em seu oposto, ocultando o referente islâmico nos meandros da *sharî'a*.

Existem entre os seculares, no entanto, democratas que interpretam o documento comprometedor de maneira diferente. Eles de fato veem nele o uso de prudência, um chamado de Ghannouchi ao *ta'aqqul* para afastar os salafitas da violência, que constitui para eles um instrumento natural da política, ou até mesmo uma tentação irreprimível. Esses democratas são os mesmos que acompanharam o movimento da Internacional da Irmandade Muçulmana, que, cinco anos atrás, decidiu abandonar a violência e optar pela democracia.

De fato, a posição de Ghannouchi segue ambígua, oscilando entre duplicidade e cautela. Ghannouchi é inteligente ou astuto? Que categoria de Fârâbî se aplica a ele? Penso que Ghannouchi está muito mais próximo do astuto que do inteligente. Para se tornar um inteligente adepto da prudência, para ser o '*âqil* que pratica o *ta'aqqul*, ele deve primeiro se articular com a genealogia do pensamento que leva em conta o *uns*, o sentimento de humanidade evocado por Fârâbî, por meio do qual a sabedoria é nutrida. É a filosofia que se perpetua atravessando a fronteira de línguas, povos, séculos e que o levaria ao horizonte humanístico. Em suma, para que seja realmente inteligente, e não astuto, Ghannouchi deve trocar definitivamente Sayyid Qutb (1906-1966) por Immanuel Kant e passar da identidade islâmica de mente estreita, fechada em si mesma, à cosmopolítica aberta ao futuro e ao passado, todo o passado legado por toda a humanidade, para construir um presente viável e desenvolver para o ser humano o caminho do *sauf* em um mundo devastado.

DO GOVERNO DO CLÉRIGO AO AMOR À VIDA[42]

O fato marcante de 2012 é a revelação da estratégia do movimento islamista da Irmandade Muçulmana em sua conquista metódica do poder no Egito e na Tunísia. Em ambos os casos, a estratégia é a mesma, em um contexto diferente. Pode-se concluir que o modelo dessa estratégia corresponde ao que aconteceu no Irã, sob incitação de Khomeini. Os islamistas tentam conquistar o Estado por meio de um de seus militantes, Morsi no caso do Egito, Jebali no caso da Tunísia; na retaguarda, o verdadeiro líder inspirador está presente para dividir o Estado e o governo, para invadi-los, enfraquecer suas estruturas e criar uma autoridade supraestatal correspondente ao modo monárquico afirmado e reforçado pela autoridade suprema, que reivindica para si uma legitimidade divina.

[42] Crônica transmitida em 29 de dezembro de 2012 pela Médi 1.

Acima do presidente da República, no Egito, está o *murshid*, o líder supremo da Irmandade Muçulmana, a qual permaneceu apresentando-se como uma instância autônoma e acima da política. É o poder que se crê espiritual que comanda a política. Na Tunísia, acima do primeiro-ministro, que tem muito mais poderes que o presidente da República, está o líder do partido Ennahdha, adaptação da ideologia da Irmandade Muçulmana ao contexto local. Acima de Jebali está Ghannouchi, que não tem função oficial, mas é o inspirador de toda a política conduzida pelo Ennahdha que, por si só, comanda de forma hegemônica a troica nesses tempos de legitimidade provisória. Trata-se, de fato, tanto no Egito como na Tunísia, do desejo de estabelecer uma república islâmica cuja inspiração é o líder teológico. É a adaptação do conceito de *wilâyat al-faqîh*, "governo do clérigo", inventado *pro domo*[43] por Khomeini. Isso ainda não está explícito, mas é a face oculta de uma estratégia. O segundo elemento que remete ao Irã é o desejo de deslegitimar e, por fim, eliminar qualquer oposição, como Khomeini fez em uma segunda etapa.

Esse fenômeno aparece no Egito com a acusação, analisada pelo Judiciário, de conspiração e intenção de derrubar o regime legitimado pelas urnas, apresentada contra os líderes da oposição, 'Amr Mussa e Mohammed el-Baradei, que se mostraram valentes e eficazes em sua ação contra a usurpação de poder por essa Irmandade que usa os meios democráticos para estabelecer sua ordem totalitária. Na Tunísia, o mesmo processo está em marcha. Existe ainda outra analogia iraniana, a das milícias, que aparecem nessa espécie de Pasdaran[44] que é a Liga de Defesa da Revolução (LPR), a ponta de lança na neutralização da oposição. Foi assim que elas se manifestaram em três frentes durante os últimos dois meses do ano: em Siliana, houve por parte delas o desejo de neutralizar a extrema esquerda, que tem sido muito ativa ultimamente; em Túnis, investiram contra a UGTT [Union Générale Tunisienne du

[43] "Em causa própria". [N.T.]
[44] Nome da Guarda Revolucionária Iraniana. [N.T.]

Travail – União Geral do Trabalho da Tunísia], o sindicato histórico tão profundamente enraizado no corpo social da Tunísia e que escapa aos islamistas; em Djerba, por fim, tentaram atacar fisicamente Béji Caïd Essebsi, o primeiro-ministro da transição, que representa um perigo real para futuras eleições contra os islamistas.

Esses são os perigos que o Egito e a Tunísia enfrentam. Perigo de repressão e obscurantismo, perigo de vitória da sociedade fechada sobre a sociedade aberta. Devemos manter os olhos abertos, mesmo enquanto dormimos, e não nos deixar enganar pelas sereias islamistas. Devemos sempre lembrar que, em nossa própria tradição, temos riqueza suficiente para construir uma sociedade aberta ao outro, ao amor à vida, à hospitalidade, uma sociedade que adapta nossos próprios valores ao tempo presente. Isso é possível, nós sabemos.

Experimentamos isso ontem, em Essaouira, em um esplêndido concerto de música andaluza, realizado no festival Andalousies Atlantiques [Andaluzias Atlânticas], criado e presidido por André Azoulay. Contou com a extraordinária argelina Beihdja Rahal, mestre da *çan'a*, que perpetua a escola granadina. Sua voz, de pureza inaudita, declina e modula os poemas de paixão, de *'ishq*, de nostalgia, de *shawq*, de exílio, de *ghurba*. Canta as dores de Amor e a alegria da união em poemas cristalinos que perpetuam o espírito da idade de ouro e lhe dão presença em nosso tempo. A argelina convidou também Bahaâ Ronda, marroquina, e Françoise Atlan, judia, e o trio encadeou canções e refrãos com receptividade e hospitalidade. Encontro judaico-árabe, reunião argelino-marroquina. Por meio da música, de sua vida, de sua paixão, vivemos o momento de reconciliação entre entidades que os apetites políticos desejam tornar inconciliáveis.

Gostaria de encerrar o ano que passa e abrir o próximo com essa nota de esperança, que não é uma fantasia nem um desejo irrealizável, mas que está lá, depositada em nossas memórias. Basta recuperá-la para reanimá-la.

ISLAMISTAS E MENTIRA[45]

Os islamistas não têm vergonha de recorrer a mentiras. Tariq al-Hamid demonstra esse fato ao tratar do pregador da Irmandade Muçulmana al-Qaradâwî em seu editorial no *Asharq al-Awsat* da última terça-feira, o primeiro dia do ano de 2013. A posição do xeque al-Qaradâwî em relação aos leigos muda dramaticamente de acordo com as circunstâncias. O que diz a respeito deles não está na esfera da convicção. Os laicos são ou demônios ou anjos, de acordo com os interesses a que ele serve, que são os dos seus, a Irmandade Muçulmana. Assim, antes das eleições, em dezembro de 2011, dirigindo-se aos egípcios a partir do Catar, o xeque al-Qaradâwî disse: "Apoie quem reconhece o bem e a verdade, ou seja, o Islã, e nunca apoie o laico". No entanto, em dezembro de 2012, o mesmo xeque Qaradâwî disse, falando aos egípcios, dessa vez do púlpito de Al-Azhar, durante uma das prédicas de sexta-feira: "Os liberais e os laicos não são descrentes, mas acreditam em Deus, e devemos colaborar com eles". Entre essas duas declarações opostas, separadas por apenas um ano, onde está a verdade que Qaradâwî defende? Há aí, necessariamente, uma mentira. Em um dos dois casos, o xeque Qaradâwî mente.

45 Crônica transmitida em 5 de janeiro de 2013 pela Médi 1.

Obviamente, é a segunda afirmação que não é verdadeira. Porque a convicção profunda do xeque da Irmandade Muçulmana é que um laico é um descrente. Ele até dedicou um livro inteiro ao assunto. Também proferiu uma *fatwâ* que, como eles dizem, torna lícito o sangue do laico, do secular, do liberal, daquele a quem em árabe chamamos *al-'ilmânî*. Significa que há ali uma condenação à morte do laico, considerado descrente ou mesmo apóstata. Tariq al-Hamid lembra, no editorial citado acima, que o escritor e pensador egípcio Faraj Fouda foi vítima dessa acusação. Ele foi morto por um fanático pelo simples fato de ter reivindicado a necessidade de separar a religião da política.

É necessário proceder a essa separação. Pois, se não separamos a religião da política, misturamos a pureza da religião à impureza da política. É exatamente isso que al-Qaradâwî faz. Porque na política é preciso ser maquiavélico. Tudo é aceitável para que se alcance seus objetivos. Pode-se até mentir. A política é cruel, imoral, enquanto a religião é o tribunal da ética. E a mentira é insustentável na ética.

Por que al-Qaradâwî mentiu sobre os laicos? Porque sua declaração de dezembro de 2011, que os condena, foi necessária para confundir a consciência dos eleitores crentes: se você vota em um laico, trai sua crença. Essa é a mensagem subliminar de al-Qaradâwî. Esse argumento foi útil para atrair o voto para a Irmandade Muçulmana, enquanto, em dezembro de 2012, a fala mansa em relação aos laicos foi necessária para fortalecer a Irmandade Muçulmana já no poder. Eles precisam silenciar a turbulenta oposição laica e liberal. Precisam de um consenso nacional a fim de parecerem apresentáveis diante do FMI [Fundo Monetário Internacional], dos norte-americanos e de outros investidores e credores ocidentais. Assim, al-Qaradâwî faz política protegendo-se atrás da religião. É preciso saber de uma coisa: as mentiras são legitimadas pelos islamistas. Elas chegam a ser prolongadas por meio da dissimulação, da *taqîya*. Cremos ter a chave da estratégia deles. Quando precisam, dizem que são partidários do "Estado civil", da *dawla madaniyya*, enquanto avançam secretamente para realizar seu sonho de uma república islâmica administrada pelo governo do clérigo, por essa invenção de Khomeini, a *wilâyat al-faqîh*, no Irã, seu modelo. O mesmo ocorre com sua adesão à democracia. Como não realizaram a revolução de pensamento que teria feito deles verdadeiros democratas, eles se dizem democratas e usam a democracia para chegar ao poder; e, uma vez no poder, dedicam-se a assassinar a democracia.

Mentira e dissimulação são os dois vícios dos islamistas. Vícios que podem se transformar em vetores de sucesso político. Temos, assim, a prova de que os islamistas instrumentalizam a religião para fazer política como ela deve ser feita, segundo os maquiavelistas, ou seja, fora dos domínios da moral e da ética. O problema é que mentem e dissimulam em nome da religião e da moral. Isso não podemos aceitar. Temos de denunciá-los.

REVÉS DOS ISLAMISTAS[46]

Uma nota emitida pelas autoridades do Estado de Israel no fim da década de 1970 recomendava o encorajamento da Internacional da Irmandade Muçulmana a fim de que ela chegasse ao poder no Egito, inicialmente, e em outros países árabes na sequência. É a melhor maneira, de acordo com essa nota, de enfraquecer esses povos, porque a chegada ao poder da Irmandade Muçulmana terá uma consequência dupla: sua falta de conhecimento em governança contribuirá para a derrocada dos Estados, além de ser a melhor maneira de estabelecer uma profunda divisão nessas sociedades, porque a minoria modernista se opõe radicalmente a essa hegemonia. Assim, veremos sociedades profundamente divididas em duas partes, cada uma defendendo um projeto de sociedade inconciliável com o da outra.

[46] Crônica transmitida em 29 de junho de 2013 pela Médi 1.

É exatamente o que estamos testemunhando no Egito e na Tunísia desde que os islamistas da esfera da Irmandade Muçulmana chegaram ao poder. Eis o resultado, depois de um ano de poder islamista no Egito, quase dois anos na Tunísia. Os islamistas decidiram entrar no jogo democrático para chegar ao poder. Para isso, desenvolveram o conceito de *wasatiyya*, o meio-termo, da prudência na política. Embrulharam tudo no pacote que chamaram de "islamismo moderado". Disputaram as eleições. Venceram. E invocam a legitimidade das urnas, que é relativa e provavelmente manchada por irregularidades. É fato que as irregularidades no terreno continuam limitadas, mas a maior delas reside no nervo da guerra, no dinheiro, ainda que a legislação partidária e eleitoral estipule seu controle financeiro. Dinheiro que entra ilegalmente e que chega como uma enxurrada de liquidez, sem deixar pistas, a partir do Catar, um Estado que organizou uma estratégia de vinte anos para ajudar a Internacional da Irmandade Muçulmana, com o apoio midiático *offshore* da al-Jazîra, não submetida às regras nacionais democráticas que exigem intervenções equilibradas durante uma campanha eleitoral. Apoio financeiro, portanto, o que significa que, de acordo com algumas informações, o partido do Ennahdha teria hoje mais liquidez que o Estado da Tunísia. E os islamistas têm uma visão curiosa da democracia. Eles acreditam que a maioria pode fazer qualquer coisa, agir como bem entender, até mesmo esmagar a minoria, quando, na realidade, o dever, em uma democracia, é de preservar, respeitar e desenvolver um lugar respeitável para que ela possa se estabelecer e garantir a alternância, que é a palavra-chave da democracia. Portanto, a liberdade de expressão e a de criação devem ser consideradas sagradas. No mesmo sentido, é necessário admitir, estabelecer e fortalecer a autonomia do aparelho judiciário e a liberdade de julgamento. É necessário reduzir a ação da polícia à manutenção da ordem, respeitando a diversidade de opiniões e até mesmo as formas de ser que colorem nossas sociedades. Mas nada disso é aplicado. Isso fica evidente, neste mês de junho [de 2013], até mesmo no modelo turco, o de Erdogan, que confirmou sua imagem autoritária, seu tropismo autocrático, aquele que atua em nome da legitimidade eleitoral para reduzir à parcela mínima tudo que difere e se desvia de suas próprias convicções e crenças.

    Escrevi isto várias vezes, repito aqui: eu acreditaria na mudança islamista, na transição do islamismo para a democracia islâmica, no dia em que Erdogan e seu partido enfrentassem o teste da alternância ao serem derrotados após eleições, o que os levaria a deixar a opulência da república e a reencontrar a modéstia de suas casas. No entanto, há cerca de quinze anos, de eleição em eleição, Erdogan e seu partido não param de aumentar sua porcentagem, até o ponto em que, nas últimas eleições, atingiram 56%, até o ponto de abandonarem as proporções do voto democrático para nos deixarem diante de um plebiscito. É com Erdogan que se revela a estratégia islamista. Eles têm a paciência de pôr entre parênteses seu protocolo, simbolizado pela aplicação da *sharî'a* e pela substituição do Estado-nação pelo califado. Avançam passo a passo, dissimulados, para atacar o Estado, acantonar o Exército – foi um golpe de mestre impressionante de Erdogan retirar do Exército turco, tão poderoso, sua principal prerrogativa: a de ser o guardião do Estado laico –, depois reduzir as liberdades introduzindo em doses homeopáticas a norma islâmica que será o caminho que levará ao átrio da *sharî'a*. Acabam, por fim, impondo consenso e unidade em uma sociedade previamente sujeita às condições islamistas. Ao meditar a respeito dessa revelação turca, tunisianos e egípcios redobram sua vigilância e denunciam desde já essa estratégia tenaz e paciente de dissimulação. O Egito, em particular, está à beira de um acontecimento considerável, o de uma sociedade já coagida pela norma islâmica, mas que recusa a ordem autocrática, de fato teocrática, que lhe deseja impor o presidente da Irmandade Muçulmana, o qual, como vimos, é incompetente e criador de divisões irreparáveis. Todos aguardam no dia 30 de junho o reviver da República de Tahrir, que levou à queda da ditadura de Mubarak.

    Termino esta crônica dando a palavra ao ciberativista Wael Ghonim, um dos líderes da derrubada de Mubarak. Ele escreveu no

Facebook: "Ouvi o presidente Morsi dizer ontem em seu discurso que, se a justiça civil não condenar aqueles que se opõem a ele, ele recorrerá à justiça militar". Lembro que Mubarak também recorreu à justiça militar para processar a Irmandade Muçulmana, depois que eles foram libertados pelos tribunais civis. Parece que, para essa mesma Irmandade Muçulmana, a questão não é a ditadura. O único problema, para eles, é que a ditadura não esteja em suas mãos.

TRAIÇÃO DOS OCIDENTAIS[47]

Eu me pergunto sobre a maneira como diversos ocidentais, tanto europeus como norte-americanos, relatam e se enganam sobre a derrota histórica do islamismo no Egito e na Tunísia neste verão [de 2013]. Penso, particularmente, em algumas autoridades francesas e alemãs com quem falei. Penso também em muitos artigos e editoriais de jornais, especialmente os do *Le Monde*, em que o leitor descobre que, ao invocar a legitimidade eleitoral, acabamos dando guarida a um islamismo derrotado. Assim, a defesa da legitimidade eleitoral como princípio elementar da democracia é defendida por si mesma, sem estar situada no contexto em que se manifestou, nesse caso, no Egito e na Tunísia. Essa linha de defesa é um engodo. Seus partidários não veem que a legitimidade eleitoral pode ser corroída até ficar desqualificada, se aqueles que a reivindicam praticarem uma política que ataca a democracia, se, em nome dela, conduzirem uma política que elimine os espaços para a minoria.

---

47 Este artigo foi proposto pela primeira vez por Abdelwahab Meddeb ao jornal *Le Monde*, que o recusou. Foi, ao fim, publicado em 25 de setembro de 2013 no *site* de notícias *Leaders*, com o título "La Défaite des islamistes et l'alliance occidentale" [A derrota dos islamistas e da aliança ocidental]. Tem como base a crônica intitulada "La Trahison des occidentaux" [Traição dos ocidentais], transmitida em 21 de setembro de 2013 pela Médi 1. O presente texto foi estabelecido com base em ambas as versões.

Será preciso resgatar na memória dos europeus o famoso caso de Hitler, que chegou ao poder por meio das urnas? Por meios democráticos, ele conseguiu instituir a ditadura mais radical de todas. Os islamistas no poder, na Tunísia e no Egito, sonham apenas com a destruição do instrumento que os levou ao topo da autoridade. No Egito, agiram da forma mais direta, a ponto de realizar o sequestro do Estado para que ele sirva apenas a sua ideologia sectária e regressiva. Na Tunísia, foram mais astutos. Diversas vezes tentaram impor os princípios que pertencem a sua crença, mas, cada vez que a sociedade civil se opôs com determinação, cada vez que a resistência se mostrou forte, incontrolável, eles recuaram. Essa tática foi a mesma dos nazistas em seus primeiros anos no poder. O que Stefan Zweig diz a esse respeito se aplica aos nossos islamistas do Ennahdha:

> O nacional-socialismo, com sua técnica de impostura sem escrúpulos, teve o cuidado de não mostrar a natureza radical de seus objetivos [...]. Eles aplicavam seus métodos com prudência: avançavam em doses sucessivas e faziam uma pequena pausa após cada dose. Era administrada apenas uma pílula de cada vez e, em seguida, aguardava-se um momento para ver se a dose não havia sido forte demais [...].[48]

Assim, por essa tática de evasão e adormecimento, Hitler impôs sua ideologia bárbara ao povo mais civilizado, perante uma Europa que também era enganada, entorpecida, anestesiada, enervada. Nossos islamistas tunisianos usaram um método semelhante para aclimatar sua teocracia totalitária arcaica a uma relutante realidade tunisiana, pois antropologicamente marcada pelo estilo de vida brando que anima seu *habitus* mediterrâneo. Recorrendo a tortuosidades, fingimentos, declarações falsas, mentiras, dissimulações, os islamistas avançam, disfarçados, e não hesitam em retroceder quando encontram um obstáculo momentaneamente insuperável.

---

[48] Stefan Zweig, *Le Monde d'hier*, Paris: LGF, 1993 [1944], p. 426 (col. Le Livre de poche).

Primeiro, logo após sua vitória eleitoral, tomaram as medidas instrumentais para transformar seu mandato constituinte em uma autoridade que se apossou do Legislativo e do Executivo. Em seguida, procuraram aplicar seu programa, adaptando seu discurso ao imaginário dominante, fazendo promessas a alguns, proferindo ameaças a outros. Por fim, manobraram para tentar restaurar sua legitimidade, fendida pelo mau exercício do poder. Eles a toda hora se esforçam em ganhar tempo para tornar permanente a legitimidade temporária que as eleições lhes concederam. Diante de uma rejeição popular expressa nas ruas, os islamistas, ainda fiéis a essa tática, conseguiram frustrar todas as contestações, todas as oposições, tal como já haviam conseguido depois dos protestos massivos decorrentes dos dois assassinatos políticos registrados em 2013, o de Chokri Belaïd, em fevereiro, e o de Mohammed Brahmi, no início de julho.

O recurso ao método nazista, contudo, não foi suficiente aos islamistas para que garantissem seu triunfo. Pois se deve notar que o que facilitou o sucesso dos nazistas foi o êxito de sua política social e econômica. Os islamistas, por sua vez, cavaram com as próprias mãos seu túmulo, tamanha é sua falta de conhecimento em governança. Sua incompetência precipitou seu fracasso. Sua incapacidade de conceber o bem comum de acordo com os desafios atuais está na origem da falência de sua política social, econômica e de segurança.

Eles foram, assim, expelidos pelo povo no Egito e na Tunísia. Os povos reconheceram neles os agentes da catástrofe, aqueles que, em vez de salvá-los, os afundam na desgraça. Estimulado por essa aversão popular, o poder militar agiu de acordo no Egito. Na Tunísia, onde esse poder é dos mais relativos, os islamistas se aferraram. No entanto, não acho que o golpe militar seja a panaceia. É hora de abandonar a fatalidade que está na origem do infortúnio árabe, que reduz a escolha à ditadura secular ou à teocracia totalitária. Teria sido necessário, no Egito, cultivar a paciência e deixar o tempo agir, mantendo a pressão popular, para que a legitimidade dos islamistas se esgotasse por si só, sem que fosse necessário se conter por quatro anos até as próximas eleições. No entanto, se os islamistas tivessem sido deixados no poder durante todo seu mandato, o país teria sido levado a uma ruína irreparável. Enterrado sob seus escombros, quem poderia consertar o Egito, já doente em seu Nilo, o "Deus" que está na origem de sua existência?

Quanto aos islamistas tunisianos, esperamos que eles "caiam" em 23 de outubro de 2013, data considerada limite pelo povo. Essa data atestará que um ano adicional foi concedido em vão aos islamistas. Eles já desonraram o pacto moral que aprovaram e assinaram antes de concorrer nas eleições de 23 de outubro de 2011. Esse documento estipula que a tarefa para a qual seriam eleitos, ou seja, a redação da Constituição, não devia exceder um ano de exercício. Desta vez, o povo não permitirá que se estenda mais uma vez a legitimidade provisória concedida a eles.

Isso porque, insisto, o povo percebe que tem fobia aos islamistas. Ele lhes dirige as mesmas críticas que formulamos em nossos livros. Para encontrar a solução de nossos problemas, eles clamam: "O Islã é a solução". E, aos olhos de todos, está evidente que o Islã não é a solução. "O Alcorão não dá comida", gritou-se durante as manifestações do Cairo contra a Irmandade Muçulmana. A partir de agora, o povo pensa como nós sem nos ler. Vivemos em uma situação próxima à descrita por Ernest Renan em seu *Calibã* (1878). Henry Laurens me lembrou disso em uma conversa recente: o povo, em sua ignorância, pode estar em sintonia com a ciência. Eis a virtude da era democrática, que, segundo Renan, nos dispensa da restauração da era aristocrática deposta.

Esse horizonte analítico não é levado em consideração por muitas autoridades europeias. Pior ainda, os europeus, que projetam seu próprio olhar em direção ao nosso mundo, se esqueceram de seus verdadeiros aliados, os seculares do Egito e da Tunísia. A menos que o tropismo do específico os tenha levado a se afastar daqueles que se assemelham a eles. Por isso, dedicam seu fascínio a quem apresenta uma diferença que os deveria repelir. Conversando com um dos funcionários europeus indulgentes, se não complacentes, sobre a costumeira violação da liberdade na Tunísia, me ouço dizer: "Bem, mas não estamos na Coreia do Norte"; ao que respondo: "Se não denunciarmos hoje a política liberticida dos islamistas, amanhã seremos a Coreia do Norte".

Os islamistas, depois de terem arrebatado para si a revolução, assediam os jovens que a promoveram. Nas últimas semanas foram presos ou condenados diversos artistas envolvidos na crítica radical daqueles que se apegam às rédeas do Estado. Exigimos a libertação de todos aqueles que acabam de ser perseguidos sem motivo. Vamos citar os cineastas Nejib Abidi, Nasreddine Shili, Abdallah Yahya, o *jazzista* Slim Abida, os *rappers* Ahmed Klay BBJ e Weld El 15. Eles também têm o direito de respirar liberdade por todos os sentidos, por todos os poros, em uma Tunísia viável, livre de restrições que minem as potencialidades e sufoquem a energia criativa dos jovens. Será que basta exibir essas crianças machucadas em sua luta pela liberdade para desiludir os ocidentais que acreditam na existência de islamistas liberais, capazes de ao menos suportar o julgamento crítico mesmo quando ele os transforma em alvo de sua ferocidade?

Tais ocidentais prosperam em seus erros e perdem o barco. Na verdade, eles privilegiam seus inimigos islamistas e dão as costas a seus amigos seculares. Os seculares do Egito e da Tunísia, no entanto, podem ser aliados relevantes para concluir a tarefa que se impõe. Se tirarmos os antolhos dos aspectos conjunturais e colocarmos óculos que iluminem as perspectivas do futuro, veremos que essa tarefa consiste em traçar os novos contornos do universal. No próprio cerne da emergência ecológica, a base desse universal permanece sendo a invenção europeia cristalizada desde o fim do século XVIII na cosmopolítica pensada por Kant ao longo das páginas que compõem *A paz perpétua*.

Essa invenção certamente foi desonrada, desprezada pela ação histórica de seu povo. O colonialismo, o imperialismo, a hegemonia bélica ocidental a despojaram de sua credibilidade. Não é o arrependimento que vai conjurar a *hubris* dos ocidentais. Não, não é esse objetivo que guia nossa ação. A tarefa atual é, mais que nunca, comum a todos. O mal com que temos de lidar não está sujeito às fronteiras nacionais. Essa tarefa deve ser assumida ao passo que se adapta à realidade das soberanias relativas e das consultas interestatais.

São os filhos daqueles que sofreram a violência ocidental e são originários do Não-Ocidente, são eles que estão em condição de corrigir, retificar, reorientar, enriquecer a invenção ocidental, a fim de lhe dar o posto que a legitimará como universalidade no horizonte de nossa ação contra o mal que corrói nosso mundo. Eis o canteiro a partir do qual será enfrentado o desafio do acontecimento vindouro.

Os ocidentais que evoco aqui não perceberam o surgimento desse projeto. Se o tivessem imaginado, aqueles entre eles que falam francês poderiam, juntamente com os tunisianos seculares francófonos, contribuir para essa refundação tão aguardada. Eis, portanto, uma promessa ao alcance das mãos e da língua que não é aproveitada nem pelas autoridades, nem pelos intelectuais, nem pela mídia. Até quando insistiremos em adiar os encontros oferecidos por uma história que, desta vez, é hospitaleira a nossas ideias?

O APOIO NORTE-AMERICANO AOS ISLAMISTAS[49]

Um denso debate em torno da figura de Noah Feldman entusiasmou Túnis nos últimos dias. Sua presença na Assembleia Nacional Constituinte (ANC) foi revelada em plena sessão de discussão sobre um dos artigos da Constituição. Alguns viram no fato uma prova da conivência dos islamistas com o meio sionista norte-americano. Outros foram consolados por essa evidência, em meio ao delírio que domina aqueles que veem conspirações por toda parte. Assim, suas origens judaicas e norte-americanas foram invocadas, bem como seu envolvimento não apenas teórico, mas também prático, na elaboração das Constituições do Afeganistão e do Iraque, sob vigilância e proteção proconsular dos Estados Unidos. Disso também se inferiu que ele é conselheiro ou mesmo inspirador de nossos islamistas para a redação da Constituição que está sendo elaborada, especialmente porque ele fala pessoalmente com Rached Ghannouchi, a quem considera o exemplo do islamista democrata.

[49] Artigo publicado em 20 de janeiro de 2014 no site de notícias Leaders, intitulado "Les Fondements théoriques du soutien américain à l'islamisme" [Os fundamentos teóricos do apoio norte-americano ao islamismo], baseado em crônica transmitida em 18 de janeiro de 2014 pela rádio Médi 1.

Para esboçar os contornos da pessoa e do pensamento de Noah Feldman, afasto-me da "mania de conspiração", sintoma da doença nacionalista e antissemita contra a qual me sinto imunizado. Abordo o que ele escreveu e o que empreendeu, porque estamos lidando com um "acadêmico" que atua em sua cidade e pelo mundo. Além de suas atividades de professor e de pesquisador, ele é intelectual influente. Advogado, formado na Faculdade de Direito da Universidade Yale, lecionou inicialmente na Universidade de Nova York, antes de ingressar em Harvard. Ele frequentou, portanto, três das universidades mais prestigiosas dos Estados Unidos, onde é formada a elite global, que gerencia a globalização liberal e financeira. Muito jovem, mal chegado aos 30 anos, ingressou no influente Council of Foreign Relations [Conselho de Relações Exteriores]. Desempenhou, de fato, um papel importante no arcabouço teórico das Constituições do Afeganistão e do Iraque, enquanto os dois países estavam sob protetorado norte-americano.

Foi provavelmente sua especialidade, centrada na relação entre religião e direito, que o levou a se dedicar ao Islã. Em sua abordagem desse espaço, foi discípulo de John Esposito, um estudioso do Islã, professor da Universidade de Georgetown, que liderou a orientação pró-islamista que o Departamento de Estado e a Casa Branca acabaram por seguir: os Estados Unidos têm o dever de retirar seu apoio às "autocracias seculares" no mundo árabe para dá-lo aos islamistas, particularmente ao movimento internacional da Irmandade Muçulmana.

Essa tendência de defesa acadêmica ocidental do islamismo se tornou internacional. Seus representantes franceses, conhecidos por nós, estão distribuídos por três faixas etárias. Entre os sexagenários, citamos François Burgat, que coeditou com John Esposito um livro reunindo especialistas que se encaixam em sua linha ideológica; estivemos, ele e eu, em um duo que se envolveu em um debate conflituoso e áspero, em um anfiteatro da Universidade de Santiago, no Chile. Na faixa dos 40 anos, Vincent Geisser, imerso no meio islamista internacional, vive na França, e sua pesquisa se concentra na Tunísia; ele publica ocasionalmente no *site* oumma.com – apesar de tudo que nos separa, apoiei-o quando sofreu um ataque feroz que buscava expulsá-lo do CNRS [Centre National de la Recherche Scientifique – Centro Nacional de Pesquisa Científica] por ter confundido investigação científica com compromisso político em favor da ideologia islamista (mesmo que tal acusação tivesse fundamento, eu estava entre aqueles que colocaram a liberdade do pesquisador acima de qualquer outro critério). Entre os de 30 anos, Stéphane Lacroix (que encontrei ou com quem cruzei em Paris, Cairo e Túnis); na Universidade de Stanford, em abril de 2009, insinuou que minhas teses críticas que desmontam o fundamentalismo estão desatualizadas e que vou naufragar no futuro imediato, anunciador de um islamismo ascendente reforçado pelo apoio norte-americano, cuja explicitação ativa seria iminente.

Mas voltemos a Noah Feldman. Em 13 de novembro de 2003, ele publicou um artigo no *The New York Times*, em que reagiu positivamente ao discurso do presidente George W. Bush realizado uma semana antes, no qual foi anunciada a adaptação da política dos Estados Unidos ao tropismo islamista. Os Estados Unidos reconhecem sessenta anos de erros. A nova política defende o apoio a uma democracia islâmica e a rejeição de ditaduras seculares. Assim, naquele artigo, a opção foi limitada a estas duas linhas: o secularismo árabe e dos países do Islã é equiparado à ditadura; a democracia, ao islamismo. Essa é a primeira falha, que será transformada em dogma nessa visão acadêmica que encontrará sua aplicação política.

A terceira via na luta pelo secularismo (que começou no século XIX nas terras do Islã) está, de acordo com essa abordagem, obstruída em definitivo. Veremos qual construção teórica vai fundamentar tal desqualificação na grande obra de Noah Feldman. Note-se, no entanto, de saída, que a resistência das sociedades civis nos últimos três anos à onda islamista na Tunísia e no Egito foi deliberadamente inscrita nessa longa história secular textualmente apoiada em árabe pelos escritos de Tahtawî, Khayr al-Dîn, xeque Muhammad 'Abdub, Jamâl al-Dîn al-Afghânî, Qâsim Amîn, xeque 'Abd al-Râziq, Tâhar Haddâd, Abû

Qâsim Shâbbî, Taha Hussayn e muitos outros. Esse *corpus* enorme é simplesmente desconsiderado por tais especialistas. Ele foi escrito não apenas em árabe, mas também em outras línguas do Islã, nas quais foi copioso, como em turco, persa e urdu, sem esquecer o que os muçulmanos escreveram no mesmo sentido usando os idiomas europeus que dominam, principalmente o inglês e o francês.

Mas voltemos ao artigo de Noah Feldman, em que o autor nos conta quão reconfortado se sentiu pela inflexão política que desejava, ele que nunca deixou de acreditar que o futuro seria dos regimes orientados para o Islã, e não dos seculares. E ele é autocongratulatório, dando como exemplo a Constituição afegã que acaba de ser votada e que ele mesmo inspirou. É esclarecedor relatar o que ele diz a respeito disso no artigo, por ser, como veremos, insustentável, tal como é insustentável o texto "minado" (nas palavras de Ali Mezghani) da Constituição que continua a ser discutida em Túnis.

Segundo Noah Feldman, a Constituição afegã "integra os valores islâmicos ao mesmo tempo que garante liberdades fundamentais". Assim, mostra-se concretizada a compatibilidade do islã com a democracia e os direitos humanos. Essa Constituição enuncia uma "república islâmica" cuja "religião oficial é o islã"; pede a criação de uma Suprema Corte que garanta "a compatibilidade das leis com os valores islâmicos"; também está escrito que "a vocação da escola é afastar tradições contrárias ao islã". Ao mesmo tempo, Noah Feldman defende, essa Constituição é democrática, pois garante os direitos dos cidadãos e se compromete a respeitar os direitos assegurados pelos tratados internacionais dos quais o Afeganistão é signatário, em particular a convenção relativa à eliminação de todas as formas de discriminação contra as mulheres.

Como o legislador vai desfazer esse imbróglio em que cada coisa e seu oposto convivem sob o mesmo teto? Como, no contexto afegão, a Suprema Corte julgará leis que evoquem a liberdade de consciência, a igualdade legal das mulheres (incluindo o reconhecimento do direito à herança, a transição da separação ao divórcio, a proibição da poligamia), o respeito pelas crenças dos estrangeiros, a abolição da pena de morte? Essas disposições serão consideradas compatíveis com os valores islâmicos que, na situação afegã, permanecem antropologicamente aferrados à realidade tribal e à perpetuação do patriarcado? Fingir ignorar esse fato ou o considerar *in abstracto* é demonstrar ou uma comovente ingenuidade ou um surpreendente cinismo, ao se mostrar às claras, sem tentar esconder seu jogo.

 É provavelmente esse espírito que mantém deliberadamente a confusão que inspira os constituintes islamistas da Tunísia. Afinal, o texto que nos é proposto não está cheio de ambivalência, mas se define pela coabitação de opostos que só podem constituir impasses. Tomemos o exemplo do artigo 6º, que é universalmente elogiado em razão desse pioneirismo islâmico em considerar a liberdade de consciência uma disposição constitucional. Mas essa disposição é anulada pela frase que a precede: "O Estado é o guardião da religião". A expressão em árabe não deixa sombra de dúvida: *hâris al-Dîn* significa, para toda consciência arábica, "guardião do islã", porque *al-Dîn* ("religião", no singular) não é outra senão o islã, que, segundo o dogma islâmico, é a religião por excelência. Assim, vamos aplicar esse encadeamento ao caso específico de Jaber Mejri, um dos dois ateístas de Mahdia que definham nas prisões islâmicas há sete anos e meio: em nome da liberdade de consciência, ele deve ser libertado; mas, se o Estado é o guardião do islã, seu encarceramento (ou mesmo sua execução) é coerente com o espírito do suposto direito divino forjado por humanos dogmáticos de outra era que ainda têm seguidores, ah, e quantos!, no presente.

 Obviamente, deve ter sido notado que o artigo 38 da Constituição que nossos constituintes debatem exala o mesmo odor da disposição da Constituição afegã que exige da escola eliminar qualquer referência contrária ao islã: essa disposição, expressa na Constituição afegã, no modo negativo, exigindo o expurgo de livros didáticos, encontra-se de forma afirmativa na Constituição tunisina em elaboração, uma vez que o artigo 38 estipula que a educação deve se inspirar nos valores árabe-islâmicos e promovê-los por meio do processo linguístico de arabização. Além de sua inscrição na esteira da controvérsia identitária que perturba a serenidade do texto, essa disposição compartilha a mesma fonte de inspiração que aquela que esteve na origem da Constituição afegã. Eis um dos efeitos que emana da influência de Noah Feldman sobre os constituintes islamistas da Tunísia. É a mesma compreensão, certamente adaptada ao contexto tunisiano, que, antropologicamente, nada tem a ver com a realidade do Afeganistão. É, provavelmente, a mesma linha de influência que cruza com a preocupação de Rached Ghannouchi a respeito de incluir, na Constituição da Tunísia, a disposição que exige a criação de um órgão supremo cuja tarefa seria julgar a compatibilidade das leis com os valores do islã.

Esse mesmo Rached Ghannouchi vislumbra um projeto de longo prazo para transformar a consciência tunisiana, por meio de uma educação islâmica formatada, destinada a engendrar uma nova geração pronta para interpretar o artigo 1° de nossa Constituição no sentido do islã como religião do Estado, enquanto esse artigo (que retoma literalmente a formulação de 1959, das mãos do próprio Bourguiba) diz que o islã é a religião do país, não do Estado. Mesmo a formulação mais clara, no entanto, contém ambiguidade suficiente para que o deslocamento interpretativo opere e passe do descritivo (o islã é a religião da Tunísia) para o prescritivo (o islã é a religião do Estado da Tunísia). Isso nos aproximaria alguns passos do texto da Constituição afegã inspirada por Noah Feldman, conselheiro de Ghannouchi e outros.

Noah Feldman termina seu artigo com uma convocação de apoio à Constituição afegã (seu trabalho!), que cria uma "democracia inscrita nos termos da fé", porque "os regimes autocráticos seculares não devem mais ser apoiados à custa de democracias islâmicas. Não se deve impor a secularização nem no Afeganistão nem no Iraque...". Mas que dizer dessa secularização quando emanada de um longo processo histórico, constituindo um patrimônio da nação e do povo, como no Egito e, especialmente, na Tunísia? Nesses dois países, os islamistas também perceberam durante os últimos três anos que isso não seria feito sem dificuldades; toda vez que quiseram se impor pela força, descobriram que o obstáculo era de aço.

De que maneira o pensamento de Noah Feldman os ajuda a refletir sobre si mesmos na positividade da história, ainda que, no teste do poder, tenham experimentado apenas decepções? Se o artigo que mencionamos data de novembro de 2003, sua obra principal (*The Fall and Rise of Islamic State* [A queda e a ascensão do Estado islâmico]) foi publicada precisamente em 11 de abril de 2008 pela Princeton University Press. Nesse livro, ele propõe aos islamistas uma leitura histórica que faz deles os homens do momento.

O livro segue um percurso em três etapas. Tal como a religião judaica, o islã é uma religião da Lei. É baseado na justiça e trata o crente como sujeito jurídico. O islã clássico até conheceu o Estado de Direito (*rule of law*). O monarca não controlava as decisões jurídicas. O guardião delas era o corpo de ulemás. Esse colegiado constitui a mediação entre a sociedade e o Poder Executivo, sendo este moderado pelo fato de que aquele que o personifica não controla a máquina que faz e aplica as leis. Essa é a apresentação bastante esquemática da primeira tese. Para evitar perturbar a construção de seu objeto, Noah Feldman não se estende no aspecto teórico dessa análise, constantemente desmentida na história pela prática despótica da alta Antiguidade (como foi descrito na tragédia *Os persas*, de Ésquilo), que se perpetuou, cresceu e prosperou no âmbito do Islã não por motivos dogmáticos ou religiosos, mas por uma mera continuidade que muito cedo deu ao califado os atributos da *mulk*, realeza secular cuja estrutura foi herdada dos povos conquistados.

O Estado de Direito, segundo Noah Feldman, desapareceu do Islã durante o último período do Império Otomano, no século XIX, na sequência do conjunto de reformas da Tanzimat. Segundo esse autor, os muçulmanos fizeram uma análise errônea quando quiseram compensar seu atraso histórico tentando imitar os ocidentais, em um processo que confundia modernização com ocidentalização. Assim, decidiram eliminar o corpo de ulemás e se distanciar da lei divina para adotar a lei positiva, mas sem dar tempo para a assimilação e o enraizamento. Dessa forma, a Constituição de 1876 durou apenas um ano. Com um gesto, o sultão Abdulhamîd a suspendeu e passou a dirigir o império com a arbitrariedade de um autocrata. Foi esse o fim do Estado de Direito clássico, substituído pela autocracia secular, à qual apenas a Arábia Saudita resistirá, pois todos os outros Estados muçulmanos adotarão essa estrutura para conduzir sua modernização-ocidentalização forçada. Esse foi o caso de todos os Estados pós-coloniais. Certamente, o autor revela sua admiração pelo liberalismo baseado no direito moderno que surgiu no Egito durante o domínio do partido Wafd, no entreguerras. Ele reconhece que muitos de seus líderes e apoiadores eram juristas que dominavam a *common law*. Mas acabou em fracasso, no rastro do qual a autocracia secular prosperará, fazendo perpetuar um Estado de Não Direito com um Executivo que não é contido por contrapoderes.

O retorno ao Estado de Direito será alcançado pela restauração do Estado islâmico e pelo seu desenvolvimento em uma nova versão (*The Rise of the New Islamic State* [A ascensão do novo Estado islâmico]) que não vai reviver o corpo de ulemás de que não necessitamos mais. A invocação da *sharî'a* nesse contexto não deve nos assustar. Não se trata de seu retorno literal, mas de seu espírito, como manifestado por seus *maqâçîd*, seus objetivos heurísticos. Assim, o Estado de Não Direito cessará e o Estado de Direito emergirá novamente, aberto às disposições democráticas e representativas que nos são caras. É assim que, inspirado no espírito da *sharî'a*, o sujeito jurídico "constitucionaliza".

Esse é o objeto construído por Noah Feldman, que acredita que a Irmandade Muçulmana é capaz de conduzir essa operação que refunda e reorienta o Estado islâmico como Estado de Direito. É ela que modernizará esse Estado e o renovará. Aliás, os ocidentais devem pôr um fim à fobia que a *sharî'a* desperta neles. A menção da *sharî'a* pela Irmandade Muçulmana visa apenas aclimatar o Estado de Direito (que qualquer ocidental defende) aos meios locais, à tradição própria. Portanto, serão eles nossos aliados, não os autocratas seculares.

Vê-se assim que o apoio norte-americano aos islamistas é bem pensado. Sua defesa é feita por meio de um objeto criado, retomando-o na história e interpretando sua essência sob medida. A modernização do Islã não é percebida como frustrada pela persistência do despotismo, que tem sido uma constante ao longo da história islâmica. Ao declarar o Estado islâmico como Estado de Direito perpetuado até o fim do século XVIII, ao situar o fim do Estado de Direito no momento do processo de reforma iniciado no século XIX, está feito o truque. Os islamistas serão vistos como restauradores daquilo que foi perdido e que será renovado por eles e adaptado aos valores do presente.

É uma sorte que as sociedades civis tenham rejeitado essa construção que conduz a uma ficção. Essas sociedades civis são produto de rupturas históricas que transformaram nossas comunidades, que as fizeram sofrer mutações ao substituir a *sharî'a* pelo direito positivo. Essa substituição é a pré-condição para o advento do Estado de Direito. No entanto, a persistência despótica impediu o advento do Estado de Direito no sentido pleno do termo. É isso que o jurista Ali Mezghani desenvolve em seu ensaio *L'État inachevé*[50] [O Estado inacabado]. Os eventos revolucionários que estamos vivendo aceleram o movimento em direção ao Estado de Direito, e este, é preciso recordar, mesmo onde é plenamente exercido, continua insuficiente, continua devir.

No entanto, precisamos voltar ao caso de Noah Feldman, que acredita, por exemplo, que o pregador histórico Qaradhâwî é um modelo de democracia. Feldman não só pensa pelos islamistas, mas também defende o surgimento do novo Estado islâmico com a bênção do Emirado do Catar, que financia os seminários, simpósios, reuniões e estudos coorganizados pelo Saban Center for Middle East Policy [Centro Saban para a Política no Oriente Médio] e pela Brookings Institution.

---

50 Ali Mezghani, *L'État inachevé*, Paris: Gallimard, 2011.

Situamos Noah Feldman, judeu ortodoxo, na descendência do filósofo Leo Strauss, judeu alemão refugiado nos Estados Unidos por causa do nazismo. Este último trabalhou em Chicago e se tornou o cérebro do movimento neoconservador, que se manifestou ruidosamente em torno de George W. Bush durante as guerras do Afeganistão e do Iraque. Tampouco surpreende que o primeiro texto de Noah Feldman que comentamos aqui tenha sido publicado no contexto do governo Bush pós-11 de Setembro. Leo Strauss é o filósofo que fustiga o Iluminismo. Ele vê nesse movimento intelectual uma ilusão que levou os judeus à catástrofe. Tendo acreditado nele, se consideraram integrados; baixaram a guarda, não mais se considerando sujeitos visados e ameaçados, a ponto de serem surpreendidos pelo Holocausto, diante do qual se viram impotentes e desamparados. Para evitar o perigo novamente, é necessário voltar à tradição, revivê-la, ver em um Maimônides não um traço que possa ser revisitado para fertilizar uma nova condição, mas a referência fundamental pela qual a tradição é perpetuada, uma garantia de sobrevivência da comunidade. Essa abordagem conservadora chega a fustigar o grande libertador do espírito Baruch Spinoza, chamado por ele de "mau judeu". Aliás, essa expressão despertou em mim o desejo de criar o círculo dos maus: talvez seja a solidariedade entre os maus judeus, os maus muçulmanos, os maus cristãos e outros maus que será capaz de limitar a malignidade do mal que corrompe o mundo e os humanos que o habitam.

NEM DITADURA NEM ISLAMISMO[51]

Como o jornal *Le Monde* nos desaponta em suas avaliações e julgamentos sobre as situações geradas pelas revoluções árabes! Essa persistência de discordância dá um gosto amargo ao leitor formado pela escola do *Monde*. É, de fato, grande nossa desolação, nós, que lemos esse jornal desde os 16 anos, quando, de nossa Túnis, começamos nossa introdução aos arcanos da política mundial.

O mal-estar cresce porque, na posição de homem moderno, fizemos da leitura do jornal nossa oração diária, como anunciado por Hegel no início do século XIX. *Le Monde* se tornou nosso Alcorão, nossa Torá, nossos Evangelhos. É terrível descobrir que nossas páginas sagradas não estão mais alinhadas a nossas convicções.

[51] Artigo publicado em 26 de fevereiro de 2014 no *site* de notícias *Leaders*, baseado em uma crônica transmitida em 22 de fevereiro de 2014 pela Médi 1.

Nos últimos três anos, desaprovamos constantemente as posições de nosso jornal favorito quando se trata da Tunísia e do Egito, dois países que nos são queridos, muito queridos, que estão na encruzilhada de caminhos e para os quais desejamos o melhor.

Esse melhor certamente não é o que lhes deseja o *Le Monde*, que é um dos que acreditam que a passagem pelo islamismo seja uma fatalidade histórica. Uma fatalidade que, na mente deles, pode até ser feliz. Basta que o islamismo seja conciliador, que aplaine suas rugosidades, que alise suas asperezas; basta que adote formas e ritos democráticos a fim de se tornar apresentável, aceitável. Em suma, basta que o islamismo use as roupas da moderação para que constitua a alternativa correta à ditadura. Caso contrário, o obstáculo dos islamistas moderados só pode favorecer o islamismo extremo, radical, violento, exclusivista, takfirista, jihadista.

Essa análise se adapta à defesa feita pelo Catar junto aos ocidentais para convencê-los a apoiar o islamismo "moderado", que seria encarnado pelo conglomerado internacional da Irmandade Muçulmana. Esse referencial analítico está na origem do elogio dirigido à nova Constituição tunisiana. Tal elogio continua a ser bradado pelos editores do *Le Monde*. Em seus editoriais e nos artigos de sua correspondente em Túnis, Isabelle Mandraud, mal são evocadas, e apenas sub-repticiamente, as inadequações, as contradições, as fraquezas, as trivialidades, os perigos da governança contidos na lei fundamental votada pelos constituintes tunisianos em 26 de janeiro de 2014.

Do *Monde*, nenhuma palavra negativa chegou ao público sobre a cerimônia desleixada organizada pelo presidente provisório Moncef Marzouki para enaltecer sua própria glória ao comemorar a nova Constituição. No entanto, autoridades estrangeiras que participaram da sessão me relataram sua decepção com a produção técnica defeituosa. Elas me confirmaram a futilidade, se não o infantilismo, dos atuais líderes tunisianos, apaixonados por si mesmos, tanto que se comportaram como pavões em busca de elogios dos estrangeiros competindo em seu panegírico, estrangeiros de segunda zona – à parte o presidente francês François Hollande, que também partilha das análises e posições do *Monde*. Não apenas foram anunciados vários chefes de Estado e de governo de prestígio que não aceitaram o convite que lhes foi feito (como Obama, Merkel, Mohammed VI, Zuma...) como também estavam lá alguns ditadores africanos – comparáveis a Ben Ali em sua mediocridade. Sobre esse fracasso, essa cerimônia confusa e débil da qual o povo não participou, tratada com indiferença irônica pelos meios de comunicação da Tunísia, não há uma palavra no *Le Monde*.

Na semana passada, o editorial do *Monde* de 19 de fevereiro [de 2014] foi dedicado à situação no Egito. Nele encontramos o mesmo referencial analítico. De acordo com esse editorial, com a derrubada violenta da Irmandade Muçulmana, representante do islamismo dito moderado, o Egito está reavivando a chama do islamismo radical e violento inspirado pela al-Qâ'ida. Esse fracasso da democracia destrói um Egito que reencontrou a ditadura e sua contestação pelo terror.

Para corrigir essa análise, esboçarei a abordagem que acredito estar mais próxima da realidade. Primeiro, o islamismo radical não teria sido capaz de invadir o Sinai e ter tempo para se organizar ali sem a tolerância que lhe era concedida pelo pretenso islamismo moderado, quando ele detinha o poder no Cairo. Esse enraizamento jihadista foi facilitado pelo Hamas, que pertence organicamente à esfera internacional da Irmandade Muçulmana. Tal colaboração é um sinal de que os islamistas – sejam eles membros da Irmandade Muçulmana, sejam da al-Qâ'ida – têm o mesmo objetivo, a saber, o estabelecimento de um Estado islâmico em uma sociedade reislamizada no modo islamista. Entre as várias tendências do islamismo, entre os partidários do extremismo e entre aqueles moderados, a estratégia é a mesma, apenas a tática difere. O Egito, vítima do terrorismo, colhe hoje o que os islamistas pretensamente moderados semearam ontem, quando tiveram o poder de "atar e desatar" (como se diz em árabe).

Em segundo lugar, lamentamos, assim como o *Le Monde*, a violenta ruptura do processo democrático no Egito, num momento em que a Irmandade Muçulmana experimentava uma erosão inevitável da legitimidade obtida nas urnas. Da mesma forma, recusamos o retorno dos militares e, especialmente, o retorno ao culto da personalidade, que nos faz regredir não a Mubarak ou Sadat, e sim, mais a montante, ao populismo de Nasser.

No entanto, não acreditamos que esse retorno seja a consequência da expulsão dos islamistas do poder. Isso ocorreu após uma massiva mobilização popular contra sua hegemonia e seu sequestro do Estado. Não pensamos, como o *Le Monde*, que a alternativa esteja entre ditadura e islamismo moderado por decreto (um oximoro!) cujos seguidores chegaram ao poder por meio de eleições livres. Acreditamos que a salvação está na terceira via, aquela que deve em primeiro lugar estabelecer a separação entre religião e política. Mesmo onde o islã está no centro, esse desígnio permanece viável. Toda uma tradição do pensamento escrito em língua árabe contribui para isso: encontramos, em particular, a desconstrução do dogma forjado por doutores que assemelham a um artigo de fé a consubstancialidade entre religião e política (*al-islâm dîn wa dawla*). Essa terceira via é a da secularização. Ela é a base de uma política futura. Há muitos de nós no Egito e na Tunísia que acreditam nisso; e estamos determinados a não largar esse fio, especialmente na situação irresolúvel que temos hoje.

Na lógica resultante, temos de entender as razões que levaram à vitória eleitoral dos islamistas. Pondo à parte o desencanto que provocam após a descoberta de sua falta de conhecimento em governança, não podemos esconder essas razões, que são a exclusão social e o desprezo que ela encoraja. Em seu liberalismo integral, os islamistas a remedeiam invocando o *zakât* (imposto religioso) e a *çadaqa* (virtude da caridade). São apenas coisas ruins. Os seculares precisam repensar na totalidade a construção social e a persistência feudal que a corrompe. Eles devem dar a essa questão sua dimensão técnica e ética. A questão da pobreza e do abandono social é resolvida por uma distribuição mais justa da riqueza, com base na revalorização do trabalho. Isso encontrará sua confirmação na igualdade cidadã, que tem o dever de dar a cada um os meios materiais de sua dignidade.

FRAUDE DO DÂ'ISH[52]

Ultimamente, muito se ouviu falar sobre o "califado". O Dâ'ish, acrônimo árabe de Estado Islâmico no Iraque e no Levante, implantou o califado na região que controla entre a Síria e o Iraque. Essa decisão aboliu as fronteiras existentes, o que corresponde à noção de califado, essencialmente transfronteiriça. Esta é percebida, assim, como uma estrutura própria do Islã, uma invenção interna, um sinal de identidade e autenticidade islâmicas – é por essa razão que foi empregada pelo Dâ'ish. O califado age contra o Estado-nação e as fronteiras, ambos percebidos como noções estrangeiras impostas pela hegemonia colonial e imperialista. Assim, o estabelecimento do califado e a autoproclamação do chefe do Dâ'ish como califa são os sinais manifestos de uma ideologia antiocidental. Não é por acaso, aliás, que o Dâ'ish evocou a recusa das fronteiras atuais no Oriente Médio, produto das negociações de partição entre franceses e britânicos após a vitória, no fim da Primeira Guerra Mundial – negociações que se cristalizaram pelos nomes daqueles que as conduziram, Sykes-Picot, denunciados explicitamente nas declarações do Dâ'ish.

[52] Crônica transmitida em 5 de setembro de 2014 pela France Culture, na abertura do programa *Cultures d'Islam*, com Henry Laurens, intitulada "Le Chaos du Levant" [O caos do Levante]. O texto retoma a crônica transmitida em 13 de setembro de 2014 pela Médi 1, intitulada "Le Califat dévoyé" [O califado desviado].

O califado desapareceu dos olhares desde a queda da dinastia abássida, após o saque de Bagdá pelos mongóis em 1258. No entanto, foi restabelecido pelos últimos sultões otomanos, especialmente Abdulhamîd, em 1876. Isso foi feito, aliás, no âmbito de uma política pan-islâmica destinada a fazer frente aos desafios nacionalistas incentivados pelas potências ocidentais. O sultão empurrou a comunidade religiosa contra o surgimento da nação para preservar seu império. Dois anos depois da destituição do sultão e da dissolução do império, Mustafa Kemal, fundador do Estado nacional turco sob a forma de uma república laica, pôs fim ao califado. Isso aconteceu em 1925. A abolição do califado provocou um imenso debate no espaço do Islã. Foi na esteira desse fato que um grande tratado polêmico foi escrito por um médico de al-Azhar, o xeque 'Alî 'Abd al-Râziq: *Les Fondements du pouvoir en islam* [Os fundamentos do poder no Islã]. 'Alî 'Abd al-Râziq demonstra que o califado, ao longo da história do Islã, foi uma utopia. O califado não constituiu uma estrutura singular. O termo surgiu após a morte do Profeta. A palavra *califa* significa "sucessor", "herdeiro". Com a morte do Profeta, foi preciso encontrar um sucessor para liderar a comunidade. Com esse termo, buscou-se também reconhecer a suposta consubstancialidade entre a função religiosa e a função político-militar. Com exceção dos quatro primeiros califas – três dos quais, aliás, morreram assassinados –, e desde que o princípio dinástico foi introduzido pelos omíadas, já no século VII, a suposta originalidade do califado se dissipa. Com o primeiro império árabe-islâmico, o dos omíadas, prevalece o princípio imperial, inspirado pelo Império Bizantino. A partir de 750, com o segundo império abássida e a mudança da capital de Damasco para Bagdá, o modelo do império se torna persa, sassânida. É a desconstrução realizada pelo xeque 'Abd al-Râziq, que convida seus correligionários a abandonarem as quimeras da autenticidade e a estarem atentos o suficiente para perceber a experiência das nações no campo do poder político, a fim de se inspirarem pelo melhor dessa experiência.

Caso se queira restaurar o califado, é melhor levar em conta a realidade de sua história. Muito rapidamente, desde o século X, o califado perdeu a realidade de seu poder político-militar. As milícias turcas, as dinastias locais, instalam-se em todos os lugares, autônomas, com fronteiras que dão continuidade à realidade territorial das nações antigas (como no Irã, na Síria, no Egito, em Ifríquia, na Ásia Menor). Na verdade, o califado no século XII, quando haviam desaparecido da paisagem os califados de Córdoba, desde o ano 1000, e do Cairo, tornou-se uma concha politicamente vazia. A função espiritual, contudo, permanece. Foi isso que levou Frederico II, na Terra Santa, a comparar o califa ao papa. Além disso, o imperador suábio[53] romano-germânico expressava sua admiração pelos príncipes muçulmanos, os sultões, com quem negociava, os quais souberam neutralizar política e militarmente seu papa, o califa. Esse imperador, Frederico II, estava em conflito armado com seu próprio papa na Itália.

É essa função espiritual do califado, e estritamente espiritual, efetiva, que os mamelucos, desde o fim do século XIII, tentaram reviver. É essa função que pode ser restabelecida hoje para formar um corpo que personifique a dimensão religiosa do islã. Assim, a unidade da comunidade religiosa, ao menos a sunita, se expressaria na diversidade de Estados e nações. Isso seria valioso, porque cristalizaria a distinção entre o reino de Deus e o reino do sultão no horizonte da crença islâmica. Esse seria o uso circunstancial do califado – e não sua manipulação ideológica pelo Dâ'ish.

---

53 Referente ao ducado da Suábia, um dos cinco ducados raiz que configuravam o território da Alemanha após o fim da dinastia carolíngia. [N.T.]

SALAFI, SALAFISMO[54]

Salafi, salafismo, eis duas palavras estranhas que mudaram de significado de 1850 aos dias atuais. A palavra primeiro se referia aos ulemás reformistas que não detestavam a modernidade ocidental, mas procuravam se adaptar a ela, mantendo-se fiéis aos *salafs*, aos "ancestrais devotos". A modernização só pode ser feita, segundo eles, depois de se retornar às fontes puras do islã, precisamente aquelas em que se embeberam os *salafs*, representantes das três primeiras gerações do islã: a dos *çahâbas*, companheiros do Profeta; a dos *Tâ'bi'ûn*, aqueles que os seguiram; e a dos *Tâ'bi'ûn al-Tâbi'în*, os que seguiram os primeiros seguidores. Além disso, de acordo com esses reformistas, o primeiro islamismo, representado por essas três gerações, é totalmente compatível com o uso da razão, necessário para a modernização. Outra característica desses reformadores reside na denúncia da tirania e no ódio ao despotismo, o qual mantém o povo em sua alienação, em suas superstições, para melhor exercer o poder absoluto.

---

[54] Crônica transmitida pela France Culture em 31 de outubro de 2014, na introdução do programa *Cultures d'Islam*, com Stéphane Lacroix, intitulada "Le Salafisme en devenir" [O salafismo em formação]. Programa retransmitido em 7 de novembro de 2014. Este é o último texto de Abdelwahab Meddeb.

Eles não tinham uma visão negativa do sistema democrático ocidental baseado na representação parlamentar. Tais eram os *salafitas*, bastante apresentáveis quando comparados aos atuais, arcaicos e intempestivos em relação à evolução da humanidade, que têm o prurido da fobia ocidental. Esses primeiros salafitas foram representados pelo egípcio Muhammad 'Abduh, o pai fundador do reformismo muçulmano, mais tarde pelo argelino Ibn Bâdis, nas décadas de 1920 a 1940, e pelo marroquino 'Allâl al-Fassî. Foi assim, por exemplo, que os denominou o historiador marroquino Abdallah Laroui em seu ensaio *L'Idéologie arabe contemporaine* [A ideologia árabe contemporânea], que teve seu momento de glória quando foi publicado, no fim da década de 1960. Tudo isso aconteceu alguns anos antes de 1974 e do primeiro choque do petróleo, que viu o maná preto explodir em dólares.

Desde então, a Arábia Saudita dedicou uma parte de sua enorme receita à *Propaganda Fide*, tão eficaz quanto a dos jesuítas do período barroco. Os vaabitas sauditas partiram para a conquista espiritual do Islã. Em trinta anos, eles transformaram o Islã em todos os lugares, da Indonésia ao Marrocos. A prática dos muçulmanos mudou dramaticamente e por toda parte, especialmente na maneira de orar, de cantar o Alcorão. Assim, eles conseguiram manter os crentes afastados das práticas sufis, particularmente populares, que captavam os vestígios pagãos locais anteriores ao islã. Foram esses vestígios que deram aos islãs vernaculares uma rica diversidade interna. Ao redor e no interior do subcontinente indiano, o Islã era marcado em sua diversidade por práticas espirituais indianas. No outro extremo, o islã no Marrocos continuava a se inspirar nos traços berberes, saarianos e subsaarianos. São essas especificidades regionais que os vaabitas tentaram erradicar. Eles conseguiram uniformizar o Islã e contaminar o senso comum islâmico, reduzindo assim a crença ao culto e a seu efeito social. Os próprios vaabitas rejeitam a palavra *vaabita*, porque o termo os lembra das muitas refutações de sua doutrina por muitos ulemás e mestres sufis ao longo do século XIX e no início do século XX. Entre essas refutações, mencionamos a que foi feita pelos ulemás da Zitouna de Túnis.

Os vaabitas preferem ser chamados de *salafi*, *salafitas*, retomando a linhagem que começa com Ibn Hanbal (século IX), o primeiro que fala da imitação dos *salafs*, os ancestrais devotos, por intermédio de Ibn Taymiyya (séculos XIII-XIV) e seus discípulos imediatos, Ibn Jawziyya (século XIV) e Ibn Kathîr (século XIV), um conjunto que é coroado por Ibn 'Abd al-Wahhâb, o fundador do vaabismo no século XVIII. Mas a Arábia Saudita, depois de ter conseguido desfigurar o Islã universalmente, depois de tê-lo despojado de sua diversidade e de suas riquezas, depois de tê-lo empobrecido, é confrontada com um paradoxo. O *salafismo* que ela defende pode logicamente levar ao jihadismo mais desenfreado, o da al-Qâ'ida ou do Estado Islâmico, que ela não deseja, para defender a estabilidade dos Estados, especialmente a do seu próprio. Na verdade, Bin Laden ou o pseudocalifa autoproclamado de Mossul são apenas os vaabitas dos vaabitas.

RESISTÊNCIA CIVIL

OS HERÓIS DE 2011[55]

Os heróis de 2011 certamente não são os islamistas, que têm o vento a seu favor depois da chamada "Primavera Árabe". Mesmo que eu não precise demonizá-los nem descrever sua ascensão legítima, após o voto democrático, como o "inverno islâmico" que se seguiu à "primavera árabe"; mesmo que seja aconselhável acompanhar atentamente sua suposta mutação, do islamismo radical, exclusivista, fanático, intolerante, talvez até mesmo terrorista, em direção a uma democracia islâmica moderada que aprende a administrar o conflito, submetendo-se a regras comuns de civilidade, de escuta da opinião contrária, de consideração da minoria; apesar desses elementos, aos quais se pode conceder uma forma de positividade, não elegerei "heróis" do ano – longe disso – os islamistas em plumagem democrática.

[55] Crônica transmitida em 31 de dezembro de 2011 pela Médi 1.

Darei o título aos jovens da geração digital que inauguraram uma nova forma de ação na história e na política. Não foram eles que criaram o acontecimento do dia 14 de janeiro, em Túnis, e o do dia 11 de fevereiro, no Cairo, ao derrotar ditaduras por meio da não violência? Não foram eles que participaram do último desdobramento a enriquecer o conceito de resistência civil, inaugurado na Europa Ocidental, inicialmente na Alemanha nacional-socialista e nos países sob ocupação nazista e, numa segunda oportunidade, na Europa Oriental nos tempos soviéticos, em meio à dissidência? Noção adotada principalmente pelo Solidarność na Polônia e que levou à queda do Muro de Berlim em 1989, noção também usada no mesmo contexto, em sua fase final, na Ucrânia e especialmente na Geórgia, uma noção universal que vai conhecer uma fase africana com Nelson Mandela e Desmond Tutu na África do Sul, durante a transição da segregação do *apartheid* ao restabelecimento da república, iluminada pela igualdade cidadã que abrange todas as etnias.

O que é resistência civil? É a ação não violenta contra um sistema político baseado na violência. Os jovens tunisianos, egípcios, árabes da geração digital conseguiram adequar à noção os novos meios que temos disponíveis nos últimos vinte anos, a *web*, a teia, a rede, o Twitter, o telefone celular e, no caso da Síria, o telefone via satélite. Esses jovens terão triunfado em um meio articulado à resistência civil que já tem um começo de história, pois a *web* foi decisiva na eleição de Obama. É a ocasião da demonstração de sua eficiência histórica e política. Também foi usada pela "revolta verde", em junho de 2009, no Irã, em protesto contra a eleição contestada de Ahmadinejad. Tunisianos e egípcios, no entanto, tiveram sucesso naquilo em que seus similares iranianos falharam. A junção da resistência civil com o meio da *web* foi o elemento mais afirmativo na positividade da "Primavera Árabe". Um mundo que estava supostamente congelado finalmente começou a se mover. Sem dúvida, a paixão reconquistou o território árabe.

Encontramos, de fato, nessa paixão, a mesma que animou o mundo árabe, a junção entre a paixão que conquistou o mesmo campo em países como a Tunísia ou o Marrocos em 1956, a Argélia em 1962 – quando esses países recuperaram plena soberania com sua independência e o fim do protetorado (caso da Tunísia ou Marrocos) e do colonialismo (na Argélia) – e a que conquistou a juventude na Europa, e particularmente em Paris, em maio de 1968. Tive a sorte de ter presenciado 1956 em Túnis, 1968 em Paris e 2011 entre Túnis e Paris. Finalmente um mundo, o mundo árabe, põe-se em movimento acelerado depois de ter conhecido como fatalidade a fixidez, o congelamento. É o momento do degelo. Um processo está em andamento.

A relação entre os jovens do mundo digital árabe e os jovens de 1968 é patente. Está no aspecto libertário, ou mesmo situacionista[56]. É possível verificar isso na ação ou na reflexão profunda, como em Slim Amamou, que se revela leitor do poeta e ensaísta norte-americano Hakim Bey, autor de *Zone interdite* [Zona proibida], teórico da nova transumância inspirada no situacionista Guy Debord, o autor que fustiga "a sociedade do espetáculo", e do filósofo Gilles Deleuze, que prega o neonomadismo, a circulação, a recusa das raízes, a primazia concedida aos rizomas que são a imagem da rede, da teia, do jogo de ramificações que multiplicam as alianças e lealdades, que desterritorializam o território. Soma-se a isso uma nova concepção de comunidade, pragmática e provisória. A mobilização ocorre em torno de uma tarefa designada e, assim que a tarefa é cumprida, a comunidade se desmobiliza, se dissolve para renascer por ocasião de uma nova tarefa. Dessa vez, a tarefa designada foi a queda da ditadura. Essa queda aconteceu. Será essa uma nova maneira de fazer história e política? O desmentido também é, certamente, provisório, mas veio com o resultado das eleições na Tunísia e no Egito, onde os partidos mais bem estruturados e mais disciplinados ganharam. Venceu, portanto, a concepção antiga da comunidade. O processo, no entanto, permanece aberto, é um caminho a seguir. Em todo

---

[56] Pertencente a um movimento cultural e político de vanguarda iniciado no fim da década de 1960, que desenvolveu uma crítica e um protesto radicais da sociedade de consumo. [N.T.]

o mundo, neste ano, Estados autoritários, como a China, levantaram suspeita sobre o movimento de revolta da juventude árabe e seu método cibernético. Jovens do mundo todo também foram inspirados por eles, em Zagreb, Madri, Atenas, Nova York, Los Angeles, Tel Aviv, Moscou.

Esses cibernautas árabes são, sem dúvida, os heróis do ano. Eles são, na Tunísia, o já mencionado Slim Amamou ou Lina Ben Mhenni; no Egito, Wael Ghonim e Mohamed Diab. Quatro nomes entre muitos outros que não vão parar tão cedo, eles que derrubaram o muro do medo e que não pretendem assumir a posição de líderes. Além disso, foram eles que arruinaram a noção de líder carismático e providencial, uma figura que causou tanto dano na história recente do mundo árabe. São eles que continuarão a defender a liberdade, a dignidade e a igualdade, os princípios do direito natural que foram eclipsados durante séculos e que sempre serão o fermento da mobilização popular no longo e lento processo de saída da ditadura por meio da reinvenção da democracia.

LIÇÕES DA REVOLUÇÃO[57]

A principal consequência das revoluções árabes ocorridas em 2011 foi pôr a nu as sociedades envolvidas, revelá-las a si mesmas como são, e não como deveriam ser. Essas sociedades foram, assim, entregues desarmadas a seus demônios. Esses demônios carregam e difundem o vírus da obsessão pela identidade, algo acalentado e que não parou de se manifestar nos últimos dois séculos, para o qual não se consegue encontrar o remédio que aplaca nem no arabismo nem no islamismo. Essa doença foi tratada e tornada viável sem que fosse erradicada da estrutura do Estado autoritário. Esse Estado entrou em colapso. Esse colapso, no entanto, não significa automaticamente o fim desse Estado. Ele pode renascer de suas próprias ruínas. Esse Estado perpetuou a estrutura antropológica que tem sido usada há séculos na cidade árabe e islâmica, uma estrutura binária que divide o corpo social entre elite, a *khâçça*, e massa, a *'âmma*, entre o particular elitista e o geral, que inclui o resto do povo. Um fosso separa uma da outra. Nas eleições que ocorreram após a queda da ditadura, na Tunísia e no Egito, a *'âmma* votou contra a *khâçça*, o povo contra a elite, e testemunhamos a expansão islamista. Essa eleição reconduziu ao centro o vetor da obsessão pela identidade, que acorrentou o islamismo às ruínas do arabismo.

[57] Crônica transmitida em 4 de fevereiro de 2012 pela Médi 1.

De fato, com os acontecimentos do ano passado, estamos testemunhando sociedades deixando a era aristocrática para entrarem na era democrática. Isso pode ser tanto para o melhor como para o pior. É preciso dizer que a era aristocrática, a do reinado da *khâçça*, foi corrompida e pervertida pelo advento dos arrivistas, fossem eles plutocratas militares, fossem civis. Eles chegaram ao poder e ocuparam a estrutura herdada da *khâçça* para desonrá-la. Isso é particularmente evidente no eclipse da vocação ética e estética que animava a elite, a *khâçça*, na cidade tradicional. Está nesse contexto a dificuldade que o intelectual encontrará em seu caminho para exercer sua vocação crítica de maneira eficaz, para ser verdadeiramente ouvido fora do círculo de *khâçça*, a elite que teve sua hegemonia derrotada pelo voto do povo.

Como o intelectual deve reorganizar seu discurso para participar do tratamento da obsessão pela identidade que alimenta os demônios presentes no imaginário da massa, aqueles que nela se agitam e prosperam? Como restaurar as virtudes da elite para torná-las universalmente disponíveis, para destrancá-las, para disseminá-las e ajudar sua assimilação pelo maior número de pessoas, acabando com a dicotomia que as confinou ao prazer dos *happy few*? Como se dirigir ao povo sem ser percebido como estranho, em todos os sentidos da palavra? Estranho a ele, o povo, a suas preocupações, seus valores, sua alma, seu espírito. É nessas condições que a possibilidade da escuta pode ser considerada. Nela, o intelectual pode garantir seu papel de afastar os demônios aos quais sua sociedade está entregue. E pode, assim, participar da elaboração do remédio que impediria a propagação da obsessão pela identidade e dos estragos que ela causa.

De agora em diante, nessas sociedades, o jogo encontra-se em aberto. O futuro é imprevisível. O melhor ou o pior podem decidir seu destino. Somente pelo indecifrável do futuro sabemos que estamos lidando com revoluções reais, no sentido pleno do termo. O desafio a superar continua estimulante, mesmo que envolva essas sociedades mais que nunca na tragédia da história, que não pode evitar nem a violência nem o derramamento de sangue.

VOZES LAICAS[58]

Tanto em Daca, capital de Bangladesh, quanto em Chitagongue, a segunda maior cidade do país, descubro, graças a meus encontros com escritores, poetas e universitários, a necessidade de se estabelecer uma rede de intelectuais e artistas muçulmanos seculares para defender nossos países da expansão vaabita salafita. Essa onda está transformando o Islã e conduzindo seus povos ao que há de pior, ao retrocesso, ao obscurantismo, ao isolamento, ao fanatismo. Aliás, é impressionante descobrir quanto os problemas se assemelham, do Marrocos aos países do sul asiático. Toda a faixa que se volta em direção aos trópicos, à qual pertencemos, está contaminada, vacilando para uma uniformização devastadora.

[58] Artigo publicado em 25 de novembro de 2012 no site de notícias Leaders, com o título "Pour un Réseau des séculiers musulmans" [Por uma rede de muçulmanos seculares], e depois, em 16 de dezembro de 2012, no Le Monde, com o título "Sortir l'Islam de l'islamisme" [Retirar o islã do islamismo], baseado em uma crônica transmitida em 24 de novembro de 2012 pela Médi 1, intitulada "De Dhaka". Foi mantido aqui o título original, que aparece no manuscrito.

A situação não é fruto do acaso, é o resultado de uma política calculada, que mostrou sua coerência, seu rigor e seu fôlego. Produz efeitos que transformam a realidade, após uma ação inscrita no período iniciado com o primeiro choque do petróleo, em 1974, choque que derramou sobre a Arábia a riqueza do óleo, parte da qual foi metodicamente utilizada em favor da difusão da fé vaabita por todo o mundo.

Desde então, o Islã começou a se transformar, da Indonésia ao Ocidente magrebino. Ele está sofrendo uma uniformização e uma universalização do culto à maneira simplificadora vaabita, que exclui a complexidade teológica para favorecer a constância da prática, sob a égide do Deus Uno transformado em ser exclusivo, despojado de qualquer mediação, a ponto de levar à adoração de um ídolo ameaçador, tirânico, ainda mais formidável porque ausente, inacessível, irrepresentável em sua própria imanência. Essa concepção reduz o Deus a uma sentinela zelosa, nos observando a cada gesto para saber se eles estão de acordo com a norma ou se eles a infringem.

Esse islã vaabita tem quatro inimigos.

1. Primeiro, o islã vernáculo, aquele que gira em torno do culto aos santos, aquele que restitui o substrato dionisíaco e trágico, ou seja, que se ocupa da cena que ativa a catarse, o expurgo por meio do qual o excedente que pesa sobre as almas dos indivíduos e da comunidade que eles constituem é eliminado. Ora, esse palco vernacular restitui materiais que provêm da época pré-islâmica. A origem dessa matéria remonta a um período distante no tempo; ela atualiza incessantemente o ancestral, o antigo, que, aqui onde escrevo, em Bangladesh, é indiano; ele se conecta com vestígios hindus e budistas, os quais formam uma espécie de solidariedade entre o *'âlim* e o *pandit*, entre o sufi e o iogue. Como acontece na Tunísia cujo substrato pertence ao Mediterrâneo, à cultura berbere, à cultura judaica, à da África subsaariana, são muitos os elementos ancestrais que interferem, se entrecruzam, se entrelaçam para serem enquadrados pela crença islâmica.

2. Em seguida, o segundo ponto se relaciona com o enfoque doutrinal e o procedimento jurídico que gera normas, da forma como foi adaptado e articulado no contexto do direito positivo, da *common law*. Para sufocar essas particularidades, a onda vaabita desejava minar a memória xafeíta em Bangladesh e a memória maliquita no Magrebe. Essas memórias, não obstante sua carência operacional, trazem em si uma complexidade e uma propensão ao debate que não suporta a simplificação vaabita, a qual concentra toda sua energia na ortopraxia, em detrimento de qualquer outro questionamento.

3. Então, chego ao terceiro ponto, o que concerne ao retorno ao substrato teológico e sufi que envolve a especulação e a interrogação. Para abordá-lo, é preciso inicialmente ir além tanto da adesão a um dos quatro ritos sunitas quanto da clivagem sunitas-xiitas. Convém também se livrar da restrição da *ijmâ'*, do consenso que paralisou o edifício constituído, e se reconciliar com o *ikhtilâf*, o desacordo entre ulemás. Isso cria a polifonia, escancara as portas do *ijtihâd*, o esforço de interpretação que suscita a controvérsia e mantém viva a diversidade de pontos de vista, o que relativiza o acesso à verdade. É essa palavra-chave, *ikhtilâf*, que irradia, por exemplo, pelo livro jurídico do cadi[59] filósofo Ibn Rushd (Averróis), cujo título anuncia o método e o programa: *Bidâya al-Mujtahid wa nihâyat al-Muqtaçid*, que pode ser traduzido assim: "Aqui inicia aquele que procede ao esforço de interpretação, lá termina aquele que se poupa desse esforço".

Nessa altura, também é imperativo alargar o campo de nossas referências, valendo-se do *corpus* filosófico e poético que foi registrado ao longo dos séculos por meio das grandes línguas do Islã, sobretudo o árabe e o persa. Porque encontraremos nas saliências desses textos as premissas, os anúncios, os sinais prenunciadores das lições do Iluminismo, que respondem de maneira eficiente a nossos problemas atuais.

---

59 Jurista, nos países muçulmanos. [N.T.]

Pode-se, por exemplo, encontrar aí reparação a nossa deficiência em pensar a questão da alteridade, em considerar as relações entre si e o Outro.

Aqui, em Bangladesh, existe um problema no relacionamento do muçulmano com o outro budista. As notícias não param de nos relatar o ataque a sítios budistas por bandos salafitas que queimam os templos e destroem as estátuas de Buda. Foi o que ocorreu em 29 de setembro passado na cidade de Ramu e nas aldeias vizinhas, perto de Cox's Bazar, no golfo de Bengala. Onze templos de madeira foram reduzidos a cinzas, dois deles com três séculos. E essa violência se espalhou para Patiya, perto de Chitagongue, onde a presença budista é mais acentuada. Depois foi a vez de Ukhia, de Teknaf, ainda no sudeste do país, não muito longe da fronteira com a Birmânia.

Essa harmonia perdida abalou o círculo dos muçulmanos seculares. O ataque à alteridade budista inspirou um poema de protesto que restaura a glória de Buda, escrito por Kaiser Haq, um dos eminentes poetas que conheci em Daca. Durante uma sessão de leitura pública, lembrei-me de várias evocações budistas na tradição islâmica, como em al-Bîrûnî, Ibn Hazm, Shahrastânî, Ibn al-Nadîm, Mas'ûdî; todos esses autores dos séculos X e XI se revelam muito mais abertos à alteridade, mais curiosos sobre o outro, mais aptos a entender a diferença, mais pertinentes em sua compreensão do funcionamento da crença estrangeira, na singularidade de seus ritos e de suas representações, que nossos contemporâneos salafitas vaabitas, desejosos de nos impor sua visão fanática e exclusiva. Depois dessa recordação, a leitura do poema de Kaiser Haq adquiriu uma realidade extraordinária, que reforçou a convicção da multidão de ouvintes que representava uma variedade de opiniões.

4. Finalmente, chego ao último ponto, que é a articulação necessária de nosso discurso com o pensamento moderno e pós-moderno expresso desde o século XVIII, de Rousseau e Kant a Karl Popper e Jacques Derrida, passando por John Stuart Mill e muitos outros, pensamento esse que defende a abertura e a liberdade, pensamento baseado na arma da

crítica e na desconstrução do patrimônio, que só é válido na medida em que continuar a existir como vestígio. A assimilação de tal pensamento também nos restitui a complexidade e nos redireciona para o questionamento, afastando-nos das respostas prontas. Essas são as condições que nos levam à busca em seu infinito.

Ao considerar esses quatro pontos, seremos capazes de construir um discurso alternativo para fazer frente à proposta vaabita, refutá-la e rejeitar seu projeto. Trata-se de um "contradiscurso", de acordo com a palavra usada por um importante pensador de Bangladesh, o colega professor Imtiyaz Ahmed, com quem tive um debate no Senate Hall da Universidade de Daca, diante de um grande anfiteatro, ocupado por um público variado e atento, composto tanto de seculares quanto de islamistas autênticos e outros de aparência salafita. A discussão que se seguiu a nossas intervenções e nosso debate foi construtiva, cordial.

Com esse evento, foram estabelecidos marcos para avançar em direção à abertura desse caminho alternativo, em cuja direção deve avançar o produto de nossos debates, que poderiam ser facilitados pelo estabelecimento de uma rede formada pelos muçulmanos seculares, da Indonésia ao Magrebe.

VÉU E LIBERDADE[60]

Um novo caso suscita novamente a questão do véu. Dessa vez, o tema chega até nós do Egito, de um Egito sob a hegemonia contestada dos islamistas – mais precisamente ainda, de Alexandria. Trata-se de uma menina de 11 anos. Seu nome é Hiba Muhammed e foi premiada, ganhou o primeiro lugar em caratê em sua escola. A diretora do estabelecimento a proibiu de aparecer na foto dos vencedores porque ela não usa véu. Essa proibição magoou, até traumatizou Hiba, que se rebelou e se recusou a se submeter ao *diktat*. O choque foi tamanho que a aluna decidiu não voltar para a escola.

[60] Crônica transmitida em 2 de março de 2013 pela Médi 1.

O pai apoia a filha, critica a diretora e se responsabiliza por levar o caso aos tribunais. Ele acusa a diretora de um abuso de poder que cria uma injustiça. Esta, por sua vez, ocasiona uma opressão inaceitável. O castigo segue injustificado. Para além dessas perspectivas jurídicas, o caso adquire uma dimensão política logo que a blogosfera e a sociedade civil se interessam por ele. Nesse espaço, o caso serve para ilustrar a violação da igualdade entre os cidadãos egípcios. Ele se insere na luta que a oposição política e a sociedade civil travam contra o desejo dos islamistas no poder de impor sua ordem moral ao conjunto da sociedade. Hiba se une ao protesto revolucionário ao qual estava predisposta, pois seu pai revela que a filha o acompanha sistematicamente quando ele participa de manifestações contra a Irmandade Muçulmana. Diante da dimensão da corrente de opinião favorável a Hiba, o Ministério da Educação decidiu abrir um procedimento sobre o caso, iniciando uma investigação, ao mesmo tempo que lembrou não existir nenhuma menção ao uso do véu no regulamento das escolas. A única obrigatoriedade em relação à vestimenta consiste no uso do uniforme escolar. Esse caso do *hijâb* levanta diversas questões teóricas.

Digamos, de início, que por meio desse caso se verifica a ideia de que o pior opressor, o mais feroz, o mais rigoroso, é o que está mais próximo de nós. De fato, muitas vezes as mulheres são as que mais oprimem as mulheres, e as guardiãs mais vigilantes da ordem patriarcal e falocrática, construída com base na negação feminina. Isso é ilustrado no filme saudita *O sonho de Wadjda*, dirigido pela saudita Haifaa al-Mansour, cuja personagem do título é interpretada pela não menos saudita Waad Mohammed. Nesse filme, a diretora da escola cuida zelosamente da transmissão da lei dos homens destinada a oprimir, a diminuir as pessoas que pertencem ao sexo dela, ao gênero dela. E, como ocorre com muita frequência, essa zelosa guardiã da ordem moral é hipócrita, porque, secretamente, se permite as transgressões, inclusive sexuais, que ferozmente proíbe aos outros. É uma regra universal: em todo devoto zeloso se esconde um tartufo. E a diretora da escola alexandrina que estigmatizou Hiba deve se assemelhar como uma irmã a sua colega da ficção saudita.

Ressaltamos, em seguida, que os tempos mudaram desde a queda dos ditadores. Dessa maneira, as pessoas que experimentaram a liberdade não se deixam mais oprimir. Ao sofrer uma injustiça, protestam, e o protesto do indivíduo é reverberado pela comunidade. Esse fenômeno ilustra perfeitamente a frase de Albert Camus em O homem revoltado: "Revolto-me, logo somos". É essa energia da revolta que, aliada à liberdade, alimenta a blogosfera e põe em movimento a sociedade civil, cuja ação vigilante atrapalha, perturba, contraria o projeto totalitário islamista, tanto no Egito como na Tunísia.

Em resumo, essa experiência da liberdade se manifesta por meio da questão do véu, que se torna o critério de aceitação do outro em sua diferença, que é a condição da coabitação na multiplicidade, no respeito à diversidade. Com o véu, chega-se a uma questão de bom senso que está no fundamento da responsabilidade da *convivência*, do código e do protocolo instaurado pela aceitação do diferente. E o bom senso diz o seguinte: a liberdade é o critério, não o véu; mulheres, escolham livremente usá-lo ou não. No contexto social em que a norma é o não uso do véu, porém, é preciso admitir a legitimidade do uso do véu como pertencente ao domínio da escolha pessoal. Na situação oposta, em que o véu é a norma, devemos aceitar na cidade a presença de mulheres que se recusam a se submeter ao padrão do véu. Essa é a razão prática. Sua ordem não fecha o espaço para a razão teórica. Nesse sentido, permanece aberto o debate sobre a questão do véu, sobre seu símbolo, sobre o fato de que sua imposição obedece a uma assimetria em desfavor das mulheres, a serviço do interesse dos homens. De fato, para nós, continua sendo o símbolo de uma desigualdade que diminui as mulheres, sobrecarregando-as com um peso adicional que aumenta seu dever e alivia o dos homens. O que quer que se diga a seu respeito, o véu corresponde sempre a uma forma de alienação. Quando seu uso é consentido livremente por uma mulher, ilustra uma forma de obediência correspondente à servidão voluntária. Isso mina a liberdade como um todo.

O último ponto que devo mencionar na análise desse caso alexandrino é o papel do pai em sua relação com a filha. Para Hiba, o pai é um amigo, um aliado que não apenas respeita a decisão tomada por sua filha de não adotar o véu, mas também a encoraja, a inicia na política, no exercício da liberdade no seio da cidade, expressando suas recusas, suas reivindicações, suas reservas, na ágora que se torna o fórum onde o conflito de princípios se expressa. Em muitos outros casos, o pai é o agente da opressão. Nesse caso, é desesperador, porque não há liberticídio pior que aquele que começa e é praticado no recinto familiar. Nesse caso, a libertação, se for desejada, será feita contra a família, por meio da ruptura, com a morte simbólica do pai tirano.

TUNÍSIA LIVRE[61]

A revolução difundiu na juventude uma energia libertária fantástica. Essa energia começou a se expressar e a se manifestar nos últimos anos do regime ditatorial liberticida. Agora, essa busca pela liberdade se vê frustrada, ainda mais ameaçada pelo poder islamista, mesmo que este seja provisório – muito embora seja doloroso notar que esse poder provisório não cessa em sua persistência. De qualquer forma, até segunda ordem, não vemos o fim anunciado.

[61] Crônica transmitida em 15 de abril de 2013 pela Médi 1.

Atualmente, o desejo de liberdade assume muitas formas entre a juventude. Essas formas podem ser estritamente políticas ou filosóficas. Elas podem se expressar por meio da contestação ou da subversão. Elas são o sinal de uma juventude ansiosa por viver em seu país aquilo que está sendo vivido em outros lugares, nos países democráticos. Há uma profusão de exemplos. Podem acompanhar eventos políticos para se juntar a eles ou para desbaratá-los, bem como podem dizer respeito aos princípios. Vão do pleito e do uso do direito de exercer a liberdade de dizer, escrever, pensar, criar, até considerações mais amplas, relacionadas, por exemplo, à liberdade de consciência, que inclui a liberdade de crença ou a liberdade de dispor do próprio corpo. Todas essas expressões são difundidas por meio das redes sociais, via internet. Toda ação encontra, assim, um eco imediato e global que envolve o apoio de forças equivalentes muito além da Tunísia. Nessa profusão de expressões, se revela uma juventude de um novo tipo, fecunda, que assume riscos, desejando estar à altura do que se faz de mais audacioso no mundo. Uma juventude que acredita estar na linha de frente e que age de acordo. Nada a detém nem a ameaça: nem o peso da norma, nem o conservadorismo social, que é muito ativo.

Daremos alguns exemplos dessa ebulição que desafia a ordem islamista e, mais além, o aspecto timorato que, por tradição, põe limites ao corpo social, acostumado à hipocrisia que consiste em esconder todo ato que desafia a norma, em vivê-lo na clandestinidade, no subterrâneo. Essa juventude leva ao pé da letra o pedido de liberdade feito pelas multidões durante os eventos que derrubaram a ditadura. Ela decide viver a liberdade sem entraves, especialmente por não querer viver nos limites do sagrado que os islamistas buscam impor. Entre os exemplos concretos, lembrarei do caso dos dois ateus de Mahdia. Ghazi Beji e Jaber Mejri, jovens que ousaram declarar seu direito ao ateísmo em um país que, para além da vontade islamista, permanece marcado pela norma islâmica que proíbe tal postura. Ghazi Beji é o primeiro exilado político da nova ordem política na Tunísia. Ele conquistou amplo apoio mundial como um caso representativo do direito à liberdade de consciência, que é explicitamente defendido pelo artigo 18 da Declaração Universal dos Direitos Humanos, adotada em 1948 pela ONU – artigo que não foi assimilado pela norma islâmica, pois esta ainda sujeita o muçulmano à proibição de deixar o islã depois de entrar nele. Não apenas a mudança de crença não é reconhecida, mas também a escolha de não aderir a nenhuma fé é proibida. Esse é o desafio público lançado por esses dois jovens à norma. O segundo, Jaber Mejri, que não fugiu, cumpre uma pena de sete anos e meio de encarceramento, em condições difíceis, que não fazem com que ele se arrependa de sua declaração de descrença nem mude sua postura, como o exortam a fazer.

O outro caso que mencionarei é o de Amina, a Femen tunisiana, primeira mulher árabe a se juntar ao movimento mundial Femen, que se iniciou na Ucrânia e que consiste em manifestar seu feminismo desnudando o busto e exibindo o peito nu para dessacralizar esse ponto focal sobre o qual fantasia o desejo masculino, que vê no corpo da mulher apenas um objeto de desejo. Amina exibiu no Facebook o peito nu, no qual escreveu em árabe: "Meu corpo me pertence". É uma jovem de 20 anos, que causou um enorme escândalo no país. Foi sua família, dessa vez, quem se encarregou de desempenhar o papel de polícia. Amina foi trancafiada e tentaram contê-la enchendo-a de sedativos e psicotrópicos para extinguir toda a energia, qualquer ato voluntário. Mas Amina resiste! Ela continua a transmitir, sempre que pode, suas mensagens feministas, recusando a ordem falocrática que deseja reduzir a mulher ao estatuto de vassala do homem. Ela afirma ser filha da liberdade, determinada não apenas a dispor de seu próprio corpo como achar melhor, mas também a organizar sua vida de acordo com o horizonte que traçou, como um sujeito livre e seguro de seu destino.

Eu também poderia mencionar o caso dos *rappers* que lançam diariamente suas músicas e videoclipes, dignos dos *rappers* mais libertários do mundo latino ou anglo-saxão. Sua audácia desafia frontalmente, e com alta violência, a ordem moralizante islamista. Eles ousam e continuam a ousar, mesmo que sejam perseguidos pela justiça, como Weld El 15, que cantou *Boulicia Klêb* [Policiais são cachorros]), cuja letra contém os piores insultos e a linguagem grosseira, suja, usada pelos policiais, com a intenção de denunciar a impunidade de que eles continuam a gozar em sua ação repressiva. Condenado a dois anos de prisão, Weld El 15 está foragido e se recusa a se entregar. O mundo secular do *rap* o apoia, mas há um *rap* islamista cujos cantores, como Psyco M, pedem, sem ser incomodados, a eliminação física de leigos, traidores do seu islã.

O último caso de exercício da liberdade que mencionarei é o do grupo Zwewla, um plural de *zawâlî*, que significa, no dialeto tunisiano, "pobre". Dois artistas pertencentes a esse grupo, Oussama Bouagila e Chahine Berriche, foram chamados de "pichadores de Gabès" após serem processados por ter pichado desenhos e palavras no dia 3 de novembro de 2012, às 23h30, em edifícios públicos em Gabès. Eles passaram por audiência com o juiz na quarta-feira, 10 de abril de 2013, e, felizmente, foram absolvidos, graças a um forte apoio da opinião pública. Eles se consideram artistas, e suas pichações são artisticamente bonitas, inspiradas na tradição caligráfica, que modernizam. Foi assim que picharam com estilo na noite de 3 de novembro: "O pobre da Tunísia é um morto-vivo". Esse grupo assina suas ações de *agit-prop* com o Z de *zawâlî*, como o Z vingador do Zorro. São artistas que assumem a causa dos pobres, dos despossuídos, dos negligenciados, Zorro e Robin Hood a um só tempo.

Essas são algumas das formas de expressão a favor da liberdade total que emanam de uma juventude indócil em relação à ordem islâmica, desafiando-a, querendo poder desfrutar em seu país, a Tunísia, de uma liberdade igual àquela usufruída por norte-americanos ou europeus. Uma Tunísia onde seja possível fazer referência às personalidades políticas por meio do desenho satírico feroz, como faz Nadia Khiari, inventora dos gatos dos quadrinhos *Willis from Tunis* [Willis de Tunis], em que ela não poupa nem o chefe de Estado provisório, Moncef Marzouki, nem o líder do partido islamista Ennahdha, Rached Ghannouchi. Uma

Tunísia capaz de aceitar, a fim de promover a liberdade, a adaptação dos *Guignols*[62] ao espaço nacional, uma adaptação muito apropriada, com a voz de Wassim Hrissi, que imita admiravelmente as personalidades políticas para dessacralizá-las por meio do riso, com roteiros de Sami Fehri e Nawfal al-Wartani. Juventude admirável, que assume todos os riscos para promover a causa das liberdades em seu país e, muito além, na horizontalidade árabe!

---

62 Espetáculo cômico tradicional de marionetes, geralmente apresentado para um público de crianças. [N.T.]

RESISTÊNCIA CULTURAL[63]

Nos países da "Primavera Árabe", a resistência se manifesta no *front* da cultura. É o que acontece tanto no Egito como na Tunísia. Neste exato momento, no Cairo, a comunidade intelectual e artística está fortemente mobilizada para proteger a Ópera, criada por ocasião da inauguração do Canal de Suez, em 1869. O edifício original, em Ezbekieh, no coração da cidade, era um dos locais símbolo da modernização buscada pelo quediva Muhammad 'Alî. Foi destruído por um incêndio, provavelmente criminoso, em 1971. O novo prédio é um presente do Japão para o Egito, inaugurado em 1988 do outro lado do Nilo, em al-Jazîra, na saída de Zamalek. A instituição está sendo ameaçada pelos críticos islamistas, que consideram as atividades da Ópera *harâm*, em especial o balé, explicitamente condenado como uma prática destinada a espalhar a *fitna*, a sedução-sedição, que envolve o desrespeito à *awra*, o ato de cobrir o corpo, segundo a norma imposta na tradição pelos doutores da Lei. Eis o retrocesso para o qual caminhamos. Mas a resistência se organiza.

[63] Crônica transmitida em 1º de junho de 2013 pela Médi 1.

Esse fato sinaliza quão divididas estão as sociedades agitadas pela chamada "Primavera Árabe". Dois projetos de vida competem. Um que quer se adequar às normas herdadas no sentido mais estrito, o mais literal, e outro que visa se adaptar às atividades propostas pelo tempo presente. A divisão entre os dois campos nunca foi tão forte.

Devemos lembrar mais uma vez em que grau, dentro mesmo da tradição, a história dos muçulmanos foi intensa em suas práticas transgressivas em relação à norma. Os islamistas devem ser lembrados disso, porque, sem essas transgressões, a grandeza da civilização islâmica não teria existido. É o caso da dança e do canto. Será preciso lembrar a esses ignorantinhos[64] tudo que o *Kitâb al-Aghânî* de al-Isfahânî nos traz nesse campo, esse *Livro de canções* que data do século x? A enorme enciclopédia relata absolutamente tudo sobre o mundo da música no espaço de língua árabe desde o século I da hégira. Será preciso lembrar que esse livro conta uma série de anedotas que vêm de Medina, uma cidade que cantava e dançava no primeiro século depois da hégira? Com o afluxo maciço de riquezas obtidas nas conquistas, reuniões sociais, às vezes organizadas por mulheres, acolhiam sessões de canto e dança em que não faltava a presença feminina. A voz das mulheres que cantavam e o corpo das mulheres que dançavam talvez possam ter transgredido a norma da 'awra, mas isso era tolerado, num tempo tão próximo da morte do Profeta e do *salaf al-çâlih*, os "ancestrais devotos", muito mais tolerantes que os salafitas vaabitas que, queixando-se a esse respeito hoje, corrompem o senso comum dos muçulmanos e procuram liquidar as pequenas e frágeis conquistas da modernidade – como a Ópera do Cairo e seu balé – e conduzir o corpo social para a não vida.

Relembro também a tolerância dos antigos à transgressão produtora dos grandes feitos da civilização, a qual se manifesta nos famosos fragmentos de afrescos pintados vindos de Samarra, do palácio do califado abássida do século III da hégira, que representam duas dança-

---

[64] Cf. nota 14, crônica "Memória assassinada".

rinas com os cabelos circundados por uma faixa e sem véu – cabelos pretos nitidamente visíveis –, com as tranças caindo até os quadris e o dorso, com movimentos do corpo que interpretam pelo gesto a música recebida nas profundezas do coração.

Essas atividades não são mera vaidade, mas algo essencial para confirmar a razão de ser humano neste mundo. Por meio da música e da dança, expressamos nossas sensibilidades, nossas sensações e nossos humores em suas imanências, mas também em seu apelo à transcendência, ao avanço, à elevação. A dança e o canto, na pluralidade de sua tradição, se destinam a elevar a alma, viver o mais próximo possível de nossos humores tão cambiantes, que alternam entre melancolia e júbilo, entre tristeza e exaltação que leva ao sutil, ao etéreo. São artes necessárias para a vida.

Temos de preservar as formas legadas por nossas próprias tradições. E também precisamos ser iniciados nas formas inventadas por outros, notadamente as formas ocidentais que a instituição da Ópera do Cairo acolhe há 144 anos. Aliás, o esforço árabe de adaptação à música e à coreografia ocidentais é insuficiente em comparação com o desempenho de asiáticos – chineses, coreanos, japoneses e mesmo indianos – nesse campo, que brilham muito mais que nós nessa área que também lhes era estranha antes do processo de modernização--ocidentalização do mundo.

No momento em que estamos, precisamos reforçar esse relacionamento internalizado com o legado ocidental e aquilo que ele descortina como novos caminhos para penetrar em outras tradições, inclusive na nossa, por meio do processo de hibridização sofisticada que impulsiona as músicas e as coreografias contemporâneas. São esses balbucios que se manifestam na Ópera do Cairo que se quer sufocar. É nosso dever liderar a resistência cultural para deixar abertas as portas da criação, que nos permitem revisitar os lares de nossos ancestrais, assim como os de estrangeiros de perto e de longe.

EXTRAORDINÁRIA AMINA[65]

Extraordinária Amina, cuja atitude traz com eloquência as questões que importam. Difundir sua imagem com os seios nus no lugar onde vagueia o espectro islamista nos põe diante das questões que definem o destino de uma sociedade. Amina tornou ainda mais explícita sua encenação ao escrever sobre seu corpo as palavras que justificam seu gesto. Ela escreveu em árabe no colo e nos seios: "Este corpo me pertence, não serve à honra de ninguém". Seu ato reivindica o *habeas corpus* ("Seja mestre de seu corpo"). Amina propõe uma enunciação que endossa a afirmação do direito fundamental de dispor do próprio corpo. A operação envolve o sujeito e faz o indivíduo emergir no uso do pronome da primeira pessoa. O indivíduo soberano não está mais sujeito à servidão da comunidade.

[65] Artigo publicado no jornal *Le Monde* em 11 de junho de 2013 e transmitido pela Médi 1 em 15 de junho de 2013, com o título "Pour Amina" [Para Amina].

Amina se distingue do grupo ao negar que, ao decidir transformar seus seios em uma arma de combate, isso implique a honra de quem quer que seja. Assim, ela abole o crime de honra, da qual os homens que têm um laço de sangue com o sujeito feminino acreditam estar investidos.

O ato de Amina é político. Ele exige um avanço jurídico, que invoca o *habeas corpus* ao qual muitas autoridades resistem, muito embora esteja em vigor desde 1679.

A essa reivindicação se acrescenta a liberdade de consciência, que os islamistas se recusam a inscrever na Constituição que estão finalizando. O gesto de Amina está no cerne do momento histórico que o país vive. Sua ambição é atacar a norma islâmica da '*awra*, que governa a proteção do corpo feminino por meio do véu sob o pretexto de que esse corpo desperta a *fitna*, essa sedução que, pela sedição que provoca, cria desordem na cidade. Essa posição implica seja o abandono do islã, seja o recurso a uma interpretação que o adapte à evolução dos costumes.

Essa interpretação (reivindicada por Amina) arranca o islã do solo patriarcal em que as mulheres são oprimidas e que ela denuncia por meio de sua recusa em ceder seu corpo para a honra, cujos guardiões são homens ligados por laços de sangue.

A ousadia e a coragem de Amina se manifestaram novamente quando ela foi a Kairouan, em 19 de maio [de 2013], o dia em que os salafitas decidiram realizar um congresso (proibido). Ela queria confrontar aqueles que são contra o *habeas corpus*, contra a liberdade de consciência, a favor do patriarcado, do crime de honra. Ela foi presa após pichar, no muro do cemitério em frente à Grande Mesquita, a palavra *Femen*, o grupo de protesto feminino em *topless* ao qual se afilia. Ela já passou por uma audiência diante de um juiz, que a condenou a uma multa de 300 dinares (150 euros) por estar de posse de um *spray* de gás lacrimogêneo. Essa é uma arma irrisória de autodefesa, dado o risco que Amina enfrenta diante de inimigos prontos para linchar qualquer oponente. Especialmente depois que um pregador salafita exigiu que ela fosse apedrejada até a morte. Pior ainda, esse juiz se recusou a libertar Amina, violando as disposições básicas do *habeas corpus*, segundo as quais o corpo que se apresenta a ele deve ser liberado em caso de ausência de delito ou de falta de provas. Em vez de sua soltura, o juiz lançou sobre ela acusações graves, de atentado ao pudor, perturbação da ordem pública e associação criminosa.

Assim, um julgamento injusto está sendo preparado. Como nos tempos da ditadura, o juiz equipara a um ato criminoso um ato político, pacífico, em conformidade com as regras democráticas. Além disso, o juiz diverge das disposições do direito positivo, do *qanûn*, para reforçar o padrão herdado da *sharî'a* e do *fiqh*, a casuística que organizava o *corpus*.

Denunciamos essa dupla manipulação. E exigimos a libertação imediata de Amina – que desperta nossa admiração. Sua ação não apenas promove a causa das mulheres em um ambiente em que elas são consideradas o sintoma do mal, mas também colabora com a luta pela liberdade e pelo direito em uma Tunísia que funciona como laboratório para toda a territorialidade islâmica. Se vencermos essa luta, o mundo vencerá; se a perdermos, o mundo conosco perderá.

Da imagem de Amina com os seios nus emerge uma estranha proximidade com o retrato de Gabrielle d'Estrées e uma de suas irmãs, a famosa pintura da escola de Fontainebleau, "loira, dourada, de estatura admirável, de uma tez de brancura deslumbrante": tantas características que Amina compartilha com a amante de Henrique IV. O poeta barroco Agrippa d'Aubigné (1552-1630) atribuiu a ela um grande papel político: ela teria compelido o rei a assinar o édito de Nantes, com o objetivo de apaziguar a guerra religiosa e estabelecer a coexistência de crenças. Ele diz também, a respeito de sua imagem com seios nus: "É um milagre que a extrema beleza dessa mulher não exale nenhuma lascívia". O mesmo julgamento pode ser feito sobre Amina, em resposta àqueles que indiscriminadamente igualam nudez e sexo.

Àqueles que acreditam – e estes são numerosos na Tunísia – que a encenação do nu (político ou artístico) é uma intrusão da sociedade ocidental, vou abrir seus olhos convidando-os a apreciar uma pintura do mesmo século XVI, *Shirîn au bain* [Shirin no banho], feita por Soltân Muhammad em Tabriz, por volta de 1540, para ilustrar um episódio da *Khamseh*, do poeta Nizâmî: torso nu, seios parcialmente despidos sob as tranças, essa obra saída do mundo islâmico cruza com a de Fontainebleau e integra a estética do nu para enriquecer a longa história.

Glória a Amina, que, pelos meios de hoje, inscreveu seu nome e seu corpo nessa tradição icônica secular.

LIBERDADES SILENCIADAS[66]

A conquista mais evidente da Tunísia diz respeito às liberdades. Foi ela que permitiu o desenvolvimento da sociedade civil. Essa é a diferença radical em relação ao antigo regime que caiu em 14 de janeiro de 2011. Sob a ditadura, todas as liberdades foram silenciadas, exceto a liberdade de costumes. Apesar dos repetidos ataques dos islamistas que chegaram ao poder, a liberdade de costumes continua a existir, graças à extrema vigilância da sociedade civil. Essa sociedade resiste à vontade islamista de reintroduzir a norma islâmica em uma comunidade que, como um todo, se libertou dela. É a liberdade de expressão que está sendo novamente ameaçada.

[66] Crônica transmitida em 22 de junho de 2013 pela Médi 1.

Vários fatos nos últimos dois anos se relacionam e revelam o mesmo perigo. É a juventude que está sendo maltratada pelo sistema herdado da ditadura. Trata-se da junção da máquina policial e do aparato judiciário, que, uma e outro, não mudaram, apesar de estarem divididos em correntes opostas. É um sistema petrificado que mudou de orientação. Aqueles que serviram à ditadura estão servindo aos islamistas no poder. São sempre os mesmos policiais e os mesmos juízes zelosos, que trocaram de tropismo e de mestre. Provavelmente, o maior fracasso da revolução tunisiana reside no fato de que não se aplicou nem respeitou a regra técnica de transição, que exige uma transformação radical dos dois aparatos, policial e judiciário. Portanto, temos uma justiça e polícia que não estão a serviço do cidadão, mas submetidas a interesses partidários.

Entendo agora, com base no mundo real, por que um especialista alemão em transições de regime me disse em Berlim, há um ano, que a instituição da qual ele faz parte havia retirado sua oferta de cooperação a seus interlocutores islamistas na Tunísia. A oferta aconteceu porque a Alemanha dominou a técnica da transição, da passagem da ditadura à democracia, após o colapso do Muro de Berlim, que levou à queda do Estado da Alemanha Oriental. Essa transição, além de sua dimensão memorial e pedagógica, implica duas fases: a primeira se refere à descrição e análise do mecanismo ditatorial, precisamente a fim de erradicar seus restos mortais; a segunda está relacionada com a prevenção do retorno à ditadura e com a adoção do dispositivo que pode impedir esse retorno. Isso porque a queda da ditadura não provoca mecanicamente o advento da democracia. Uma ditadura pior pode suceder a ditadura que acaba de ser derrubada.

O Ennahdha, no entanto, estava interessado na primeira etapa da oferta alemã. O partido islamista no poder parecia completamente descuidado, surdo, desatento à segunda oferta que lhe foi proposta. Como se houvesse nisso o sintoma de um desejo de retorno à ditadura, de usar a ditadura para seu próprio benefício. Essa é a razão pela qual os alemães retiraram sua oferta, que contava, no entanto, com um orçamento substancial. Os fatos confirmam esse diagnóstico.

Para além das políticas, a juventude é o alvo da repressão islamista, que usa o aparato policial e judicial herdados da ditadura. Primeiro, os dois jovens de Mahdia, Beji e Mejri, que foram condenados por blasfêmia a sete anos e meio de prisão, uma sentença muito pesada por um delito de opinião que se transformou em um delito criminal. Mejri está, de forma desumana, há quinze meses em uma prisão, enquanto Beji, depois de fugir de seu país, acaba de adquirir na França a condição de refugiado político, o primeiro da Tunísia pós-revolucionária. Há o caso de Amina, a Femen que aguarda julgamento encarcerada. Ela corre o risco de ser condenada a até doze anos de prisão pelas acusações que lhe são feitas. A eles se juntam ainda todos os *rappers* que foram jogados na prisão, o último deles Weld El 15, que, na semana passada, no dia 13 de junho [de 2013], foi condenado a dois anos de prisão por causa de uma música. Claro, não negligencio o poder da música, que pode balançar o poder político. A repressão, no entanto, nunca foi capaz de neutralizar o efeito considerável da música.

Ora, foram os jovens que fizeram a revolução, que estão na origem do 14 de janeiro de 2011. Os *rappers* são porta-vozes, ocupam a vanguarda da luta contra a ditadura desde 2007. Eles representam o protesto da juventude, juventude que se sente frustrada. Não aceita que a revolução que fez tenha seus frutos colhidos pelos islamistas, os quais desejam impor sua ordem com os meios da ditadura contra a qual esses jovens lutaram, arriscando suas vidas. A última sentença contra Weld El 15 provocou uma mobilização extraordinária da juventude e da sociedade civil em defesa de todas as liberdades, especialmente a liberdade de expressão e criação. Aqueles que deveriam ser homenageados como heróis são rebaixados à condição de delinquentes destinados à prisão. É nesse contexto infeliz que a potência do indivíduo se expressa. A juventude se mobiliza, está decidida a iniciar uma nova revolução. Na Tunísia, o imperativo "Saia do caminho!" está prestes a explodir novamente.

REJEIÇÃO DO ISLAMISMO POR SEU POVO[67]

Os povos não apoiam mais os islamistas. Foi o que aconteceu neste verão [de 2013] no Egito e na Tunísia. A execração confirma todas as análises que fizemos em um ciclo de cinco livros, complementados por vários artigos. No entanto, agora é a vez de os homens de religião pensarem como nós, de compartilharem nossas análises, sem necessariamente nos terem lido, ainda que nosso livro *La Maladie de l'islam* [A doença do Islã] – que é o islamismo – tenha sido traduzido para o árabe e circulado especialmente no Iraque.

---

[67] Artigo publicado em 15 de outubro de 2013 no *site* de notícias *Leaders*, baseado na crônica transmitida em 12 de outubro de 2013 pela Médi 1, intitulada "Le Désaveu des islamistes" [A negação dos islamistas].

De fato, meu colega Mohammed Haddad me disse, há alguns anos já, que esse livro foi incluído na bibliografia da *hawza* de Najaf, o seminário de formação de doutores xiitas. Desse meio vem o grande *faqîh*, doutor iraquiano, Tâlib al-Rifâ'î. *La Maladie de l'islam* foi traduzido para o árabe sob o título *Awhâm al-Islâm al-Siyâsî* ("As quimeras do islã político"), publicado pela editora Dar An-Nahar em Beirute em 2002. É a expressão utilizada por Tâlib al-Rifâ'î em sua entrevista de página inteira ao jornal saudita publicado em Londres *Asharq al-Awsat*, na edição de 8 de outubro de 2013, na qual nosso doutor, que em sua juventude pertenceu à esfera da Irmandade Muçulmana, denuncia a inanidade do islamismo.

Não importa se esse clérigo nos leu ou não. O que importa é a extraordinária convergência de julgamento. Depois do conforto que tivemos neste verão, quando ouvimos, várias vezes, tanto no Egito como na Tunísia, pessoas comuns compartilharem de nossa rejeição ao islamismo, eis que somos reconfortados da mesma forma ao ouvir estudiosos da religião, membros da equipe cultual – "sacerdotes", no sentido antropológico –, emitirem opiniões que nós mesmos poderíamos ter emitido, que ecoam com toda intensidade as palavras que escrevemos.

Ouçam e julguem: "O islã político chegou ao poder no Egito em um momento que não foi apropriado para ele [...]. A Irmandade Muçulmana se precipitou para tomar o poder, sua saliva escorreu diante da tentação que esse poder despertou neles, a ponto de perderem o barco. Uma vez que atingiram seu objetivo, fiquei desesperado, porque sabia que o Egito e seu povo os rejeitariam. Eles foram carregados ao poder por uma onda que não reflete a alma do Egito".

Mais adiante, Tâlib al-Rifâ'î recorda que começou sua carreira como militante do islã político. Essa experiência lhe ensinou que o islã político não é a resposta para o desafio atual. De imediato, ele oferece esta análise, que não cessamos de repetir:

> A Irmandade Muçulmana aproveitou a onda democrática, embora
> não seja democrata. Nenhum partido islamista é democrata. Quando

era membro de um partido islamista, ouvi repetidamente durante nossas reuniões: "a democracia é *kufr*, descrença". Desse modo, nasce uma contradição intrínseca: aqueles que chegaram ao poder por meio do jogo democrático não acreditam na democracia. [...] Mais que hipocrisia (*nifâq*), seria tática. Eles usam a democracia para alcançar seu objetivo final, que nega a democracia.

É como se uma das vozes seculares pudesse ser ouvida por meio da voz do *faqîh* Tâlib al-Rifâ'î. É uma felicidade que essa evidência seja transmitida por uma autoridade religiosa. Isso lhe dá um peso extra para ativar sua assimilação pelo senso comum cidadão.

Na mesma entrevista, Tâlib al-Rifâ'î confirma o refluxo histórico do islã político após os acontecimentos do início de julho no Cairo. Ouçam:

> O islã político, depois da experiência que começou com a Irmandade no Egito e seus seguidores na Tunísia e, talvez, na Líbia e no Iraque, eu o vejo à beira da extinção. A alternativa é o "liberalismo" (no sentido anglo-saxão do termo: isto é, um sistema político centrado na liberdade); os povos desejam liberdade. O islamismo agora é odiado onde quer que seus seguidores tenham exercido o poder. Suas ações arruinaram sua ideologia. [...] Por causa de sua visão estreita, sua ignorância, sua falta de conhecimento, os islamistas – contra a própria vontade – abrem o caminho que leva ao "liberalismo"; fazem com que cresça o desejo de liberdade, que acabará por eclodir, quer queiram quer não. Eles podem gritar que o "liberalismo" é *kufr*, mas o povo o deseja.

Tâlib al-Rifâ'î lembra que o fundamento do "liberalismo" é a cidadania; é ela que facilita a superação de divisões étnicas e religiosas; é por meio da igualdade entre os cidadãos que se encontra um remédio para o comunitarismo e que se governa a diversidade que povoa nossas cidades.

No fim dessa entrevista, Tâlib al-Rifâ'î evoca a bela herança que a civilização islâmica nos deixou. Para fazê-la frutificar, atualizá-la, é necessário se adaptar ao seu tempo. Encontramos em suas palavras a tese que desenvolvemos em *Pari de civilization*[68] [Aposta na civilização]. O *faqîh*, dessa forma, destrói a fixidez da visão islamista para adaptar o Islã ao movimento da história, cuja característica é a mudança.

Ouçam uma vez mais suas palavras:

> O Islã transmite uma mensagem civilizacional que deve se adaptar a seu tempo. Mas o tempo, a cada segundo, passa de um estado a outro. Quem não segue as mudanças nem leva em conta as circunstâncias será alcançado e pulverizado pela realidade. Peço às referências islâmicas – em todos os campos – que não se escondam no canto da permanência nem se submetam ao imutável.

Essas palavras me lembram a observação de Tocqueville sobre o catolicismo, submetido a uma Igreja resistente à mudança; diante dessa deficiência, o historiador dizia que uma religião que não se adapta à mudança dos costumes está destinada a perecer. É alvissareiro ver um clérigo muçulmano concordar com esse pensamento.

Eis um documento adicional a confirmar nosso diagnóstico do refluxo histórico experimentado pelo islamismo. Os acontecimentos deste verão no Egito têm consequências universais, a ponto de a onda islâmica estar refluindo por toda parte, até em Bangladesh, até na Indonésia.

---

68 Abdelwahab Meddeb, *Pari de civilization*, Paris: Seuil, 2009.

DE WELD EL 15 A MANDELA[69]

Quinta-feira, 5 de dezembro [de 2013]: dois acontecimentos suscitaram em nós indignação ou reverência. De Hammamet a Soweto, a liberdade e a dignidade dos seres humanos foram exigidas. De Weld El 15, jovem cantor e poeta de 25 anos de idade, a Nelson Mandela, o sábio de 95 anos, a África tremeu do sopé ao cume. De eco em eco, do meio-dia à meia-noite, um vasto rumor ecoou desde a prisão para a qual foi levado o jovem insubmisso até o túmulo que receberá os restos mortais daquele que venceu em sua luta por liberdade, igualdade e dignidade refreando e se opondo ao uso da violência.

[69] Artigo publicado no site de notícias Leaders no dia 6 de dezembro de 2013 e transmitido no dia seguinte, 7 de dezembro, pela Médi 1.

Weld El 15 foi condenado na quinta-feira, 5 de dezembro, a quatro meses de prisão. Por causa de uma música. Essa decisão entra para o já denso repertório de ataques às liberdades fundamentais na Tunísia. É inaceitável, intolerável. Devemos protestar, demonstrar nossa indignação, nossa recusa desse veredito injusto. Jogamos nossos filhos na escuridão infame. Enquanto isso, criminosos estão livres, como aqueles que mataram Chokri Belaïd e Mohammed Brahmi. Weld El 15 tem a pureza de um anjo e a fragilidade de um passarinho. Foi como eu o vi, em sua dignidade ferida, na semana passada, escondido em seu refúgio, quando estava foragido. Ele precisa da liberdade para florescer e está passando suas noites no aperto, na umidade e na escuridão da masmorra. Querem transformar anjos em demônios. Querem quebrar as asas dos jovens criadores que, por sua crítica incisiva à nova ordem que se tenta impor a uma sociedade resistente a ela, fazem voar por sobre nossa cabeça palavras que conseguem preencher nossos ouvidos insaciados. As pessoas que estão no poder são maléficas, semeiam a ruína no país e generalizam o abatimento. Até quando?

Mandela, imenso, voou para longe, evaporou, como foi divulgado um minuto antes da meia-noite nessa mesma quinta-feira, 5 de dezembro. "A negritude é um humanismo", dizia Aimé Césaire. Mandela encarnava esse fato, homem que tirou seu país do abominável *apartheid*, um sistema, uma ideologia que hierarquiza radicalmente a ordem social de acordo com o critério racial, dando prioridade absoluta à humanidade branca de gênese europeia, um feito no mesmo nível de todo um conjunto das teorias mais abjetas do racismo, de Gobineau a Hitler.

Foi por meio do que se denominou "Verdade e Reconciliação" que a saída do *apartheid* tomou um caminho pacífico. Esse dispositivo pulveriza a vingança e a violência não no sentido da negação do horror, mas em suas instruções tornadas públicas pela teatralização do acontecimento passado, colocando em cena a vítima e seu carrasco, chamado de "perpetrador"[70]. Um neologismo que evita a palavra aviltada para dar

---

[70] A palavra não existe no francês. [N.T.]

espaço à reconciliação com a vítima daquele que reconhece o crime que cometeu e que, de maneira tênue ou intensa, macula sua consciência. Dessa forma, o perdão não decorre do esquecimento ou da negligência da infâmia sofrida ou perpetrada, mas é oferecido na ferida aberta da memória, que guarda a verdade do mal causado por todos os atores, ativos e passivos, juntos. Na reconciliação socialmente reconhecida, permanece no fundo dos corações a fração do irreconciliável. Uma bela lição de humanidade e humanismo concebida pelo espírito de Mandela e seu *alter ego*, o reverendo Desmond Tutu!

Lição essa tão mal aplicada por nossos compatriotas magrebinos. Lição escamoteada pela absolvição de terroristas islamistas na Argélia, depois do perdão concedido por decreto presidencial sem instrução processual dos crimes nem acareação entre vítimas e "perpetradores", sem teatralização, sem passagem do acontecimento vivido para a ficção, sem transmutação do real pelo imaginário e pelo simbólico, transmutação que oferece uma cena pública à catarse, que purga as consciências ao representar o crime. Lição imitada superficialmente no Marrocos, a fim de aliviar o peso dos anos de chumbo que sobrecarregava a consciência nacional. Lição a ser lembrada para a futura reconciliação judaico-árabe, israelo-palestina. Seremos capazes de depurar todas as nossas disputas não pela ocultação, mas pela instrução, não pelo esquecimento, mas pela memória, não pelo recalcamento, mas olhando o mal de frente? Seremos capazes de nos reconciliar com o inimigo instalado na comunidade à qual pertencemos para possibilitar a coabitação necessária, sem ter de obliterar o irreconciliável que continua atulhando os corações? Teremos os meios para perdoar nos termos de uma justiça que nunca se deixará substituir pela vingança? Saiba, no entanto, que só há perdão para aquele que perdoa o imperdoável (Jacques Derrida). Esse é o divisor de águas da ética governada pelo perdão. É preciso ser forte, soberano, inalterado para assumi-lo e assegurá-lo. Como o imenso Mandela em sua humanidade estrita, uma humanidade humana, demasiado humana, mas, oh, tão sublime e salvadora.

Mandela interveio em 1995 junto ao presidente da Tunísia, na época da ditadura, para exigir a libertação de Moncef Marzouki, jogado na prisão por sua luta pelos então desprezados direitos humanos, pela liberdade e pela dignidade, a mesma luta pela qual tantos jovens estão agora na prisão, lista que tem como primeiro nome Jaber Mejri e como último, Weld El 15. A antiga vítima agora dorme sob os mesmos brilhos que deslumbraram seu perpetrador. Seria Marzouki tão amnésico? A ex-vítima concordaria em ser comparada ao agressor? O que ele faz para restaurar a liberdade e a dignidade desrespeitadas de Weld El 15 e de Jaber Mejri, cujo corpo é corroído pela sarna que se alastra em nossas prisões?

O ANO DA LIBERDADE[71]

Qual teria sido o anúncio trazido pelo ano de 2013, que estamos prestes a deixar? Vejo duas saliências interligadas emergindo das ondas que rebentaram nos países do Islã nos últimos doze meses. Duas saliências que deixaram marcas mais profundas e que pertencem ao momento histórico vivido por nossos povos há mais de trinta anos.

A irrupção da primeira saliência se deve ao que Hegel chama de "trabalho do negativo", aquele que atua nos processos históricos mediante os quais nações e povos se transformam. Está relacionada ao islamismo, cujo efeito se exacerbou desde a queda do xá e a ascensão de Khomeini no Irã, em 1979. Parece que esse processo está chegando a sua exaustão.

[71] Artigo publicado em 30 de dezembro de 2013 no site de notícias Leaders, intitulado "De la Liberté en l'an 2013" [Sobre a liberdade em 2013], baseado em uma crônica transmitida em 28 de dezembro pela Médi 1.

Esse fato é perceptível não apenas na rejeição da Irmandade Muçulmana pelo povo no Egito e na Tunísia, mas também pelos prenúncios que sugerem o fracasso do que foi construído como modelo, ou seja, a Turquia liderada pelos islamistas do AKP. Erdogan e seus discípulos deram a ilusão de que o islã político pode ser democrático, aceitando o pluralismo, dedicando-se ao serviço de um Estado laico. Além disso, conferiram a si mesmos a reputação de serem incorruptíveis.

O ano de 2013 revelou, no entanto, que os islamistas turcos no poder estão em sintonia com o Estado que herdaram, ao menos em sua dupla reviravolta autoritária e corrupta. Além disso, no que diz respeito aos costumes, confirmaram e reforçaram o conservadorismo para o qual sua sociedade tende, assim como, aliás, todas as sociedades de origem islâmica. Quando autoritarismo, corrupção e conservadorismo estruturam o poder, como se pode desejar que este promova o surgimento da liberdade?

E é pela questão da liberdade que sinto a irrupção da segunda saliência de 2013. Uma parte da sociedade civil, especialmente a juventude, reivindica maior liberdade e é confrontada com um autoritarismo conservador e corrompido, cuja orientação se revela liberticida.

A questão vai além do islamismo. Até segunda ordem, diz respeito a qualquer forma ideológica pela qual o poder é exercido no espaço da crença islâmica. O islamismo é simplesmente ainda mais ativo e mais prejudicial como agente liberticida. Nossos Estados acreditam que estão se desincumbindo de sua tarefa ao corroborar o conservadorismo das sociedades que governam. No entanto, os sujeitos pertencentes a essas sociedades experimentaram a liberdade e querem que seus benefícios irriguem sua vida.

Dessa forma, do Marrocos à Turquia, do Irã à Tunísia, passando pelo Egito e pela Argélia, a juventude reivindica intensamente a exigência por liberdade. Para isso, em alguns casos, decidiu mexer com tabus de uma maneira espetacular. Desde o beijo dos adolescentes julgados em Nador até o desnudamento da tunisiana Amina e da egípcia Aida, da convocação ao piquenique público ao meio-dia em pleno ramadã pelo marroquino Kacem al-Ghazâlî até a declaração de ateísmo pelos dois *mahdawîs*, Ghazi Beji e Jaber Mejri, esses jovens, crias de seu tempo, reivindicam instintivamente o reconhecimento do indivíduo como senhor de seu corpo e de sua consciência. Corpo e consciência que, na tradição do islã, estão mais sujeitos às normas da comunidade que liberados graças ao livre-arbítrio do indivíduo. O corpo e a consciência da mulher, sobretudo, sofrem com uma desigualdade legal que os doutores fundamentam na assimetria apresentada nas escrituras, que discrimina e hierarquiza recorrendo ao critério do sexo e do gênero. Daí a proliferação de atos de provocação que desafiam a comunidade, demonstrando a soberania do indivíduo.

Esses atos assumem a forma de uma *performance*, no sentido que a palavra adquiriu na arte contemporânea. Eles se inscrevem em linha direta no panorama demarcado no século XIX por John Stuart Mill em seu famoso tratado *Sobre a liberdade*. Isso porque, social e politicamente, a maioria deve respeitar as opiniões e as ações das minorias. Tem, aliás, o dever de organizar as condições para que estas possam ser exercidas.

Isso significa que a liberdade não pode ser restringida por limites projetados para confortar a maioria em sua tirania. Não é porque a sociedade é crente em sua esmagadora maioria que se deve limitar às fronteiras do sagrado a liberdade de falar, cantar, declamar, pensar, criar. Foi isso, porém, que os islamistas tentaram fazer de maneira explícita em sua reformulação da lei, especialmente na Tunísia. O único limite à liberdade se reduz ao golpe que mina a integridade do indivíduo em seu corpo e em sua propriedade. O poder público deve me proteger em minha liberdade, impedindo que outros cometam um mal que me seja prejudicial. Foi assim, ao menos, que se concebeu a liberdade no contexto histórico da ascensão democrática (*Sobre a liberdade* foi publicado em 1859).

Não é esse nosso contexto hoje? Sendo assim, essa visão de liberdade persiste como pré-requisito para o advento da democracia. É essa a provação por que passam nossas sociedades. Ao longo de 2013, esse teste foi amplificado por novas iniciativas, registradas por toda parte. Essas iniciativas, vindas das margens, foram apropriadas por ativistas, artistas, cineastas, cantores, poetas, vozes libertárias do *underground*. Elas têm um escopo político e social que precipita a mudança antropológica e dos costumes.

A questão que se apresenta diante de nós é simples: como evitar que a autoridade do Estado abuse de seu poder ao se confrontar com o indivíduo livre e com os desafios que ele lança para a comunidade? Essa autoridade não tem o dever de defender a liberdade do indivíduo, mesmo quando o exercício dela choca a comunidade, ao transgredir suas leis ou vilipendiar seus tabus? Haja o que houver, a concepção da lei não deve ceder diante do poder do costume.

O ano de 2013 abriu esses teatros para que tais questões encontrem atores que as encarnem e diretores que elaborem sua dramaturgia. Em todos os países do Islã, da Turquia à Tunísia, os ecos de provocações saudáveis ressoam e desafiam o muro de surdez que imobiliza nossas sociedades conservadoras, geridas de forma complacente por governos liberticidas e corruptos.

A ARTE E O MAL[72]

Acredito na obra. É preciso acreditar na obra. Por meio dela, as sociedades evoluem. A arte é o reflexo da sociedade. A sociedade, por sua vez, sofre o efeito da arte. Há um jogo de vaivém entre elas. A sociedade dá à arte seu material. Assim que a arte se apropria desse material, ela o remete de volta à sociedade. Ao representar a sociedade, a arte não é passiva. Ela não se contenta em "carregar seu espelho enquanto percorre o caminho", parafraseando Stendhal, a respeito do romance. Ao mostrar, a arte demonstra. Ao demonstrar, critica, desmonta, denuncia. Pois bem, a sociedade se transforma. Ela observa o que a arte lhe mostra. Ela se vê por meio da arte, que lhe mostra o que ela é, como ela age. Por aquilo que a arte lhe mostra, a sociedade se torna consciente de si mesma. Ela se vê diante de suas falhas, suas violências, seus vícios, suas disfunções. No entanto, para chegar a essa constatação, a essa revelação, para atingir essa tomada de consciência, precisamos ainda passar do implícito ao explícito.

[72] Crônica transmitida em 15 de fevereiro de 2014 pela Médi 1.

As culturas tradicionais geralmente se expressam no modo do implícito. Elas preservam o não dito. Elas partem da ideia de que o bem é o objetivo supremo. Elas querem que o ideal se materialize no mundo real. As culturas tradicionais são platônicas. A modernidade toma forma assim que ocorre a passagem do implícito para o explícito. Dessa forma, encaramos o mal de frente. Esse mal que se aloja no ser humano e que habita o mundo. O explícito se confronta com o mal que está no centro. Ele não busca mascarar ou perseguir o mal invocando o bem, substituindo o mal pelo bem considerado natural; o mal não é um desvio decorrente da prática humana, um desvio do bem percebido como dado natural. A arte do explícito é aristotélica. Ela é escravizada pelo sentido de realidade; ela não procura idealizar; ela não quer transformar narizes chatos em narizes aquilinos; ela não diz como deve ser a sociedade. Ela a revela tal como ela é. E essa sociedade é perturbada.

Quando a literatura e o cinema revelam isso, ajudam as sociedades a tomar consciência de si mesmas, de seus vícios, de suas falhas. Essa dimensão crítica da arte faz que as sociedades avancem, ajuda a libertar os indivíduos de suas alienações. Há muito tempo, a literatura revela isso de forma crua no Magrebe, particularmente no Marrocos. Isso faz com que as sociedades evoluam mais por meio dela que pela política. *O pão nu*, de Mohamed Choukri, por exemplo, fez o Marrocos evoluir muito mais que o discurso político e a ação que ele suscita, muito mais que o discurso acadêmico e as chamadas ciências humanas. Além disso, lança a figura do escritor que ousa dizer tudo, que exibe na escrita explícita o que a cultura tradicional gostaria de silenciar, abrigar no não dito.

O cinema entra agora em cena para assumir a mesma função que a literatura. De *Sur la Planche* [Sobre a tábua] a *Adiós Carmen* [Adeus, Carmen], o acervo de filmes está sendo criado. O cinema nacional está nascendo, crescendo, prosperando no país chamado Marrocos. Esse cinema revela uma sociedade. Faz isso em seus idiomas, do *dârija* [árabe dialetal], na pluralidade de seus sotaques, ao berbere, na diversidade de seus dialetos. Assisti a filmes nesta semana em Tânger, no Festival

Nacional de Cinema. Bons ou ruins, todos projetam o real marroquino, de forma desajeitada ou com habilidade.

O melhor desses filmes que pude ver é, sem dúvida, o já citado *Adiós Carmen*, dirigido por Mohammed Amin Benamraoui. É um excelente filme falado em rifenho[73]. Narra a realidade rifenha em sua violência, seus vícios, sua vaidade trágica. Uma sociedade em que o irmão vende sua irmã, em que o pai vende seu filho. Uma sociedade em que prostituição e pedofilia circulam. Uma sociedade em que as mulheres e as crianças são violentadas. Uma sociedade que experimenta com dificuldades a experiência do estrangeiro, representada pela presença de uma dupla espanhola, irmão e irmã. Mas uma sociedade em que o indivíduo, criança ou mulher, autóctone ou estrangeiro, resiste ao mal e, ao recorrer à estratégia da astúcia, pode triunfar para garantir sua sobrevivência. Uma dupla positiva, heroica, que enfrenta o mal e consegue, ao enfrentá-lo, não triunfar sobre ele, não o exorcizar, não o derrotar como a um dragão, mas sobreviver, salvar a própria pele e criar a possibilidade de seguir adiante em outro lugar, adquirindo um certo grau de soberania. Essa dupla, que firma uma aliança e estabelece uma amizade assegurada pelo corpo, para além da linguagem, é composta por um menino de 12 anos, autóctone, e uma mulher estrangeira, espanhola; essa aliança – uma forma de amor espiritual – é concretizada pelo amor ao cinema, pela ficção transmitida pelo cinema, pela dramaturgia da narrativa contada pelo cinema, principalmente o cinema indiano.

Uma sociedade que se exprime por meio da arte, sem nada esconder de seus defeitos, é uma sociedade em mudança. Diante de nossos olhos, a sociedade marroquina está evoluindo. Ela está mudando. Essa mudança só pode ser irreversível, contanto que a arte que emana dessa sociedade ouse expressar o mal que a corrompe. Assim que a arte retira a negação do mal, a sociedade acelera sua transformação. Ela se projeta em direção a um desconhecido, a ser apreendido pelos indivíduos que conquistarão sua soberania e afirmarão sua singularidade, ao se empenharem de corpo e alma na arte do explícito.

[73] Língua berbere falada no norte do Marrocos. [N.T.]

PARA AZYZ AMAMI[74]

Como não ficar indignado com a prisão de Azyz Amami, que ocorreu em La Goulette, na noite de 12 para 13 de maio de 2014? Esse jovem de 30 anos deveria se tornar um ícone. O povo da Tunísia lhe deve muito. Ele é um daqueles jovens que, exorcizando o medo, ousaram abalar um sistema policial repressor. A ação deles, especialmente na internet, contribuiu muito para o fim da ditadura e o advento da liberdade.

Apesar dos perigos, apesar das ameaças que há mais de três anos se espalham e põem em xeque o futuro, as conquistas da liberdade permanecem no centro da arena da Tunísia. Por meio de seu exercício, o debate se intensificou na ágora. E a sociedade civil pôde, dessa forma, dar sentido a sua recusa ao modelo islamista que lhe foi proposto e que alguns de seus promotores sonhavam em impor, mesmo que à força, sem conseguir.

---

[74] Artigo publicado no site de notícias Leaders em 19 de maio de 2014, baseado em uma crônica transmitida em 17 de maio de 2014 pela Médi 1.

Como sujeitos livres, muitas mulheres e muitos homens usaram a caneta ou a palavra para se defender. Eles exprimiram sua rejeição ao articular o presente e o futuro do país a sua tradição reformadora. Aquela que deixou rastros vivos nas memórias desde o século XIX, logo que surgiu o projeto de modernização necessário para a sobrevivência das comunidades reunidas em torno da adesão ao Islã.

Devemos essa liberdade a jovens como Azyz Amami. Por sua temeridade, apressaram o mecanismo que leva os grupos humanos a se deslocar da servidão para a liberdade (La Boétie).

Agora, Azyz Amami é vítima de uma lei liberticida implementada no âmbito do Estado policial contra o qual lutou. É a lei n. 52, datada de 1992, que estipula, em seu artigo 4º, a condenação à prisão (de um a cinco anos) e ao pagamento de multa (de 1 mil a 5 mil dinares) por "todo consumo ou posse para consumo pessoal de plantas alucinógenas ou outros entorpecentes".

O recurso a essa lei não parou de vexar a juventude, importunando-a, reprimindo-a. Esse efeito continua em vigor. Essa lei é um álibi liberticida. É usada para calar vozes dissidentes. Todo o meio *underground* – tão inventivo, tão rico, tão benéfico – a teme. Muitos *rappers* foram condenados com base nela. Weld El 15 me contou sobre os estragos causados por ela nas fileiras dos artistas contestadores. A passagem pela prisão transformou mais de um jovem de anjo em demônio. Vi com meus olhos uma metamorfose na pessoa do *rapper* Madou.

É verdade que os tempos estão mudando. Tenho como prova a declaração do atual primeiro-ministro Mehdi Jomâa. Ele aproveitou a oportunidade da prisão de Azyz Amami para primeiro expressar sua compaixão, depois pedir clemência ao juiz e finalmente afirmar a necessidade de reconsiderar tal lei, considerada anacrônica. Eu certamente preferiria que ele se comprometesse a iniciar o processo que levaria a sua revogação.

Azyz Amami se define como "desenvolvedor de sistemas, quase escritor, em desemprego voluntário, anarcotunisiano". Vejo nele um daqueles jovens que, no mundo todo, estão ocupados em ampliar a TAZ

(*Temporary Autonomous Zone*) [Zona Autônoma Temporária], um conceito proposto pelo escritor situacionista norte-americano que adotou um nome árabe-turco: Hakim Bey. Esse conceito defende uma estratégia baseada no deslocamento perpétuo: trata-se de identificar uma área ainda não ocupada pela norma para se estabelecer nela, estando pronto para abandoná-la assim que a autoridade tentar restabelecer sua ordem. Tal prontidão para se mover visa a evitar confrontos. Esse movimento tem como característica ser não violento. Estratégia semelhante é praticada todos os dias em Berlim pelos neopiratas, que obtiveram uma votação significativa nas eleições regionais recentes em Brandemburgo.

Azyz é um desses novos piratas, cujo objetivo é pensar e viver outros modos comunitários, inspirados principalmente por certas tendências do sufismo, por sua vez baseadas na errância, no despojamento e na rejeição do prestígio social. A referência aos *malamatis* é explícita em Hakim Bey. Os *malamatis*, cujo ancestral é o mestre Abû Yazîd al-Bistâmî (séculos VIII-IX), são causadores de escândalo, usam provocações que vão até a encenação da blasfêmia. São atores que espicaçam a norma. São uma espécie de Diógenes muçulmano. Não surpreende, portanto, que tenham sido admirados por Jean Genet.

Encontrei Azyz Amami há dois anos. Foi tão furtivo quanto intenso. Ele estava diante de mim e ao mesmo tempo me escapava, como se uma parte dele vagasse em outro lugar ou permanecesse à espreita dentro dele. Sua aliança com o riso era constantemente expressa. Ele estava convencido de que passávamos por um momento de grande transformação. Autodidata, vi nele um leitor assíduo de Spinoza. Existe escola melhor que a da *Ética* e sua atualização por Gilles Deleuze, outra leitura de Azyz? Com essa companhia, não há dúvida de que Azyz vive sua liberdade de acordo com todas as dependências do determinismo. Ele sabe que o bem individual deve se adequar ao bem comum. Ele também atua pelo bem na cidade. Porque a liberdade é vivida em sociedade. Essa liberdade não pode ser alcançada sem o autoconhecimento à luz da eternidade. A libertação do medo, assim, se impõe por si mesma.

Azyz se sente reconhecido em seu atavismo nômade, ele que, nesse ponto, pode ser consolado pelo apoio de Hakim Bey em relação à errância dos *malamatis*. E, na companhia de Deleuze, aproxima-se da teoria do neonomadismo, que substitui as raízes pelos rizomas, o que afasta o sujeito do desejo do enraizamento para direcioná-lo à busca pela rede, que bagunça qualquer exaltação do solo ou do sangue.

Assim é Azyz Amami: neonômade, ele vaga com o grupo de andarilhos, novos piratas, novos *malamatis* que, referenciados por uma disciplina spinozista, sacodem as normas de sua sociedade. Situacionista contestador, faz parte daqueles que abalam a ordem vigente e que, por suas ações e vivacidade, ajudam sua comunidade a recuperar novos espaços de liberdade.

Que o escândalo da prisão de Azyz Amami termine o mais rápido possível, sendo ele alguém que, pelo risco e pela ousadia em que se lança, milita por nosso bem não apenas na Tunísia, mas em toda a margem sul do Mediterrâneo. Azyz é de uma geração em que os filhos se revelam pais de seus pais. São filhos e filhas educadores de suas mães e pais. Para pais e mães que já estão livres da norma, seus filhos serão também irmãs e irmãos. A amizade os ilumina.

Que Azyz retorne livre, nosso amigo em liberdade!

FAZER O BEM[75]

Fico feliz toda vez que ouço boas notícias de uma mulher ou um homem do Islã fazendo "o bem" (*'amal al-çâlihât*), uma "obra boa", de acordo com a expressão do Alcorão, quando esse texto está no horizonte ético. Uma boa obra que envolve agir em prol do bem comum, dando dignidade a um islã que é hoje frequentemente desprezado por seu próprio povo.

[75] Crônica transmitida no cia 4 de outubro de 2014 pela Médi 1.

É o caso de Badra Khân, uma estudante de Cambridge de 23 anos, que, enquanto combate seu câncer, decide, tomada pela doença, criar uma associação cuja tarefa é construir uma mesquita em Cambridge. Não uma mesquita qualquer! Uma mesquita "verde", como ela diz, que leva em consideração todos os padrões da ecologia sagrada e saudável. "Toda mesquita, toda construção que um muçulmano realiza, deve ser 'verde', ou seja, respeitar a paisagem e se empenhar não em corrompê-la, mas em preservá-la e embelezá-la. Cabe ao homem proteger o que lhe foi legado, confiado. O Alcorão diz que o homem é o califa, o herdeiro de Deus na Terra." Assim fala Badra Khân a partir de sua cama no hospital, cercada por todas as perfusões intravenosas que são injetadas em seu corpo.

O projeto presidido por Badra Khân tem, portanto, a tarefa de criar a primeira mesquita ecológica da Europa. Essa mesquita terá capacidade para mil orantes. Além disso, haverá também uma escola, um restaurante, um estacionamento subterrâneo e vários jardins encravados. Ao visitar os muçulmanos de Cambridge, Badra Khân percebeu a falta de uma mesquita, de onde surgiu essa utopia. Pois, de acordo com Badra Khân, os muçulmanos deram ao Islã uma imagem bárbara, assustadora e repulsiva. É hora de os muçulmanos mudarem, por conta própria, a imagem de suas crenças. É preciso afastá-la do crime, do terrorismo, do horror, das cabeças cortadas.

Essa mesquita ecológica, aberta a todos, inclusive aos não muçulmanos, é um primeiro passo para melhorar a imagem do Islã, recuperar a beleza que ele exige, as responsabilidades impostas por nossa permanência na Terra, assim como a *convivência* e a coabitação com o outro, como ocorreu nos momentos felizes da história do Islã.

Essa mesquita de Cambridge não apenas é ecológica como também tem o privilégio de propor uma forma arquitetônica mista que homenageia o estilo inglês, emblema do espírito inglês, o gótico extravagante tardio, gótico que foi chamado de *perpendicular style* [estilo perpendicular] e que propõe um jogo decorativo com várias ogivas que se unem em rosas inextricáveis; arquitetura que homenageia também um dos estilos do Islã, o da sala hipostilo[76] mogol do norte da Índia. Essa hibridização celebra o Outro que existe em nós, especialmente os europeus dos quais somos anfitriões. O responsável por esse projeto é o famoso arquiteto britânico Marks Barfield.

Várias instituições islâmicas britânicas se encarregaram do projeto, incluindo a Associação dos Universitários Muçulmanos (Muslim Academic Trust). O projeto é estimado em 18 milhões de libras esterlinas. Já foram arrecadados 6,2 milhões, por meio de uma campanha internacional personalizada envolvendo 7 mil cidadãos do mundo. A maior parte desse dinheiro veio de Hong Kong e da Indonésia.

Além disso, a construção da mesquita não negligencia o bairro que a acolhe. Ela fará parte de seu embelezamento. Além dos jardins aninhados, são previstos dois parques: um público e outro no interior da mesquita, ambos com o privilégio de ser abertos a todos.

Essa é a maravilha que Badra Khân propõe, na superação de sua terrível doença, um câncer de rim. Que ela seja para nós um modelo a ser imitado, uma *uswâ*, como diz o Alcorão. Que muitas Badra Khân se multipliquem em nossas terras e entre nossos correligionários, esse é o voto da semana.

---

[76] Em que o teto é sustentado por colunas. [N.T.]

ELOGIO DA PLURALIDADE

SOBRE A PLURALIDADE[77]

Os momentos de crise que atravessamos revelam, como se isso nos fosse necessário, que nossas sociedades são constituídas por correntes de pensamento e modos de ser múltiplos, às vezes inconciliáveis. Os choques, reais ou virtuais, concretos ou potenciais, fazem com que entrem em confronto lados muito heterogêneos, antagônicos, mas pertencentes ao mesmo corpo social.

[77] Crônica transmitida em 23 de junho de 2012 pela Médi 1.

Esse choque é expresso, em particular, entre, de um lado, aqueles que passaram por sua mutação moderna, que põe em primeiro lugar a liberdade em todas as suas formas, liberdade de consciência, liberdade de criar, de ser, liberdade de costumes, liberdade do sujeito, liberdade de seguir *sua* própria verdade, no sentido psicanalítico, aquela que determina sua identidade sexual, tudo isso levando à promoção do indivíduo, e, de outro, aqueles que desejam aplicar de modo estrito a norma e a lei islâmicas, supostamente fiéis à Medina autêntica dos tempos proféticos do século VII, mas que, na verdade, estão apenas em conformidade com uma construção elaborada com base em uma leitura rigorista do texto corânico e da tradição profética, seguindo a linhagem da ortodoxia mais dogmática, que vai de Ibn Hanbal (século IX) e Ibn Taymiyya (séculos XIII-XIV) até Ibn 'Abd al-Wahhâb (século XVIII), chancelada pela fase final de Rachid Rida, com o conjunto convergindo em Hasan al-Bannâ, radicalmente sistematizado nas interpretações elaboradas por Sayyid Qutb, depois Mawdûdî, para apoiar a política na religião, impondo padrões de alta rigidez ao corpo social. Esses dois lados estão em conflito aberto, conflito que pode ser sangrento.

Ora, ou esse choque é absorvido pela instituição política, ou corremos o risco de entrar em um banho de sangue que a história acabará julgando inútil, porque, de todo modo, as visões radicais, irredentistas e extremistas são de tal maneira contrárias ao princípio da vida que acabam por desmobilizar aqueles que antes estavam entusiasmados com o chamado de uma palavra de ordem mobilizadora. Estes acabam sempre perdendo. Podemos, portanto, nos poupar da violência e de mortes desnecessárias. Como? Simplesmente preservando o Estado regulador e mediador. No entanto, o perigo está precisamente no fato de que esse chamado aos extremos pode destruir o Estado, porque este último não participa de sua lógica.

É essa a questão reconhecida neste momento, de maneira aguda, tanto no Egito quanto na Síria, na Tunísia, na Líbia ou no Iêmen, apesar das configurações mais contrastadas a cada caso, para não dizer essencialmente diferentes. Para mim, o caso mais significativo é o da Tunísia, porque o Estado foi ali refundado entre 1956 e 1959 de uma maneira profundamente saudável, em correlação com uma reconfiguração da sociedade, arrancada da norma herdada – avessa ao Estado no sentido moderno – e reconstruída pela iniciativa legislativa que precedeu a constitucionalidade do Estado e balizou o terreno para ela. É esse Estado que está enfraquecido, até mesmo ameaçado em sua essência, pelo fato de estar nas mãos dos islamistas, que, embora em processo de evolução, estão longe de terem feito a mutação ideológica que poderia tê-los sincronizado com o Estado do qual se apossaram. Afinal, com um Estado forte, é possível criar um espaço de viabilidade que poderia admitir a realidade sociológica, a qual cria, no mesmo corpo social, o salafita, o islamista, o muçulmano moderado, o secular, o laico, o crente, na pluralidade de horizontes de crença, inclusive aquela crença que acredita poder se privar dele. É a transcendência do Estado legislador que pode ter os meios para fazer existir aquele que o nega, como o salafita, de lhe dar um espaço de viabilidade, ao mesmo tempo que o priva das armas pelas quais ele gostaria de destruir esse Estado, aquele que garante sua existência, bem como a de seu inimigo mortal declarado.

Na Indonésia, talvez exista um Estado que assuma esse papel pluralista em uma sociedade com uma grande maioria muçulmana. Nessa sociedade, presenciamos a prática de todas as formas do islã: salafita-vaabita, islamista difusa, uma de influência saudita, com todos os imãs formados nas escolas religiosas de Medina, outra sob a influência egípcia de Al-Azhar, a ponto de seus promotores estarem introduzindo o costume nilótico da excisão, assimilado, como na matriz, a uma norma religiosa. Além desses, prosperam os pietistas rigoristas ou liberais. Mais ainda, o praticante não maníaco e o não praticante. A isso se somam as muitas tendências espiritualistas sufistas, bem como todos os secularistas e laicos globalizados que desejam permanecer fiéis a sua adesão à crença islâmica e ao mesmo tempo se manter coerentes com o que assimilaram da atual cultura mundial, como as questões de gênero.

Isso faz com que deparemos com iniciativas que ou desejam promover uma moda islâmica muito inventiva e ousada, ou então criar instituições para o reconhecimento e a defesa dos movimentos de *gays* e lésbicas muçulmanos, que fazem de Jacarta a versão muçulmana de Berlim, Londres, Paris, Nova York, Los Angeles ou São Francisco. Somam-se a isso as múltiplas crenças locais – em Java, por exemplo – que, mesmo quando aderem ao islã, querem manter um ritual e se submeter a uma norma que pertence mais à esfera da civilização e da crença indianas. Isso sem esquecer aqueles que permanecem escorados em sua fidelidade budista, em Bali ou em qualquer outro lugar, e que resistem com todas as suas forças à onda islâmica.

Neste exato momento, o debate sobre a preservação e o fortalecimento da pluralidade é intenso na Indonésia, tanto no ambiente acadêmico quanto na blogosfera. Essa pluralidade é praticada diariamente, e não é apenas uma questão teórica. Dou o exemplo em torno da questão da '*awra*, da relação com o corpo e seu desnudamento, entre *burqa'*, *hijâb* e a aceitação de uma saia decente ou de uma minissaia. Sobre essa última alternativa, houve um debate público sobre o uso de uma saia decente, que vá ao menos até abaixo do joelho, ou de uma saia longa que vá até o tornozelo. Os defensores da minissaia produziram um desenho engraçado e provocador, decidindo que a altura da minissaia desceria para abaixo das chamadas partes pudicas, subitamente expondo as calcinhas. A pluralidade pode ser simultaneamente engraçada e provocadora. A transcendência do Estado deveria ser capaz de garantir tanto essa provocação quanto esse humor. Isso é humano, mais humano que o derramamento de sangue gerado pela recusa de nossas diferenças.

O SUFISMO É A SOLUÇÃO[78]

Sem dúvida: o sufismo é a solução. Estamos passando por uma crise civilizatória sem precedentes. Os islamistas querem impor ao mundo muçulmano um islã elementar, frustrado, rigorista, hegemônico sem deter os meios para a hegemonia, niilista no sentido de que nega a todo outro o acesso à verdade, exclusivista, fechado em si, sujeito ao literalismo da lei divina em sua interpretação mais desumana, necessariamente hipócrita, porque incapaz de garantir sua hegemonia, seu exclusivismo, sua autarquia em um mundo mais do que nunca interdependente. Hipócrita no plano econômico-político-militar, ele o é também no plano moral. Porque o rigorismo alegado só pode criar tartufos. Basta lembrar como a população saudita, submetida a um regime dessa natureza, se arroja ao Bahrein nos fins de semana, para se aliviar no mais lamentável, bárbaro e degradante comércio da carne.

[78] Crônica transmitida em 20 de abril de 2013 pela Médi 1.

No entanto, diante desse desastre, pode-se responder com a negação da filiação islâmica, pois o acesso à glória humana parece obstruído, impedido para sempre. Diante dessa vontade que deseja nos impor um islã estúpido e detestável, sempre pensei que tínhamos em nossa própria tradição um material capaz de nos oferecer algo com que construir um islã dos mais inteligentes e dos mais amáveis. Esse material se concentra particularmente no substrato, no *corpus*, na memória sufi e na prática ainda viva que resulta dela. Eu sabia disso como poeta, escritor, pensador, como homem que decidiu viver em nosso mundo como poeta, conduzir sua vida como uma obra de arte para honrar de mais perto o cuidado de si. E o local que predispõe a ele é totalmente localizável no sufismo. Por meio dele, somos capazes de aceitar o desafio, tanto da modernidade quanto da tradição, de ser coerentes com a proposta aberta por Hölderlin para a modernidade europeia, enraizada na origem grega antiga, proposta esta que será renovada com brio e constância no campo poético-filosófico, desaguando no político, de Nietzsche a Michel Foucault. Pois bem, observo que esse requisito transmitido pelo sufismo está em processo de implementação, política e socialmente, no Marrocos.

Essa constatação de fato me acompanha enquanto volto do festival que a cidade de Fez recebe para homenagear duplamente a cultura sufi: por meio de trocas discursivas – pelo diálogo socrático, por assim dizer – e da música. Ao longo desta semana, testemunhamos a montagem de um palco destinado a acolher o que Nietzsche chama de "Sócrates músico", um homem que fertiliza a tensão mantida entre Apolo e Dionísio, entre a luz solar da razão e a tendência obscura, ensombrecida, ao excesso e à desmesura. Mesmo que, em Fez, se tenha obviamente privilegiado a tradição do sufismo sóbrio, herdado de Junayd, em relação ao sufismo do excesso, do *shath*, do extravasamento, do êxtase e da parte subversiva que põe em jogo.

Em Fez, portanto, as palavras emanadas dos sufis orgânicos se misturavam, na tradição de transmissão e introspecção construída em torno da relação entre mestres e discípulos. Suas palavras se cruzaram com as das pessoas movidas pelo espírito do sufismo, na grande diversidade que as caracteriza, variando da descrença ao pertencimento a crenças diversas do islamismo, que está na origem do sufismo. A diversidade humana que animou os cenáculos de Fez torna possível que o poeta ombreie com o imã, o filósofo com o deputado político, o descendente de uma tradição familiar sufi ainda viva com o convertido ao islamismo que veio do cristianismo por meio do sufismo, o arquiteto se junte ao pintor... E é esse corpo a corpo humano que envolve tanto homens como mulheres, tanto autóctones quanto estrangeiros, é esse corpo a corpo que mostra que o espírito do sufismo predispõe a honrar a alteridade em sua recepção e sua celebração no respeito pela diferença.

Sem dúvida, o sufismo é a solução para enfrentar nosso duplo desafio de apostar na civilização rejeitando a barbárie: esse duplo desafio diz respeito à rejeição do islã bárbaro que os islamistas querem impor a nossas sociedades e diz respeito ao desastre do atual sistema mundial, o do liberalismo sem fim e sem limites, que deseja que a ordem dos financistas e banqueiros reine sobre o mundo, lesando as pessoas e destruindo o planeta pela imaturidade tecnológica. É nesse nível duplo que o sufismo pode nos dar as chaves para que participemos do *sauf*, destinado a limitar os danos internos e externos que degradam nossa vida cotidiana submetida à malignidade do mal.

DIREITO E *SHARÎ'A*[79]

Como repensar o direito em tempos de globalização? Deve ele apenas se submeter à dimensão comercial e financeira que impulsiona essa globalização? É uma dimensão que, mecanicamente, tem repercussões no direito, que, por essas razões de troca, é internacionalizada mesmo entre os ferozes defensores da *sharî'a* (como nos Estados da península Arábica). Ou seria preciso ampliar nossa ambição a considerações éticas que deveriam envolver um universal e um humanismo despojados dos defeitos que os mancharam nos mesmos lugares em que foram mais bem formulados? Ou seja, na Europa, no Ocidente, onde se sistematizou o pensamento do universal, que foi, no entanto, pervertido pelo etnocentrismo irreprimível, bem como pela hegemonia que se intensificou por meio do colonialismo e do imperialismo. Assim, a fidelidade a esse universal se tornou aleatória. Variou de acordo com as circunstâncias, foi avaliada na balança dos interesses, o que resultou na política de dois pesos, duas medidas.

[79] Artigo publicado em 6 de outubro de 2013 no *site* de notícias *Leaders*, baseado na crônica transmitida em 5 de outubro de 2013 pela Médi 1, intitulada "Le Droit qui vient" [O direito vindouro].

Temos de retomar as reações das grandes tradições jurídicas não ocidentais às propostas feitas em nome do universal proveniente da modernidade ocidental, que promove, desde o século XVIII, o direito positivo, reivindicado pela criação humana. Este soube florescer por meio da primeira Declaração dos Direitos do Homem, aquela de 1789. Nela está condensada a essência do que se pensou ao longo do século, de Montesquieu a Rousseau, de Voltaire a Kant, de Locke a Lessing, sem esquecer Diderot, d'Alembert e os outros enciclopedistas, nem mesmo Condorcet.

Consideramos a resposta chinesa e a do Islã ao apresentar ao leitor o caminho aberto por Mireille Delmas-Marty de sua cadeira no Collège de France, onde ela se propôs a construir um direito de perspectiva mundial. No início do século XX, o chinês Kang Youwei procura orientar a visão culturalista em direção ao ideal universalista, enquanto seu discípulo, Liang Qichao, de seu exílio japonês, se pergunta "se a China só poderá sobreviver à custa de uma ruptura definitiva com a tradição". Assim, na China, temos as duas respostas que também serão formuladas no Islã: a da conciliação entre sua tradição e a modernidade universal e a do advento do universal que exige uma ruptura aberta com a origem.

De fato, encontramos essas duas posições em ação e em potencial no espaço islâmico a partir da década de 1830, principalmente na política dos Tanzimat, no Império Otomano. Política essa que foi imitada no Irã, na Índia e no Egito, desde o quediva Muhammad 'Alî, e na Tunísia, em um processo que acabou sendo encarnado por Khayr al-Dîn.

Não temos espaço aqui para esboçar a fascinante história do direito em nosso país a partir de meados do século XIX. Se dermos um salto no tempo, porém, descobriremos que esse processo de modernização do direito conhecerá, sob o impulso do bourguibismo, sua última fase no que é legítimo chamar de escola legal de Túnis. Desde o início dos anos 1970, esta última usa a noção de compatibilidade, que substitui a noção de conformidade, para retomar as noções que se apresentam no pensamento de Mireille Delmas-Marty.

Essa escola de Túnis é representada em sua polifonia notadamente por Mohamed Charfi, Ali Mezghani, Abdelfattah Amor, Iyadh Ben Achour, Slim Laghmani, entre outros mais. Os tenores dessa escola admitem diferenças de um sistema jurídico para outro apenas no que diz respeito a certa margem, marcada pelo que Mireille Delmas-Marty chamará de "limiar de compatibilidade".

Portanto, o que herdamos da *sharî'a* pode ser reconhecido em sua diferença, desde que não interfira no processo de universalização trazido particularmente pela segunda Declaração de Direitos Humanos, aquela dita universal, publicada pela ONU em 1948 e que teve em sua redação a participação de duas personalidades originadas do Islã. Por exemplo, a condenação do apóstata à pena de morte ordenada pela *sharî'a* perde toda a legitimidade quando confrontada com a liberdade de consciência trazida pelo artigo 18 da Declaração Universal dos Direitos Humanos.

Eis o projeto complexo lançado por Mireille Delmas-Marty para reformular o direito pensado no "tremor", aproximando-se do "caos", crescendo "no imprevisível", indo contra "certezas alimentadas por sua intolerância"[80], como escreveu o falecido amigo martinicano Édouard Glissant, que refletiu, em sua poética, sobre a "globalidade" e a nova universalidade (com a qual contribuímos como poeta). Pensamento que Delmas-Marty transpõe para o território do direito. É nesse momento que a energia criativa se desloca da globalização (comercial, financeira) para a globalidade, a qual favorece uma humanização que não esconde a diversidade a reluzir em nosso planeta.

Temos a oportunidade, na Tunísia, de possuir os meios para sermos participantes relevantes nesse processo de elaboração de um direito de perspectiva mundial. Essa oportunidade é ameaçada por nossos islamistas, que são agentes ativos da globalização comercial e financeira e inimigos igualmente ativos da globalidade cosmopolita, na qual apostamos. Durante a elaboração de nossa Constituição, os islamistas

---

[80] Édouard Glissant, *La Cohée du Lamentin*, Paris: Gallimard, 2005, p. 25.

fizeram de tudo para nela introduzir a *sharî'a*. Não tendo conseguido fazê-lo de maneira explícita, eles, espertamente, diluíram seus objetivos, por meio de formulações ambivalentes. O que os impediu de ter sucesso, senão o efeito de nossa escola de direito na sociedade civil, que, implacavelmente, se opôs a eles com vigilância e constância?

Não podemos desperdiçar essa oportunidade de sermos participantes fecundos no desenvolvimento desse direito de perspectiva mundial. Que nossa próxima Constituição seja um documento digno de tal propósito. Para chegar a isso, convém evitar todo retrocesso, porque o direito é progressivo, não retrógrado. Portanto, podemos dizer: "Fora, *sharî'a*, não há lugar para ela para além do limiar de compatibilidade".

Assim, poderíamos evitar a uniformização sem cair no viés culturalista, que dedica um culto irracional ao específico. Seríamos, então, como tunisianos, participantes do direito do futuro, que será engendrado pela tensão que governa uma série de oposições duplas – o uno e o múltiplo, identidade e diferença, universal e relativo. Seria lamentável se a turbulenta incompetência islamista desviasse a Tunísia de um projeto tão glorioso, para o qual está totalmente pronta.

DIREITO E CULTURA[81]

Gostaria de retornar novamente à questão do direito e sua relação com o islã e a *sharî'a*, a lei divina. Desta vez, evocarei a figura do maior jurista muçulmano da Grã-Bretanha, britânico por nacionalidade. Trata-se de Nazir Afzal, que foi nomeado um dos treze procuradores-chefes de Sua Majestade. De origem sul-asiática, nascido em uma família de imigrantes vindos das tribos conservadoras do noroeste do Paquistão, ele aplica sistematicamente o rigor da lei positiva aos contraventores asiáticos e muçulmanos que acreditam agir em coerência com o que a *sharî'a* ou seu direito consuetudinário permitem e com a legitimidade que também dão, portanto, aos costumes. Em suma, Nazir Afzal aplica, no contexto britânico, o conceito de Mireille Delmas-Marty, aquilo que ela denomina "limiar de compatibilidade".

[81] Crônica transmitida pela Médi 1 em 19 de outubro de 2013.

Recordemos que esse contexto é muito mais aberto que o contexto francês, por exemplo. Aberto a ponto de tender para a questão da diversidade. Falamos, de fato, do país do multiculturalismo, do politicamente correto, distante do sistema francês, que acredita mais na universalidade de seus valores. Na Grã-Bretanha, o relativismo é defendido. No entanto, no contexto britânico, Nazir Afzal é brutal contra todas as diferenças islâmicas que excedam esse limiar de compatibilidade. É, por exemplo, intransigente diante dos casos de casamento forçado e de crimes de honra, e seu rigor desacredita o politicamente correto e o relativismo do multiculturalismo. Ele despreza o respeito à diversidade para aplicar rigorosamente a lei. Se a diversidade viola a lei positiva, a lei que emana da tradição do *habeas corpus* e da liberdade de consciência, Nazir Afzal intervém sem hesitação, sem o freio da culpa. Sua severidade é tal que alguns muçulmanos o criticam por oferecer aos racistas e aos islamófobos o açoite com que são lanhados. Alguns desses muçulmanos chegaram a escrever ao primeiro-ministro David Cameron para exigir a destituição de Afzal.

Lembremos que mais de 100 mil processos judiciais são submetidos à autoridade de Afzal por ano. Na região que comanda, ele dispõe de oitocentos advogados e assistentes jurídicos. Dirige a zona noroeste, a maior da Inglaterra depois da de Londres, a maior circunscrição jurídica. Ele assumiu a tarefa de liderar um verdadeiro combate à violência contra as mulheres, particularmente entre as minorias emigrantes, frequentemente de origem muçulmana. Antes dele, ninguém mencionou os 10 mil casos de casamento forçado envolvendo mulheres do Sul da Ásia, um terço das quais muçulmanas. Além disso, identificou pelo menos doze casos por ano de meninas assassinadas em razão de crimes de honra. Ele chegou até mesmo a incitar os membros do Parlamento a elaborar leis específicas e explícitas para combater esse duplo flagelo. Sua origem islâmica permite que seja agressivo nesse combate sem que isso pese em sua consciência. Recentemente, ele conseguiu condenar oito britânicos de origem paquistanesa e um afegão por estupro e tráfico de mulheres brancas. Esse caso causou um choque em meio aos originários da Ásia, que, até então, levavam impunemente uma vida submetida aos padrões de seus países de origem. Nazir Afzal também conduz a luta contra a mutilação genital. Seu departamento rastreia os agentes dessas práticas. Isso tudo porque ele acredita firmemente que os direitos humanos estão acima dos direitos à diferença cultural. Mais uma vez, encontramos o limiar de compatibilidade em ação. Ele nunca aceitará sistemas de valores que subscrevam a hegemonia dos homens sobre as mulheres. Nazir Afzal acredita que, por ser o "primeiro homem" – no sentido da expressão do título do último romance, inacabado, de Camus, ou seja, aquele que se moldou com base em certa cultura que adotou, aquela da lógica dos direitos humanos, sem transmissão, sem herança –, ele nunca se esquece de onde veio, desse mundo patriarcal, esse mundo em que os homens dominam. É por essa razão que é capaz de enfrentá-lo por dentro e de forçá-lo a evoluir.

Ele é um daqueles homens que fazem avançar a causa da igualdade dos sexos. Eis, portanto, as virtudes do primeiro homem que não esqueceu as mulheres violentadas e maltratadas em seu ambiente original, que tampouco se esqueceu do quanto ele mesmo foi abusado e maltratado pelo próprio pai, um pai violento vindo de uma cultura em que as crianças são açoitadas pelo menor desvio. É por esse motivo que, tendo se tornado um homem do direito, ele se posiciona, em nome da lei, como defensor de mulheres e crianças, correndo o risco de tornar públicos casos que contribuem para desabonar a imagem dos muçulmanos e das minorias asiáticas. Além disso, nosso homem está fazendo uma campanha feroz contra os muçulmanos que tiram as filhas da escola. Age contra eles com a ajuda do arsenal oferecido pelo direito.

Portanto, não se deve honrar a diversidade humana a qualquer custo. Talvez seja pelo direito que alcançaremos o universal. Esse homem que viveu entre duas culturas – pelo próprio fato de ter vivido em duas culturas contrastantes – pode dominar melhor essa dialética entre universal e relativo, entre identidade e diferença, entre uniformidade e diversidade. Ele se tornou o primeiro homem com os meios para se libertar dos desvios que o respeito cego pela alteridade pode provocar. Para considerar a diversidade cultural, para salvar sua eficácia, ela deve ser submetida ao critério do direito como padrão universal. O respeito às culturas só pode ganhar legitimidade quando o direito participa da evolução dos costumes e age em favor da igualdade e das liberdades, pré-requisitos para a dignidade. Essa é a lição que nos chega desse muçulmano britânico e que o Islã tem o dever de escutar para realizar sua reforma obrigatória.

GOVERNO MUNDIAL[82]

Mencionamos repetidamente neste espaço a cosmopolítica de Kant. Desenvolvida no espírito do *Aufklärung*, o Iluminismo europeu, na segunda metade do século XVIII, essa teoria foi concebida em escala mundial, indo além das fronteiras nacionais e continentais, a fim de promover o que Kant chamou de "paz perpétua". Trata-se de uma intuição brilhante, elaborada muito cedo, como se fosse pensada para o nosso tempo. Evidentemente, não impediu guerras nem crueldades, nem os ciclos de dominação, opressão, escravização. Acima de tudo, não foi ouvida por aqueles a quem foi endereçada de início. De fato, os europeus foram os primeiros a desonrar essa invenção e a desobedecer aos mandamentos éticos que a sustentam. Quando vemos o estado do mundo hoje ao mesmo tempo que relemos Kant, na situação em que vivemos na contemporaneidade, pensamos que há uma base para traçar o horizonte da cosmopolítica que corresponde aos desafios do destino do presente.

[82] Crônica transmitida em 28 de setembro de 2013 pela Médi 1.

Para além de todas as turbulências políticas, para além de todas as instabilidades sociais, para além de todas as fragilidades econômicas, o destino da humanidade permanece ligado ao mal que produzimos e que corrói nosso mundo, que o põe em perigo; permanece ligado, em outras palavras, ao dever ecológico, que deve dispensar atenção redobrada à poluição. Esse mal compartilhado é devido à Técnica, a seu uso e seus efeitos. Tudo isso se deve à universalização do modelo consumista ocidental engendrado pela evolução das ciências e pelas suas consequências na vida material. A democratização do modelo ocidental para toda a humanidade é certamente legítima. Todos têm o direito ao conforto que pode fortalecer a liberdade do indivíduo, ao facilitar sua mobilidade, aliviando-o do fardo trazido pela constante luta pela sobrevivência. No entanto, esse acesso ao conforto por meio da Técnica, pelo fortalecimento das classes médias, também pode ser alienante. Essa é a ambivalência da Técnica, que liberta tanto quanto escraviza. Para além do que acontece na esfera do indivíduo, na mônada que ele representa, há a participação desse indivíduo no mal que corrompe o mundo e que, no longo prazo, apresenta o risco de torná-lo literalmente irrespirável, inabitável. É nesse âmbito que se inicia a responsabilidade coletiva que recai sobre o indivíduo. E é aí que temos de elaborar a convenção ética que orientaria nossas ações onde quer que estejamos no mundo. E é nos submetendo a tal convenção que nos transformamos em cidadãos do mundo, agindo no horizonte cosmopolita.

Vejo, no futuro imediato, três pontos práticos que deveriam entrar nessa convenção, cujo texto deve ser gravado nessa nova Tábua da Lei. Todos nós, onde quer que estejamos, especialmente em nossos países, testemunhamos a impressionante transformação de nossas cidades e nosso modo de vida. Nós, habitantes de Tânger, Túnis ou Rabat, nascidos nas décadas de 1940 ou 1950, vimos como nossas cidades mudaram, como cresceram, como os carros se multiplicaram, como, de tranquilas, nossas cidades se tornaram infernos, com engarrafamentos que entorpecem nossos nervos e envenenam nossos pulmões. Para remediar tudo isso, será preciso transformar todos os nossos centros urbanos em redes urbanas para pedestres, com transportes públicos ou assistência para deficientes totalmente elétricos. Este é o primeiro artigo de nossa convenção.

  A segunda fonte do mal que corrompe nosso mundo é o uso irresponsável e incontrolável do plástico. Basta ver o estado infernal da paisagem no interior indiano ou no delta do Nilo para entrar em pânico. O delta do Nilo, que, na época de Homero, era visto como o paraíso na terra, permanecendo dessa forma até a década de 1950, está hoje em dia totalmente coberto por camadas de plástico de vários metros. O lodo se transformou em plástico. Basta ver o campo quando nos aproximamos de nossas cidades, aqui no Magrebe, ou o entorno de nossos *souks* semanais de camponeses, onde o plástico reina de uma maneira insuportável. Isso começa a suscitar em nós o início do pesadelo indiano ou egípcio nilótico. Essa ameaça intolerável estará na origem do segundo artigo de nossa nova Tábua da Lei: "Não usarás o plástico!". Temos de agir para banir o plástico e encontrar material biodegradável para nossas embalagens. Ou, para nossas compras do dia a dia, o retorno à verdade humana; para dar fim aos despojos dos recipientes de leite, por exemplo, basta retorná-los ao leiteiro encarnado em homem que passa em seu horário, antes chamado de hora do leiteiro, visitando casa após casa para entregar a cada um sua parte necessária. Isso também dará trabalho a quem precisa.

  Finalmente, o terceiro artigo diz respeito à reciclagem. Precisamos reintegrar no circuito de nosso consumo todos os nossos resíduos. Nisso, a Técnica e as ciências podem ser de grande ajuda para nós, para limitar ao máximo a exploração de matérias-primas. Consequentemente, pela inventividade encontrada em sua positividade, será possível limitar a uniformização do mundo e privilegiar em todos os lugares o produto sujeito à arte e às vantagens do local. Local no duplo sentido da Natureza e da Cultura: naquilo que o clima traz e no que subsiste da tradição, na criação renovada de todos os saberes característicos dos lugares, que pertencem à memória dos lugares. Temos, assim, ao alcance da mão a oportunidade de participar desta emergência em que estamos. Assim, cada um de nós será capaz de agir para conter o mal que ameaça nosso mundo. Assim, teremos as condições para ser cidadãos do mundo, honrando o pacto cosmopolita.

A GRANDE SEPARAÇÃO[83]

O argumento apresentado para explicar a saída massiva de judeus das terras árabes e do Islã é a criação de Israel. Criação que foi a concretização da ideia sionista surgida no fim do século XIX. A incompatibilidade entre dois nacionalismos concorrentes, o nacionalismo árabe e o nacionalismo judeu, é frequentemente evocada, embora eles não tenham a mesma origem: o primeiro surgiu para lutar contra o colonialismo ocidental, o segundo foi, ele próprio, um fenômeno ocidental e de fascínio ocidental, quando de seu surgimento e durante sua realização. O sionismo é mimético da ideia europeia do Estado-nação. E mais, foi encorajado pela insuficiência da democracia baseada na liberdade e na igualdade que os judeus tentaram viver no Ocidente. Ora, essa liberdade, essa igualdade continuaram sendo marcadas pela longa tradição de opressão e ostracismo que os judeus haviam sofrido ao longo de sua história na cristandade. Mas me parece que esse argumento, por mais importante que seja, não é decisivo.

[83] Crônica transmitida em 23 de novembro de 2013 pela Médi 1.

A semente da grande separação de judeus e árabes, judeus e muçulmanos, foi lançada muito antes, no fim do século XVIII. Envolve o engajamento dos judeus na modernidade de origem europeia. Esse engajamento é duplo: é cultural antes de ser político. Existe num contexto histórico em que o cultural envolve o político, em que o político é induzido pelo cultural.

Uma obra judaica simboliza essa mutação. É aquela escrita por Moses Mendelssohn no fim do século XVIII e que tem como título *Jerusalém*. Essa obra emana do ambiente do Iluminismo alemão, o *Aufklärung*. Mendelssohn era amigo de uma das grandes vozes literárias do Iluminismo alemão, Lessing, o autor de *Natan, o sábio*, uma obra que mostra um sábio judeu, Natan, no contexto muçulmano liberal em que Saladino é o príncipe. Tudo isso acontece em Jerusalém depois das Cruzadas, na Jerusalém libertada por Saladino. Essa obra enaltece a grande era islâmica, quando o Islã se apresentava como referência de cultura universal dominante, quando o idioma árabe carregava uma relevância e uma competência que faziam dele uma língua franca de alcance internacional.

Além disso, naquela época, os judeus se exprimiam nessa língua, seu gênio havia florescido nela. De fato, entre o fim do século IX e o fim do século XIII, de Saadia Gaon, o primeiro grande escritor judeu de língua árabe, a Ibn Kammuna, o último grande escritor judeu dessa língua, os judeus produziram várias obras-primas em árabe. Na época da grandeza árabe, eles se uniram à cidade que lhes oferecia os instrumentos de seu desenvolvimento. Assim, honraram a santidade do espírito, quando essa mesma santidade raiava no horizonte da língua árabe.

Foi dessa época que o homem do Iluminismo, Lessing, extraiu os sinais prenunciadores dos novos tempos da modernidade que ele promove. Infelizmente, no mundo árabe e muçulmano do século XVIII, não se percebiam os novos tempos que estavam surgindo da fonte batismal na Europa; não se consideravam decadentes em comparação com seu próprio classicismo, que havia eclodido e se espalhado entre os anos de 700 e 1300, cujos valores haviam anunciado novos tempos. Essa carência e essa cegueira levaram os judeus a deixar essa territorialidade árabe, islâmica, para ir em direção ao Ocidente, para onde a santidade do espírito se movera.

A obra de Mendelssohn convoca os judeus a entrar nessa nova cultura, a aderir à nova lei que propõe uma cidade assentada na igualdade cidadã, sem levar em conta as diferenças de gênero, fé e etnia. Isso requer passar da lei dos antepassados à lei que está na base do Estado em gestação. Para manter a fidelidade a sua própria tradição, Mendelssohn convida seus correligionários a manter a verdade da lei dos antepassados em suas residências e a desfrutar do novo direito no seio da cidade. É essa dupla distensão, da casa à ágora, que será proposta aos judeus. Foram necessárias várias décadas para que a mensagem de Mendelssohn chegasse aos judeus do Oriente. Essa difusão ocorreu principalmente em francês, pela mediação da Aliança Universal e das escolas que ela fundou, do Marrocos à Ásia Menor e para além, por toda a margem sul do Mediterrâneo e nos Bálcãs.

É verdade que nenhuma dúvida poderia perturbar os espíritos, quando lhes foi proposto aderir a uma cultura que lhes traria a igualdade cidadã em substituição à condição de *dhimmî*, condição que garante proteção na humilhação da inferioridade. Essa igualdade cidadã proposta pelo Estado de Direito também fascinará os próprios muçulmanos: na década de 1830, no interior do próprio Império Otomano, na Tunísia dos beis[84], no Egito dos quedivas, havia uma vontade de se adaptar a esse Estado de Direito proposto pela Europa. Mais de 180 anos depois, em 2013, esse desejo ainda não foi realizado. No melhor dos casos, nos encontramos, nos países árabes e muçulmanos, na situação de "Estados incompletos"[85], para usar o título da obra do jurista tunisiano Ali Mezghani. É como se os judeus dos países árabes e muçulmanos, em

---

84 Título dado aos soberanos que eram vassalos do sultão. [N.T.]
85 Ali Mezghani, *États inachevés. La Question du droit dans les pays arabes*, Paris: Gallimard, 2011.

seu desejo de mudança histórica, houvessem pressentido as imensas dificuldades para que essa mutação se realizasse na estrutura de poder cuja gênese é islâmica. Acreditamos que é aqui que reside a razão fundamental da grande separação entre judeus e muçulmanos.

ARGEL, OU A BELEZA DA HIBRIDIZAÇÃO[86]

Algumas horas de caminhada em Argel nos apresentam uma história fervilhante. É incrível como esta cidade muito bonita torna o andarilho contemporâneo dos séculos anteriores! É a virtude das cidades que têm uma memória vívida. O conhecimento que temos delas é confirmado pelo contato que fazemos com as pedras.

Limitei-me desta vez quase exclusivamente à casbá. Mas, mesmo que só se queira ir até lá, é preciso percorrer a esplêndida cidade colonial, que se separou da casbá e de seus prolongamentos históricos para obedecer, a partir de 1840, a um esquema geral constituído por vias largas, pórticos, galerias, rampas e escadarias que serão sistematizadas na estrutura proposta em 1860 pelo arquiteto municipal, seu Haussmann, Charles Frédéric Chassériau, estrutura destinada a alicerçar as rampas e avenidas que articulariam os cais à cidade.

[86] Crônica transmitida em 25 de janeiro de 2014 pela Médi 1.

Também estive à procura da revista que publicou apenas duas edições dedicadas à parte patrimonial de Argel, revista que leva o nome dado à cidade na era antiga: *Icosium*, que quer dizer "A ilha das gaivotas" – gaivotas que não encontrei, tendo visto no azul do céu apenas o voo de pombos e rolinhas. E germinou em minha mente uma frase que poderia formar o verso com que o poema começa. Disse para mim mesmo: "Em Argel, as pombas estão de volta...".

É verdade que um ar de paz emergia de Argel, reforçado por um rumor abafado, contido e civilizado, que dá à cidade uma forma de silêncio atento ao outro, ao anfitrião, acrescendo valor suplementar à sensação de quietude. Apesar da ausência de qualquer vestígio disso, me pergunto por que emana de Argel a duração de sua antiga origem romana e latina, que sucedeu à era púnica, misturada com toques númidas. É em Argel que sinto, mais que em qualquer outro lugar, o primeiro cruzamento gerador de hibridização, entre latinidade e berberidade, entre expatriação e enraizamento, entre centro e periferia, entre ida e vinda, de uma margem à outra, encarnada com perfeição por Santo Agostinho, o filho da terra que se tornou um grande douto católico, magnificado na outra margem, de Milão a Pavia, para então retornar à África. O nome Icosium irradia dessa hibridização inicial. Antes de chegar à segunda hibridização, originada pela arabicidade e pelo Islã e que é trazida no novo nome da cidade, *Djezaïr Beni Mezghana*, a "Argel de Beni Mezghana", que corresponde à refundação zírida no século X, evidenciada pela mesquita mais antiga, no alto da casbá, a mesquita do século XI chamada Sîdî Ramdane, com seus tetos encimados por telhas vermelhas, com seu minarete com um padrão quadriculado do qual emerge uma silhueta, talvez almôada – em todo caso, bastante magrebina –, com suas nove naves perpendiculares à parede do *mihrab*, sustentadas por colunas maciças, dando ao espaço interior uma volumetria majestosa que projeta uma bela música, onde se alterna o jogo de luz e sombra, às vezes com lentidão, às vezes com pressa.

O geógrafo al-Bakri, em meados do século XI, já nos fala de uma cidade imponente e de todos os seus contrastes. Foi na véspera da chegada do almorávida Yusuf Ibn Tâshfîn à cidade, em 1082, onde ele construiu, em 1097, a Grande Mesquita com arcos polilobados e um espaço amplo, contendo um *minbar*, cujo estilo também é híbrido, entre hispanidade, arabismo e berberismo, com o rigor da abstração geométrica, um *mihrab* datado de 490 da hégira e assinado *Opus de Muhammad*. De Argel também nos chega esse lembrete do nome do artista, da assinatura que valoriza a obra de arte, algo que queremos atribuir a todo custo apenas ao Ocidente, enquanto também a temos em nosso patrimônio, como em Túnis, Toledo, Fez ou outros lugares. Nós encontramos sua confirmação em Argel.

Com esse monumento, Argel se situa na grandeza imperial dessa segunda hibridização. Até que veio o depósito da terceira hibridização, a que começou no fim do século XV, com a chegada maciça de judeus e mouriscos expulsos de Granada e da Espanha, aos quais se juntarão os turcos e todos os cristãos europeus que se tornaram notáveis da cidade após sua conversão ao islã. Hibridização de que também dão testemunho as mesquitas, a começar pela conhecida como Jamâ' Safar, no alto da casbá, datada de 941 da hégira, correspondente ao ano de 1534 da era comum, com o nome de seu patrocinador, Caïd Safar Ben Abdallah, um cristão convertido; mesquita cuja aparência híbrida nos transporta para os Bálcãs, entre aspectos característicos do cristianismo oriental e submissão ao programa do rito islâmico.

Não terei tempo de evocar outro trabalho que atesta a terceira hibridização, a Jamâ' al-Jdîd, chamada mesquita da Pesqueira, patrocinada em 1660 pelo dei Mustafa; também aqui, uma inscrição nos dá o nome do arquiteto, al-Hâj Habîb, "que fez um esforço criativo para construir esta mesquita". Mesquita essa que se assemelha a uma igreja de planta basílica, em forma de cruz. A terceira hibridização chega até a confusão entre igreja e mesquita. E é muito feliz essa confusão frutífera. Ela também surgirá durante a quarta hibridização, que será benéfica para a memória da cidade e de seus habitantes, aquela herdada do período trágico da colonização. É a de um patrimônio inscrito na memória da cidade, apesar do buraco mortal, deixado intacto, produzido pelos ataques a bomba dos *paras*[87] franceses à casa onde Ali la Pointe e o pequeno Omar se refugiaram, se recusando a se renderem à tortura – famosa cicatriz da batalha de Argel, que permaneceu vistosa e cuja visão emociona fortemente o visitante.

---

87 Paraquedistas. [N.T.]

NECESSIDADE DO OUTRO[88]

Um dos problemas que o islã enfrenta é a questão do Outro. Toda uma tradição procura escondê-lo, miná-lo, quando não o anular, proibi-lo. E essa tradição encontrou, com a obsessão pela identidade, um contexto favorável ao crescimento. É isso que leva ao exclusivismo, à autoadoração que abole a alteridade. Essa situação acaba sendo anacrônica porque, no pensamento moderno, o fundamento da ética passa pela experiência do outro.

[88] Artigo publicado em 16 de março de 2014 no site de notícias Leaders e, em seguida, em julho de 2014, na revista Esprit, baseado em uma crônica transmitida em 15 de março de 2014 pela Médi 1.

É o que Emmanuel Levinas nos convida a fazer, ao estender a todo ser humano o dever de responsabilidade que cada um pratica naturalmente com relação a seus entes queridos. Todo ser humano tem a condição de irmão, irmã, pai, mãe, filho, filha. Nossa subjetividade é configurada pela recepção do Outro. Todo sujeito é um Outro. E essa hospitalidade do outro em si faz de você refém do outro que lhe vem para defini-lo. De fato, a recepção do outro (correndo o risco de ser refém dele) define a subjetividade.

Essa recepção se torna um requisito de santidade. Temos de considerar o desconhecido do outro apenas em si mesmo, sem o reduzir às dobras do conhecido. Em nosso conhecimento do outro, não devemos fazer identificações que apaguem a alteridade radical. Devemos permanecer abertos ao mistério do outro. Também devemos sofrer o choque causado pela vulnerabilidade do outro, cuja sensação gera um sentimento de responsabilidade em relação a ele.

Para retornar à tradição do islã, a ruptura com a alteridade se manifesta em múltiplos planos. Primeiro, ela se expressa através do Todo-Outro (Deus) quando se torna inacessível, ausente, invisível, confinado em sua transcendência (*tanzîh*), pois, ao contrário, é alimento da superstição e do encantamento mágico quando é, embora ainda desconhecido, acomodado ao conhecido por meio do antropomorfismo (*tashbîh*). Felizmente, os sufis corrigem essa ruptura ao vivificar Deus, seja entre transcendência e imanência (Ibn 'Arabî analisa admiravelmente a tensão entre *tanzîh* e *tashbîh*, entre visível e invisível, entre figurativo e abstrato), seja o situando como o *lâhût* [divindade] em si, no *nâsût* [humanidade]: viver o divino no humano pela ação do *hulûl*, morada de Deus no homem (Hallâj).

Essa ruptura com a alteridade também aparece na relação do homem com a mulher. Nessa primeira experiência do outro pela qual o homem passa, o reconhecimento da vulnerabilidade da mulher não desencadeia no homem a responsabilidade, mas estabelece a desigualdade e a inferioridade, que neutralizam o problema da alteridade e a esvaziam de sua complexidade e de suas ambivalências.

Essa ruptura com a alteridade também é percebida na relação com o outro de outra crença: judeus, cristãos, pagãos, maniqueístas, masdeístas, zoroastristas, budistas e, mais perto de nós, os *bahâ'i*. Todo outro, do ponto de vista da crença, é ou negado a ponto de merecer a morte – como o pagão, o ateu, o apóstata ou aquele que acredita em uma religião pós-islâmica, como os *bahâ'i*, que violam o dogma que consagra a crença –, ou reconhecido em uma inferioridade que não pode mais fazer dele o sujeito por meio do qual se experimenta a alteridade: é esse o estatuto de *dhimmî*, que "protege", como inferiores, os "povos do Livro" (*ahl al-kitâb*), judeus, cristãos e os enigmáticos sabeus, que seguiam muitas crenças (dos neopitagóricos do Harrân aos zoroastrianos e outros budistas).

No entanto, no islã, no próprio texto corânico, é apresentada a matéria que pode nos conciliar legitimamente com a ética baseada na experiência da alteridade e a consciência de sua vulnerabilidade que envolve nossa responsabilidade em relação a ela. É o versículo 48 da surata v, *al-Mâ'ida* ("A mesa posta"), que cristaliza esse assunto. Esse versículo longo lembra que Deus não queria que os humanos constituíssem uma única comunidade no horizonte de uma única crença: a diversidade de crenças é desejada por Deus para que umas sejam experimentadas por outras. Assim, a alteridade como experiência de si mesmo, que está na base da ética proposta por Levinas, é literalmente um imperativo corânico. Essa dimensão ética é confirmada nesse mesmo versículo, que termina dizendo: pouco importa em que crença você se inscreva, o que importa é "encaminhar-se para fazer o bem". Assim, o critério da eleição divina não é mais a crença, e sim o ganho por meio da emulação ética.

Essa expressão corânica, "encaminhar-se para fazer o bem" (*istabiqû al-khayrât*), é encontrada em outro autor judeu de língua árabe, o *dayan*, o rabino Bahya ben Joseph Ibn Paqûda, o Andaluz de Saragoça. A expressão está presente na introdução de seu famoso tratado *Al-Hidâya ilâ Farâ'id al-Qulûb wa al-Tanbîh ilâ Lawâzim al-Zamâ'ir* [O guia dos deveres do coração e a advertência das obrigações de consciência]. Em seus escritos, a expressão corânica apenas passa da forma verbal (*istabiqû*) para o substantivo (*istibâq*). O imperativo "Encaminhar-se..." se torna, nele, "o encaminhamento" para o bem: a emulação entre si e os outros para fazer o bem é confirmada por um autor judeu com base em uma reminiscência do Alcorão, quase uma citação.

Ibn Paqûda parece conhecer o suficiente do texto corânico para se recordar do versículo que melhor cristaliza a ética baseada na experiência do outro. É o judeu submetido à condição degradante de *dhimmî*, que o diminui como outro; é o judeu humilhado que percebe nesse versículo a possibilidade de que a maioria que o humilha, o muçulmano dominante, tome o encaminhamento ético em que se experimenta o outro. A escolha desse versículo é ainda mais notável por pertencer a uma surata que reúne muitas maldades e anátemas contra judeus e cristãos. Encontramos escrito ali até mesmo que o muçulmano não precisa tê-los como *awliyâ*, como "parentes", "aliados", "amigos". Ibn Paqûda, no entanto, foi à essência. É como se tivesse lido instintivamente essa surata, conforme analisa Michel Cuypers em seu livro *Le Festin* [O banquete] (2007). Ao submetê-lo à chave interpretativa proposta pela técnica da "retórica semítica", aplicada desde o século XIX à Bíblia, Michel Cuypers mostra que a mensagem contraditória dessa surata encontra sua resolução ao classificar seu sentido em favor da ética aberta ao outro: de fato, os versículos que recorrem a um tipo de "teologia das religiões", em que as três alianças (islâmica, cristã e judaica) são legitimadas, têm uma alta intensidade retórica, enquanto os versículos exclusivistas que difamam o outro são de baixa intensidade retórica.

Trata-se, portanto, de um judeu escrevendo em um contexto religioso islâmico de meados do século XI (Ibn Paqûda) que prenuncia um judeu escrevendo em um contexto secular ocidental da segunda metade do século XX (Levinas). Pelos aspectos que analisamos, Ibn Paqûda propõe como premissa o que Levinas pensará depois, ao afirmar que a alteridade é experimentada fora da relação de poder, fora do ato do conhecimento que reduz pela identificação do desconhecido ao conhecido, fora da expressão da falta. É um pensamento também consoante com esta frase de Dostoiévski, frequentemente citada no contexto levinassiano: "Somos todos responsáveis por tudo e por todos, diante de todos, e eu mais que os outros". Eis uma fórmula que elimina da relação com o outro a relação entre dominante e dominado, entre superior e inferior, entre ofensor e ofendido, entre opressor e oprimido, ao mesmo tempo que investe sua própria responsabilidade após ser confrontado com a vulnerabilidade do outro. É como se Ibn Paqûda remetesse o muçulmano a essa verdade que vem de seu Livro Sagrado. Mais que isso, Ibn Paqûda também a usa por conta própria e a dirige aos seus.

A participação no encaminhamento para o bem se torna o critério da alteridade experimentada na igualdade. Qualquer desigualdade que desqualifica essa experiência é corrigida. É pelo encaminhamento, e somente por meio dele, que haverá um primeiro e um último. A hierarquia será estabelecida de acordo com a ordenação pela obra.

O mesmo Ibn Paqûda, em seus *Devoirs du cœur* [Deveres do coração], declara quanto deve aos outros. De fato, ele dirige seu trabalho aos seus: em seus escritos, ele iluminou os judeus ao repreendê-los. Traz aos seus uma ciência que ainda não nasceu entre eles e que floresceu desde o meio do século VIII entre os muçulmanos. É a ciência do *Bâtin*, do esotérico, da hermenêutica que leva ao significado oculto contido nas Escrituras. Significado que insiste mais na ética que na lei, que se dirige ao segredo dos corações, e não aos reflexos do corpo – comandados pela Lei, que inclui, ele lembra, "613 deveres". Para essa contribuição inaugural à tradição judaica, Ibn Paqûda se baseia primeiro em sua própria tradição das escrituras a fim de legitimar o advento dessa nova ciência que, além de não contradizer tal tradição, põe em ação o que alguns de seus aspectos têm em potência. Ele se inspira, em segundo lugar, na sabedoria de outros, que são os sábios do islã e, por meio deles, os sábios gregos. Portanto, encontramos nesse livro vários conceitos e termos técnicos pertencentes ao léxico sufista, como o *ikhlâç*, a "purificação"; o *tawakkul*, o "apoio em Deus"; a *muhâsaba*, a "introspecção"; o *zuhd*, o "desapego", a *mahabba*, o "amor". Mas, provavelmente, é a leitura do conjunto neopitagórico ismaelita a principal fonte de Ibn Paqûda, as famosas 52 Epístolas dos Irmãos da Pureza (*Rasâ'il Ikhwân al-Çafâ'*), datadas do século X e que migraram do Oriente para o Ocidente, do Iraque a al-Andâlus, no fim do ano 1000.

Ibn Paqûda legitima esse uso do outro referindo-se à própria tradição judaica. Sempre em sua introdução (tudo o que dizemos sobre os *Deveres do coração* se limita a nossa leitura das quinze páginas da introdução), o autor cita duas vezes o Sinédrio, palavra de origem grega usada pelos judeus para se referir às decisões atribuídas ao Tribunal Supremo do século I de nossa era, contando com 81 rabinos especialistas em direito. "Sinédrio" é o título de um dos capítulos do Talmude. É uma palavra que adapta o grego *sunédrion*, que significa "a assembleia". A primeira citação lembra que os judeus que vivem em outras nações agem segundo o exemplo dessas nações – mas frequentemente "eles não agem" como os virtuosos entre aqueles que povoam essas nações. Ibn Paqûda quer dizer com isso que nós, judeus que vivemos entre os muçulmanos, temos de imitar os virtuosos entre eles, aqueles que são dignos do imperativo do Alcorão que convida ao encaminhamento para o bem, acima das crenças, que incentiva a emulação ética, tornada o critério de eleição e salvação.

Lemos isso na segunda citação do Sinédrio: "Quem profere sabedoria adquire a condição de sábio, mesmo que seja gentio". Essa referência autoriza Ibn Paqûda a tirar proveito da sabedoria dos muçulmanos; ele chega ao ponto de colher a seiva de uma das flores do Livro Sagrado deles, mesmo quando tal Livro pede a substituição e a retificação do seu próprio.

Ibn Paqûda, com seus *Deveres do coração*, traz assim aos seus a sabedoria do outro até então inaudita, uma sabedoria que havia permanecido não manifesta em sua própria tradição. Por meio dessa imitação do outro, ele tornará real o que estava, entre os seus, em potência.

Esse é um belo exemplo medieval de uma ética que resistiu à experiência da alteridade, proposta pelo membro de uma minoria da cidade do Islã. Eis uma obra que atesta a diversidade que coloria essa cidade. Bela lição para os muçulmanos em falta – ou em ruptura – com a alteridade meditarem hoje.

Li esse livro na época dos últimos debates sobre a Constituição da Tunísia, em dezembro de 2013. Primeiro, fiquei emocionado com o fato de que a mesma palavra, *consciência (zamîr)*, está no centro tanto desse debate como desse livro: no debate, tratava-se de inscrever de maneira inaugural na língua árabe *Hurriyat al-Zamîr*, "liberdade de consciência"; no livro, é o *zamîr*, a consciência, que acolhe de si para si o tribunal ético organizado para o exercício diário da *muhâsaba*, da introspecção, para julgar sua competência ou insuficiência, seu desempenho ou seu fracasso no encaminhamento para o bem. Do mesmo modo, o conceito de consciência, de *zamîr*, estava operando eticamente na língua árabe há séculos. Bastava combiná-lo com o que o ser humano, mesmo que fosse o outro, trouxe a mais. Ao adotar a liberdade de consciência, nós, como tunisianos, imitamos o outro ocidental em seu avanço. Iluminamos, com essa contribuição de uma felicidade inaudita, a tradição da qual viemos.

Ao mesmo tempo, observo nesse debate a continuidade da ruptura com a alteridade. Manifesta-se particularmente pela recusa em incluir na Lei Fundamental a dimensão mediterrânea de nosso país, por mais óbvia que seja. A razão apresentada é que essa explicitação facilitaria o reconhecimento de Israel. Essa obsessão beira o absurdo. Ela aprofunda a ruptura com a alteridade. Essa é a fantasia que oculta. Essa apreensão injustificada nos afasta de tantos legados que nos constituem: púnico, latino, romano, bizantino, andaluz, otomano e francófono. Além disso, a fobia de Israel nos afasta de nossa parte judaica, ilustrada aqui pelo exemplo de um andaluz que escreve em árabe e que pode ser ilustrada por muitos exemplos do mesmo tipo depositados na *Africa, Ifrîqiyya*, primeira denominação em latim e em árabe da Tunísia, que se tornou a metonímia de um continente inteiro. Essa dimensão africana me traz de volta aos outros dois atributos da identidade tunisiana, estritamente continentais: berbere (destacando o tempo da glória númida, o de Jugurtha, figura de identidade do emir Abdelkader segundo Rimbaud em seu poema latino) e subsaariana, com todos os restos de escravidão reunidos por nossa cidadania.

Vejam que a realidade histórica e antropológica do país é muito mais rica que o caráter árabe-islâmico, o único explicitamente inscrito na Constituição que foi votada em 26 de janeiro de 2014. Vejo nessa ocultação a ilustração perfeita da ruptura com a alteridade como obsessão pela identidade. Temos os meios para repará-la com um material extraído precisamente desse legado árabe-islâmico. Esse legado, no que tem de melhor, foi honrado por um judeu que atua no horizonte corânico da ética fundada no outro. Um judeu medieval é, portanto, na boa lógica do Alcorão, mais relevante que muitos muçulmanos contemporâneos limitados pelo fanatismo. É o caso de alguns constituintes tunisianos, marcados pela ideologia exclusivista islamista ou pelo nacionalismo populista árabe anacrônico e igualmente exclusivista.

JUDEUS E ÁRABES, ENTRE COABITAÇÃO E CONVIVÊNCIA[89]

A questão judaica foi reacesa na Tunísia em maio passado [2014]. Foi por ocasião da peregrinação à Ghriba, a antiga sinagoga da ilha de Djerba, segundo a lenda, a sinagoga mais antiga da África, símbolo de um assentamento judaico que, em certas narrativas, remonta ao tempo de Davi, enquanto outras o situam na época da destruição do primeiro Templo, ou seja, por volta do ano 586 antes da era comum.

---

[89] Crônica transmitida em 7 de junho de 2014 pela Médi 1.

Historicamente, as primeiras menções documentais que atestam a presença judaica em Djerba datam do século XI, mas é provável que o assentamento judaico na ilha dos lotófagos seja da Antiguidade. Ele subsiste até hoje, um período em que as comunidades judaicas desaparecem das terras do Islã. Quando, em 1956, a Tunísia tinha 109 mil judeus em uma população total de 3,5 milhões de habitantes, Djerba tinha 4,5 mil judeus. Hoje, existem ali mais de 700, em uma comunidade nacional com apenas 1,5 mil membros, em um país onde vivem ao menos 11 milhões de pessoas. Isso mostra quanto as proporções mudaram, mas quanto essas proporções são favoráveis ao assentamento judaico de Djerba.

A peregrinação à Ghriba, que ocorre 33 dias após a Páscoa, atraía 8 mil peregrinos antes do ataque suicida de 2002, cometido por um tunisiano de 25 anos, membro da al-Qâ'ida. A partir daí, esse número se estabilizou em torno de 4 mil pessoas até 2011, o ano da revolução que gerou instabilidade e insegurança, o que levou ao grande declínio do número de peregrinos.

Neste ano, foram feitas promessas pelo novo governo, que não está mais sob hegemonia islamista. Contava-se receber até 3 mil peregrinos. No entanto, uma controvérsia política e parlamentar muito violenta sobre vistos concedidos a israelenses que viriam para essa peregrinação esquentou os ânimos. A ministra do Turismo, a corajosa Amel Karboul, foi acusada de ser pró-sionista, de ter visitado Israel, de ser uma ativista da normalização, famoso *tatbiy'* odiado e que alguns constituintes sonham em proibir, o que é impossível fazer por meio de lei no país. Enfim, a peregrinação ocorreu mesmo assim, 1,5 mil pessoas participaram, vindas da França, da Itália, de Israel. O sistema de segurança implantado foi dissuasivo. A peregrinação ocorreu de 17 a 19 de maio. Os participantes estavam felizes, satisfeitos.

Porém, menos de uma semana depois, precisamente em 22 de maio, os joalheiros judeus de Houmet Essouk, capital da ilha, foram insultados, atacados, e um deles foi esfaqueado. Os extremistas por trás do ataque gritaram "Khaybar! Khaybar!", em referência à batalha do Profeta e sua vitória sobre os judeus nesse oásis do Hijâz, localizado a cerca de 150 quilômetros de Yathrib (Medina). Batalha que ocorreu em 628 e que acabou por se tornar o símbolo da vitória dos muçulmanos contra os judeus; os judeus de Khaybar acabariam sendo expulsos pelo segundo califa, Omar, em 642.

Esse símbolo foi atualizado no contexto do conflito do Oriente Médio. Os palestinos cantam às vezes em suas manifestações: "*Khaybar, Khaybar, Yâ yahûd, Jaysh Muhammad saya'ûd*", lema que se traduz como: "Khaybar, Khaybar, ó judeus, o exército de Maomé vai voltar!". No contexto libanês, o *slogan* se torna: "*Khaybar, Khaybar, Yâ çahyûn, Hizb Allâh qâdimûn*", "Khaybar, Khaybar, ó sionistas, os Hizb Allâh [Hezbollah] estão chegando!". É, portanto, a esse mito que os extremistas islamistas se referiram em sua agressão, que pressupõe a expulsão, ou mesmo a retirada, dos judeus restantes.

Mas os judeus se defenderam política e democraticamente. Eles protestaram contra o ataque, pedindo aos joalheiros que entrassem em greve em 25 e 26 de maio. Um deles, Nehoum Mamou, disse à rádio Tataouine: "Pedimos às autoridades que levem em consideração a gravidade desse ato [...]. Somos cidadãos tunisianos. Não deveria haver diferença entre muçulmano e judeu em Djerba, a coabitação é necessária". A palavra-chave *coabitação* foi, portanto, pronunciada, assim como foi pronunciada, em 19 de maio, outra palavra-chave, *convivência*, pela ministra do Turismo, senhora Karboul, dirigindo-se a peregrinos da Ghriba. Essas são as duas palavras que esclarecem toda a questão envolvendo a relação entre judeus e muçulmanos em sua realidade histórica, como no conflito contemporâneo assombrado pela existência de Israel e envenenado pela questão palestina.

A palavra *convivência* é um neologismo em francês, calcado na palavra castelhana *convivencia*, cuja melhor ilustração na memória hispânica é precisamente o tempo medieval que os historiadores chamam de "Espanha das três culturas", quando, entre os séculos IX e XII, eclodiu o período de civilização em que tanto o gênio judeu quanto o cristão e o muçulmano eram expressos em árabe. Essa realidade histórica deveria constituir a arqueologia de nossa contemporaneidade.

A palavra *coabitação* é encontrada no importante livro de Judith Butler *Caminhos divergentes: judaicidade e crítica do sionismo* (2013), em que a filósofa judia norte-americana construiu a possibilidade de um Estado binacional que iria além das identidades judaica e árabe na Terra Santa. É um livro muito bonito, bonito porque justo. Segundo a filósofa norte-americana, o confronto judeus-árabes, judeus-muçulmanos-cristãos, na terra histórica da Palestina, pode apenas se transformar em um espaço de coabitação para todos. É um livro em que a autora debate extensivamente com os palestinos Edward Said e Mahmoud Darwish, com os judeus Hannah Arendt, Martin Buber, Emmanuel Levinas e Walter Benjamin. Trata-se de uma abordagem ética que não esconde o outro. Assim, a exigência feita por um judeu da Tunísia, o dever, a necessidade e o imperativo da coabitação de judeus e muçulmanos na Tunísia, é idêntica para israelenses e palestinos. É por essa abordagem que devemos entender toda a questão da relação entre judeus e muçulmanos, seja na Tunísia, seja na Terra Santa, e é isso que nos distanciará dos mitos exterminadores proferidos, uns contra os outros, por todos aqueles que privilegiam a violência.

# ARQUEOLOGIA DO CONTEMPORÂNEO

DERROTA DA RAZÃO[90]

O vaabismo que se apresenta como salafismo não é uma invenção nova, específica dos tempos modernos aos quais pertence o século XVIII, em que viveu Ibn 'Abd al-Wahhâb, o doutor que deu origem a uma leitura extremamente redutora da Tradição, ligando o islã às trevas. É necessário retornar ainda mais para identificar o momento em que as sementes do mal foram plantadas. Nesse percurso, encontramos o momento em que o *naql*, a submissão à Tradição, triunfou sobre o *'aql*, a razão. A partir desse triunfo, o mimetismo se generalizou, em detrimento do discernimento. É aí que se situa a vitória do islã do *hadîth* sobre o islã do Alcorão, parafraseando o título do livro escrito por George Tarabîshî, *Min islâm al-qur'ân ilâ islâm al-hadîth*[91].

---

[90] Coluna publicada em 23 de dezembro de 2012 no *site* de notícias *Leaders*, baseada em uma crônica transmitida em 22 de dezembro de 2012 pela Médi 1.
[91] George Tarabîshî, *Min islâm al-qur'ân ilâ islâm al-hadîth*, London/Bayrūt: Dâr as-Sâqî, 2010.

Esse livro é a quinta parte de um políptico no qual o autor tenta desconstruir o conceito de razão árabe tal como concebido por Muhammad 'Âbid al-Jâbrî. Este último acredita que a mística e o pensamento gnóstico, ambos de origem estrangeira, sufocaram a razão no espaço da língua árabe e no âmbito da crença islâmica. Na realidade, as razões para a derrota da razão são internas à cultura islâmica. George Tarabîshî situa essa derrota na vitória dos mestres do *hadîth* e no estabelecimento do que ele chama de "ideologia do *hadîth*" (*hazîmat al-'aql ma'a intiçâr al-idiyûlûjiyya al-hadîthiyya*).

Ele não é o primeiro pensador a atribuir o fechamento do arcabouço islâmico à universalização da referência ao *hadîth*, que priva a potência corânica do ato interpretativo que teria dado ao Islã uma dinâmica capaz de ajudá-lo a se adaptar à evolução histórica e dos costumes. Esse potencial teria trazido ao sujeito islâmico a possibilidade de acessar, pelo Alcorão, o primado da ética que teria relegado ao segundo plano o escopo jurídico e político do texto. Essa mesma intuição levou o pensador e historiador Muhammad Tâlbî a se considerar muçulmano apenas com base na fonte escritural[92] do Alcorão. Tal descoberta também conduziu Gamal al-Bannâ, que, distinguindo-se de seu irmão mais velho Hasan al-Bannâ, fundador da Irmandade Muçulmana, desconfia do *hadîth*, contesta sua historicidade, percebe nele apenas um uso ideológico reducionista que tem bloqueado a razão e reforçado o conservadorismo nas sociedades.

Além disso, a mediação do *hadîth* levou tanto a filosofia quanto a teologia especulativa (*'ilm al-Kalâm*) a serem perseguidas. A primeira conduziria ao ateísmo (*ilhâd*) e a segunda levaria à heresia (*zandaqa*). Tarabîshî recorda uma *fatwâ* famosa, emitida por um dos *ahl al-Hadîth*, um dos mestres da Tradição, Ibn Çâlih (morto em 642 da hégira), que proíbe ao filósofo o direito citadino:

---

[92] No original *scripturaire*, que tanto pode se referir ao Alcorão quanto às escrituras bíblicas. [N.T.]

> A filosofia é o cume da mentira e da dissolução, é a matéria da perplexidade e do erro, suscita a dissensão e a heresia, e quem filosofa não discerne mais os benefícios da *sharî'a* [...]. Quanto à lógica (*al-mantiq*), é a porta de entrada da filosofia, e a porta que leva ao mal é, em si, um mal; dedicar-se a seu ensino ou sua aquisição não é autorizado pelo Legislador (*al-Shârî'*), nem por nenhum dos companheiros (*çahâbas*), nem por aqueles que os seguiram (*al-Tâbi'în*), nem pelos imãs escrupulosos, nem tampouco pelos ancestrais devotos (*salaf al çâlihîn*) [...]. É dever do príncipe proteger os muçulmanos do mal espalhado por esses ímpios, ele deve eliminá-los das escolas, bani-los; ele também deve castigar qualquer um que pratique sua arte e apresentar àqueles em que surgirem as crenças dos filósofos a escolha entre a ponta da espada ou o retorno ao islã; para que o fogo se extinga para sempre e seus vestígios sejam apagados.

Essa ideologia baseada no *hadîth* também é a fonte do fim da diversidade que havia caracterizado o Islã em seus primeiros séculos, repleta de controvérsias apaixonadas e com uma cultura que confronta identidade e diferença, que encoraja a discordância e a elucida. Essa diversidade é corânica. É o único escrito, entre as religiões do Livro, que reconhece um fundo de verdade em outras crenças, e a partir disso é possível pensar uma teologia das religiões, capaz de oferecer uma estratégia de alteridade que apresente um protocolo de acolhida ao estrangeiro sem escamotear o fato de que essa acolhida só pode ocorrer na ambivalência entre hostilidade e hospitalidade.

No entanto, sustenta Tarabîshî, essa diversidade será desviada por um *hadîth* forjado para esse fim: "Minha comunidade será dividida em setenta seitas, entre as quais apenas uma será salva". O povo da Tradição reivindicará essa seita para impor a identidade e excluir a diferença. Tanto que os mecanismos casuísticos propostos por Abû Hanîfa e, em menor grau, por Mâlik Ibn Anas sofreram um tipo de obsolescência. Trata-se do recurso ao *ra'y*, julgamento, apreciação, opinião pessoal, na ausência de um referente explícito nas escrituras; ou, ainda, o uso do *qiyâs*, da analogia, para esclarecer um caso desconhecido por meio de um caso conhecido. Essas duas operações do *fiqh* [casuística] têm como instrumento a razão, que seja *a minima*. O objetivo, no entanto, era derrotar a razão. Assim, foi necessário inventar inúmeras referências nas escrituras para esclarecer todos os casos que surgissem até o fim dos tempos. Daí a proliferação de *hadîths*, de modo que a submissão ao texto obscurecesse o uso desviante da razão que perturba o consenso (*al-ijmâ'*), o terceiro princípio do método *fiqh*, que será privilegiado para encerrar o desacordo, a *ikhtilâf*, provocada pelo *ra'y* e pelo *qiyâs*.

Essa operação de grande envergadura consegue impor uma visão globalizante que investiga os mínimos detalhes da vida cotidiana para intervir na maneira de comer, urinar, evacuar, fazer amor, dormir, levantar-se, saudar, espirrar, arrotar, gargarejar, cuspir, propondo a cada um desses atos vitais, vis ou nobres, um modelo de conduta de acordo com os ditos e os atos do Profeta e daqueles que estiveram em seu entorno ou que o seguiram imediatamente.

Portanto, é sobre essa base que o vaabismo pôde eclodir, antes de exercer sua hegemonia por todo o espaço do Islã, da Indonésia ao Marrocos, em uma expansão apoiada pela riqueza do petróleo, percebido, aliás, como uma graça, como uma bênção divina. O vaabismo que se autodenomina salafita tem sua matriz já configurada na própria história do Islã, desde o século v da hégira, numa época em que a ideologia do *hadîth* prevaleceu, privilegiando o *naql* em detrimento do *'aql*, o mimetismo tomando o lugar do discernimento.

Para nos convencermos, inspiremo-nos, seguindo o exemplo de George Tarabîshî, nestes trechos de autoria do imã Abû al-Mudhaffar al-Sama'ânî (morto em 489 da hégira):

> O caminho da religião é obedecer aos mandamentos e impregnar-se deles. Enquanto o método da razão é condenado pela Lei Religiosa, que proíbe seu uso [...]. Por que um muçulmano precisa pensar e

argumentar quando Deus o dispensou de fazê-lo? [...] Pois não pereceram, não se desencaminharam, não blasfemaram, não se perderam, não se tornaram infiéis ou incrédulos aqueles que utilizaram sua razão, aqueles que seguiram as opiniões dos filósofos antigos e atuais? E não obtiveram a salvação aqueles que, em contrapartida, seguiram as tradições dos Mensageiros e imãs bem guiados entre os *salaf*, os ancestrais devotos? [...] Saiba que, para o povo da Tradição (*ahl al-Sunna*), a razão não retém nada e não exclui nada, não participa da distinção entre lícito e proibido, entre bem e mal; sem obediência, sem aplicação mecânica, nenhuma prescrição seria observada; e ninguém seria responsável pela recompensa e pelo castigo [...]. Ai daqueles que, recorrendo a sua razão, seguiram o caminho que leva a Deus; eles substituiriam os profetas por essa razão: imagine alguém que dissesse: "Nenhum deus, exceto Deus, a Razão é o Mensageiro de Deus", essa pessoa seria posta entre os condenados [...]. Na religião, existem o racional e o irracional, e ambos ditam obrigações... Saiba que o que nos separa dos inovadores (*al-mubtadi'a*) é a questão da razão. Eles baseiam sua religião no racional, submetem a obediência aos critérios da razão, de modo que negligenciam boa parte daquela. Quanto ao povo da Tradição (*ahl al-Sunna*), eles proclamam que seu princípio é estar em conformidade com a norma, aplicá-la e segui-la; e as razões têm como tarefa apenas obedecer, aplicar, seguir, sem questionar. Quando temos de obedecer a algum mandamento religioso, se, com base em nossa razão, compreendemos, damos graças a Deus; e, se não conseguimos nem compreender nem entender, se descobrirmos que estamos diante de algo que nossa razão não pode conceber, acreditamos nele e o reconhecemos.

Esses excertos do tratado intitulado *Al-Intiçâr li-ahl al-Hadîth* ("Vitória do povo da Tradição") são sintomáticos. Eles estabelecem um estado de espírito que torna a ortopraxia instintiva; esse estado faz da adoração o critério central do sentimento religioso. Sob seu controle, uma sociedade inteira se submete à autoridade teológico-política. Esse estado de espírito, que triunfou em nossa tradição, torna o meio islâmico capaz de receber a mensagem vaabita, quando não islamista. E a visão globalizante da Tradição se transforma em totalitarismo quando é imposta a seres humanos do nosso tempo, que também experimentaram a liberdade e desfrutaram da autonomia do indivíduo.

Certamente, sabemos que a parcela do irracional é central na razão moderna. Essa precaução é explícita na poesia, na filosofia, desde o século XIX. Primeiro com Hölderlin, que restaurou a figura de Dionísio, pondo-a lado a lado com a de Cristo na encenação do deus que morre e ressuscita. Em seguida, com Nietzsche, que colocou em tensão a razão da luz, encarnada por Apolo, e a noite escura que se aloja em nós, representada por Dionísio. É verdade que, por terem examinado a área amaldiçoada, os dois mergulharam na loucura. O acesso à verdade humana é um perigo. Mas, sem esse risco, não se obtém aquilo que salva.

Seja como for, não é essa irracionalidade necessária que é posta em jogo pelos *ahl al-Hadîth*. Eles usam um estratagema: relatam a parte que nos escapa, que nos excede; e, para nos poupar do perigo (o único que faz crescer aquilo que salva), dão cabo à razão, a destituem, derrotam, aniquilam e estabelecem em seu lugar o princípio da obediência que está na base da Tradição.

Assim, substituindo o discernimento pela imitação, o julgamento crítico é ofuscado. A liberdade é encarcerada. Portanto, a persistência do irracional, do irracional necessário, que sobrevive no traço pagão recuperado e enquadrado pelo monoteísmo, esse irracional que encena excesso e desmesura, o trágico e o dionisíaco, esse irracional ainda vivo no sufismo popular e no teatro do transe, irracional que só é válido quando entra em tensão com a razão, essa persistência constitui um ato de resistência aos *ahl al-Hadîth*, aos guardiões da Tradição, à sua ideologia alienante que exige tanto a destruição dele quanto a destruição da razão.

Cabe a nós perpetuar a resistência para salvar nesse combate interior, pelo mesmo gesto, a razão e o irracional que a sustenta.

ISLÃ E OCIDENTE[93]

Gosto de profecias que são confirmadas pela história. Gosto dessas profecias que não são produto da clarividência, mas da razão e da análise. Já havia entendido sob essa perspectiva a conferência de Renan *O que é uma nação?*, escrita e proferida em meio a um clima de conflito entre Alemanha e França na década de 1880. Primeiro, essa conferência me fez compreender por que a unidade árabe é algo fácil de imaginar, mas difícil de alcançar. Porque, de acordo com Renan, o que faz uma nação não é a unidade religiosa, nem a unidade linguística, nem a unidade histórica, nem a continuidade geográfica. É o desejo de coabitar, obtido por meio da técnica política que constrói uma narrativa comum, capaz de ser compartilhada; é isso que, acima de tudo, forma uma nação. Além disso, a profecia desse texto reside em algumas frases que afirmam que a Europa, em decorrência do choque entre nações, experimentará as piores guerras registradas na história, antes de ser condenada a se unir e se confederar. No limiar do século XX, Renan revela esse tempo e seus segredos.

---

[93] Crônica transmitida em 23 de fevereiro de 2013 pela Médi 1.

O segundo texto que pertence a esse tipo de profecia é o de Simone Weil, filósofa que, em meados de 1943, na véspera de sua morte, escreveu uma carta aberta ao povo da França sobre a questão colonial em que previu a derrota da Alemanha nazista, tirando do fim iminente da guerra uma dupla consequência: o líder do mundo serão os Estados Unidos, que apoiarão o fim dos impérios coloniais, e é preciso se preparar para esse fim dos impérios, especialmente o povo francês. Afinal, os próprios Estados Unidos foram uma colônia que ganhou independência. Assim, o hiato entre o tempo histórico, previsto por Simone Weil, e o tempo político originou um cemitério inútil: o que deveria ter sido feito, por exemplo, na Argélia em 1945 não ocorreu até 1961. Um hiato de dezesseis anos completamente inútil, que custou 1 milhão de mortes. Porque o inevitável da independência, consequência da Segunda Guerra Mundial, não poderia ser eliminado. Os políticos apenas o retardaram.

Acrescento a esses dois textos proféticos um terceiro que acabei de descobrir, escrito em 1947 pelo historiador inglês Arnold Toynbee, *L'Islam, l'Occident et l'avenir* [Islã, Ocidente e futuro]. O texto mostra, de forma explícita, aquilo que vivenciamos há meio século e que continua sendo o cerne de nossos noticiários. Diante da ocidentalização do mundo, o Islã, segundo o historiador inglês, reage de duas maneiras: há quem a recuse, recorrendo ao arcaísmo islâmico, e há quem decida se ocidentalizar. Tomando como referência os judeus que tiveram de enfrentar a romanização do mundo no século I de nossa era, ele chamou os representantes da primeira tendência de zelotes e os da segunda corrente de herodianos, ou seja, partidários de Herodes. Ele observou em particular que, entre os zelotes, estavam os vaabitas. Depois de Muhammad 'Alî, o herodiano mais bem-sucedido é Mustafa Kemal, também conhecido como Atatürk. Se o texto tivesse sido escrito no fim da década de 1950, sem dúvida Toynbee teria acrescentado Bourguiba entre os grandes herodianos. Por si, no entanto, as duas respostas islâmicas à ocidentalização permanecem insuficientes. A primeira é ineficaz porque sua maneira de fazer a guerra é muito arcaica. Seu desejo de guerra só pode ser frustrado pelo poderio técnico do Ocidente. Já a segunda seria apenas uma imitação estéril.

Mas Toynbee realmente se mostra um profeta quando, por um lado, prediz um conflito feroz entre as duas tendências no próprio interior do Islã. Pode-se avaliar que a divisão social e política que se manifesta hoje no Egito e na Tunísia é expressão desse conflito anunciado por Toynbee. Ele também se mostra profeta quando, por outro lado, prevê a possibilidade de um sistema mundial instaurado pelo Ocidente, mas do qual o mundo todo faria parte. Em resumo, prevê aquilo que chamamos de globalização ou mundialização. Segundo o historiador, o Islã pode contribuir para esse sistema, alimentando o proletariado cosmopolita. Isso, a princípio, ocorreu com o fenômeno da emigração. Também ocorreu com o fortalecimento do Islã na Ásia e na África, nas Filipinas, por exemplo, ou em todas as regiões do que chamamos Sahel, onde pôde preencher o vazio espiritual legado pelas destruições causadas pela ocidentalização do mundo. Por essa razão, o Islã pode mobilizar um protesto antiocidental ou, ao menos, exigir a destituição da liderança ocidental do sistema estabelecido em escala mundial pelo Ocidente. É inegável que, confusamente, um protesto como esse possa tomar como referência o Islã, o qual, segundo Toynbee, pode reparar dois males gerados pelo Ocidente: os estragos da ideologia racial e do álcool, especialmente no proletariado e nas classes mais baixas. Ele se refere à calamidade do nazismo, é claro, seguida pelas do racismo norte-americano e do *apartheid* na África do Sul. O Islã sem dúvida participou da luta contra esses flagelos, mas a superação desses problemas, especialmente nos Estados Unidos e na África do Sul, exigiu outras energias, que se manifestaram no impulso dado por Mandela à África do Sul e no processo que acabou levando Obama, um homem negro, à Casa Branca. O fato é que um protesto antiocidental é viável porque o Islã consegue mobilizar em seu nome. Sabemos, contudo, que essa mobilização não será histórica. Não causará uma inflexão na história. Não estará à altura dos heróis do Islã primitivo, que interromperam mil anos de helenismo na Síria e no Egito. Tampouco à altura da resistência que o Islã produziu com Zengi, Nûr al-Dîn, Saladino e os mamelucos, heróis que derrotaram dois perigos mortais para o Islã: expulsaram os cruzados e desfizeram e absorveram por conversão o fluxo irreprimível dos mongóis, entre o fim do século XI e o fim do século XIII.

Entendemos que a segunda hipótese apresentada por Toynbee será confirmada pela história, a de um mundo harmônico, que chamaremos de pós-ocidental, no qual participariam muçulmanos herodianos, ao lado de outras forças não ocidentais, japonesas, chinesas, indianas, africanas. Então, os herodianos não estariam mais reduzidos à imitação estéril da humanidade ocidental, e sim enriqueceriam o mundo com aquilo que os distingue.

LIÇÃO DA ÍNDIA[94]

Como eu queria que nós, magrebinos, aprendêssemos a lição da Índia no que diz respeito à positividade e à integração do legado colonial como uma parte de nós mesmos que nos pertence por direito. Como eu queria que assumíssemos conscientemente a parte do Ocidente que de todo modo está em nós e que nos veio da era colonial. Não que tenhamos de nos tornar os mestres do coro do colonialismo, longe disso. Não, sua abominação, o racismo que o governava, a hipocrisia de seu álibi civilizador, tudo isso é incontestável. Precisamos simplesmente assumir nossa história e ter orgulho do que nos tornamos após o período colonial, detestável por si só, mas que nos legou uma positividade que nos fez progredir. Não temos de legitimá-lo pelo que foi. Temos simplesmente de assumir nossa história.

[94] Crônica transmitida em 1º de dezembro de 2012 pela Médi 1.

Acabei de fazer uma longa viagem a Bengala Ocidental, iniciada em Calcutá, e por toda parte notei em que medida a narrativa constitutiva da nação descreve a contribuição do período colonial para o patrimônio nacional. Isso está presente em vários museus que visitei. A narrativa proposta ao povo, que visita esses museus em grande número, não esconde de forma alguma essa contribuição. É o caso do palácio das mil portas, o Hazardwari, da antiga capital do nababo de Bengala, um palácio em estilo ocidental neoclássico, construído por um arquiteto militar inglês para o nababo em meados do século XIX. Transformado em museu, exibe a pintura colonial como pertencente ao patrimônio nacional. Mostra também que a ocidentalização das artes sob a autoridade mogol não esperou pelo colonialismo. A descoberta dos costumes ocidentais foi adotada já no século XVII. Mesmo aqui, em Murshidabad, a galeria de retratos dos nababos de Bengala que se libertaram, no século XVIII, do imperador mogol mostra a série de nababos e vizires retratados por pintores locais à moda europeia, em óleo sobre tela emoldurada. Desse museu, guardarei na memória uma pintura muito bonita, intitulada *A Royal Lady* [Uma dama real], pequena (60 cm × 40 cm), assinada por S. A. Murza e datada de Aurshidabad, 1935, que pulveriza totalmente a arte orientalista da odalisca ao mesmo tempo que adota seu esquema e seu cenário. Essa pulverização ocorre simplesmente por meio da reapropriação do tema e da maneira com que remove da odalisca a frieza exibicionista dada por Ingres ou o erotismo que às vezes caía na vulgaridade pornográfica pela pictórica dos mestres orientalistas menores. A interiorização e a reapropriação do tema se realizam no olhar amoroso compartilhado pelo homem e pela mulher, quase deitada, em cuja direção ele caminha. Ela está receptiva, afável, desejosa. Ele lhe é grato, amigável, conivente, assumindo sua parte feminina, também desejoso, sem buscar a dominação. O relacionamento intersubjetivo humano, demasiado humano, reorienta totalmente esse tema ocidental, fabricando um Oriente imaginário. Quando o oriental adota o tema ocidental do Oriente, ele restitui o Oriente a si próprio e à verdade humana que ele carrega.

Ainda em Calcutá, a Asiatic Society [Sociedade Asiática], fundada por *sir* William Jones em 1784, segue em atividade. Fiquei feliz em ver lá o retrato de seu fundador, que fez tanto bem às culturas orientais ao apresentá-las aos europeus. Foi principalmente ele quem revelou a esse mundo o extraordinário gênio poético da primeira poesia dos árabes, traduzindo o *Mu'allaqât* para o inglês. Sua tradução possibilitou que as odes da Jâhiliyya, nosso esplendor literário, fossem conhecidas por Goethe, que ficou tão fascinado por elas que as recebeu com muita hospitalidade e entusiasmo. Indira Gandhi, quando era primeira-ministra da Índia, celebrou o bicentenário de fundação da Asiatic Society – uma estela comemorativa na entrada comprova o fato –, celebração essa que ocorreu em 11 de janeiro de 1984, transcrita em inglês e bengali, tanto em alfabeto latino como em sânscrito.

O ápice da integração colonial à consciência nacional e de seu método, porém, é ilustrado pelo memorial dedicado à rainha Vitória. É um gigantesco complexo neoclássico em mármore branco que lembra o monumento dedicado à unidade italiana em Roma, perto do Fórum. Esse imenso monumento também lembra os múltiplos monumentos dos estados nos Estados Unidos. Certamente é indigesto, mas o que importa é que os indianos de hoje o integram a sua história. Eles o transformaram em museu e, no imenso salão central, duas estelas trazem citações da rainha Vitória em quatro idiomas: inglês, bengali, hindi e farsi. Essas citações são lidas e assumidas pelos indianos como pertencentes a sua história. A primeira foi extraída da declaração da rainha inglesa em Allahabad em 1º de novembro de 1858, falando sobre o respeito aos direitos, à dignidade e à honra dos príncipes hindus como súditos de sua majestade. A segunda é retirada da mensagem da rainha ao assumir seu título de imperatriz da Índia, datada de 1º de janeiro de 1877. Diz isto, em particular: "Sob nosso poder, serão assegurados os grandes princípios de liberdade, equidade e justiça...". Não importa que isso tenha sido puro álibi, pura mentira. O museu é responsável por mostrá-lo, ao fazer com que a pintura colonial seja seguida pela pintura bengali inspirada por ela, porém, mais uma vez, completamente redirecionada pela reapropriação, como o retrato de Rammohun Roy pintado em óleo sobre tela por Atul Bose, obra grande, de dois metros por três. O reformador é apresentado à maneira clássica, à moda holandesa do século XVII. É a primeira personalidade pertencente à elite que invoca a consciência nacional e o desejo de direitos democráticos, condenando o discriminatório *Jury Act* de 1827[95]. Ele também denunciou, muito cedo, a miséria dos camponeses. Exigiu ainda a indianização da administração e a separação entre Executivo e Judiciário. Foi o primeiro ativista constitucional. Desde 1828, ele imaginou uma Índia livre, prevendo que o poder britânico geraria uma classe média esclarecida que, em nome dos próprios princípios do colonizador, exigiria a emancipação do país.

Esse conjunto muito bonito do papel da literatura e do pensamento nacional que assimilou o Ocidente sem trair sua própria tradição sucede ao período colonial no mesmo museu. Um tributo especial é dedicado aos membros da família Daniel, Thomas e seu sobrinho William, pintores das *Oriental Scenery* [Paisagens orientais], que eternizaram as paisagens de 1788 a 1793 em quase toda a Índia. Com essas pinturas, os indianos dispõem de evidências históricas da situação dos monumentos, lugares e pessoas no fim do século XVIII. Eles têm, portanto, documentos de arquivo feitos por meio da pintura.

Isso me lembra uma observação de Abdallah Laroui em um de seus livros, lamentando a ausência da pintura entre nós, no Magrebe, o que empobrece a documentação histórica. Os indianos são gratos aos ingleses, que repararam essa deficiência até o nascimento da pintura nacional pela imitação, assimilação e reorientação do traço colonial. Essa é a lição que, como magrebino, recebo de minha visita a Calcutá e Bengala Ocidental. Sonhemos com um museu no Marrocos que assumiria Lyautey e reconheceria seu espaço na construção do Marrocos moderno, assim como descreveria a contribuição de um Silvestre de Sacy, de um Louis Massignon, de um Jacques Berque.

[95] Medida aprovada pela administração colonial britânica na Índia que proibia que cristãos fossem julgados por hinduístas ou muçulmanos, mas permitia o contrário. [N.T.]

ARABICIDADE DO JUDEU[96]

Ahmed Sha'lân, professor de hebraico da Universidade de Rabat, acaba de oferecer ao público a edição do tratado místico *Al-Hidâya îlâ Farâ'id al-Qulûb* [O guia dos deveres do coração], escrito no fim do século XI, em árabe, pelo *dayan* judeu, o rabino Bahya ben Joseph Ibn Paqûda, o Andaluz de Saragoça. Além do gesto científico envolvido, a publicação desse texto em árabe, destinado ao público de língua árabe, tem um alcance considerável. Porque resgata a obra e a devolve ao espaço árabe, que é o espaço do pensamento e do ser desse eminente autor judeu.

[96] Crônica transmitida em 30 de março de 2013 pela Médi 1.

Claro, sabemos que nos tempos medievais, do século IX ao XII, havia toda uma preciosa biblioteca judaica escrita em língua árabe que se inseria na cultura dominante da época, que era a cultura islâmica. Mas a primeira ação de resgate vem da operação liderada pelo professor Sha'lân, que consiste em transcrever o texto árabe-judaico para os caracteres árabes. Isso porque todas as obras judaicas medievais em língua árabe haviam sido transcritas pelo autor em alfabeto hebraico. Essa transcrição original mostrava que esses autores queriam se dirigir exclusivamente aos judeus, que o leitor de língua árabe fora excluído. Essa passagem de uma transcrição para outra traz de volta a herança judaica presente na língua árabe para a consciência patrimonial dos árabes. De fato, temos de integrar em nossa memória a parte judaica que participou de sua formação, ao alimentá-la.

Além disso, na leitura jubilosa desse tratado de Ibn Paqûda, elaborado em uma linguagem bela, qualquer leitor minimamente informado, sem necessariamente ser especialista, observa esse caminho que leva à aplicação dos deveres do coração. Ao ler tal tratado, portanto, o leitor familiarizado com a literatura sufi se descobre em território conhecido, em zona familiar. Obviamente, por trás desse texto composto no fim do século XI, reconhecemos os grandes tratados sufistas anteriormente compostos por espiritualistas muçulmanos. Descobrimos nele, como lembra o professor Sha'lân em seu prefácio, a marca dos escritos dos Irmãos da Pureza, através dos quais passa o emanatismo neoplatônico, que é chamado *al-Fayd* em árabe, pelo qual passa também o processo de purificação característico dos pitagóricos. Em suma, por meio dessa referência ao *Ikhwân al-çafâ'*, cujas cartas datam da segunda metade do século X, reconhecemos que a assimilação da parte grega por Ibn Paqûda ocorreu tal como fora antes integrada ao classicismo árabe. Além dessa referência, encontramos o efeito da literatura sufi *stricto sensu*, como os escritos de Muhâsibî de Basra (morto em 857), de Abû Sa'îd al-Kharrâz (morto por volta de 890), de Abû Muhammad al-Tustarî (morto por volta de 898). Além disso, há os cinco primeiros manuais do sufismo, todos posteriores à morte de Hallâj, ocorrida em 922, e ao trauma que ela deixou na consciência muçulmana.

Citemos estes cinco manuais que recapitulam os três primeiros séculos da experiência sufi: eles são, em ordem cronológica, o de Sarrâj (falecido por volta de 988), seu *Kitâb al-Luma' fî al-Taçawwuf*; o de Abû Bakr al-Kalâbâdhî (morto por volta de 991), seu *Ta'arruf li-Madhhab al-Taçawwuf*; o de Abû Tâlib al-Makkî (morto por volta de 996), seu *Qût al-Qulûb*; o de Abû Nu'aym al-Açbahânî (falecido por volta de 1037), sua *Hikâyât al-Awliyâ'*; e, finalmente, o de Qushayrî (falecido por volta de 1072), sua *Risâla fi 'ilm al-Taçawwuf*. Toda essa literatura marca profundamente o texto de Ibn Paqûda. Ele usa os mesmos termos técnicos, se situa deliberadamente no referencial teórico e prático sufi. A única diferença é que, onde o sufi se baseia na sagrada referência do Alcorão ou dos *hadîths*, Ibn Paqûda se baseia em suas próprias Escrituras e na literatura rabínica, ou seja, a Torá, o Talmude, o Midrash e outras autoridades judaicas, por exemplo, outro doutor judeu, Saadia Gaon, de Fayyûm, o primeiro judeu a se inscrever na linhagem do *kalâm*, teologia especulativa islâmica, e que escreveu em árabe no ambiente mutazilita da Bagdá do século IX. Além disso, Ibn Paqûda não reluta em confiar nas citações do *corpus* islâmico. No entanto, ele nunca se baseia no Alcorão, ainda que não deixe de citar *hadîths* e mestres sufis, sem os nomear. Recorre a eles como se fossem menções feitas por algum sábio. Mas a grande proximidade é com o *Ihyâ'* de Ghazâlî. É evidente a convergência com esse tratado que, em si, no interior do Islã, é o resultado a emanar do mesmo *corpus* literário, ao qual se acrescenta a contribuição dos filósofos de tendência mística, como Avicena. A proximidade dos dois textos nos obriga, com os especialistas, a reconsiderar as supostas datas de Ibn Paqûda.

Devoirs du coeur foi datado, em um primeiro momento, de 1040. No entanto, o *Ihyâ'* de Ghazâlî foi escrito no fim do século XI. Os especialistas também demonstraram que Ibn Paqûda não poderia ter nascido antes de 1080, data que restitui sua dívida com Ghazâlî. Pois mesmo a estrutura geral dos dois tratados é desconcertante. O tratado de Ibn Paqûda deixa de lado os dois primeiros livros do *Ihyâ'*, dedicados ao culto (*'ibâdât*) e aos ritos e costumes (*'âdât*), pois constata que essas questões foram amplamente tratadas por seus correligionários. Ele dedica seu tratado ao assunto que se desenrola no terceiro e no quarto livro do *Ihyâ'*, em que Ghazâlî lida precisamente com o que diz respeito aos deveres do coração. Então, o paralelo com o tratado de Ibn Paqûda se torna patente. Este último, se tivesse 20 anos no início do século XII, teria sido, portanto, um leitor plausível de Ghazâlî, cuja obra chegou nessa época ao Ocidente muçulmano, sob o império almorávida. Essa pode ser também a razão pela qual Ghazâlî foi amplamente traduzido para o hebraico e depois se espalhou por toda a Europa, para além das comunidades judaicas.

Assim, a primeira obra mística judaica sofreu uma influência sufi fundamental. Essa obra foi amplamente difundida nas comunidades judaicas europeias desde sua primeira tradução para o hebraico por Ibn Tibbon, em 1160. Com a invenção da imprensa, ela será publicada em Nápoles em 1489, em Viena em 1548, em Istambul em 1550, em Mântua em 1559, em Veneza em 1589, em Cracóvia em 1593. Será traduzida em seguida para o castelhano em 1610, para o italiano em 1628, para o português em 1670, para o iídiche em 1716, para o ladino (judeo-espanhol) em 1822, para o alemão em 1835 e até mesmo para o árabe dialetal da ilha de Djerba em 1919. Certamente, foi esse tratado que determinou a inspiração do movimento místico dos hassídicos – que significa "os piedosos", o equivalente aos *atqiyâ'* em árabe – no século XVIII, no meio judeu asquenaze da Europa Oriental e da *Mitteleuropa*[97].

Tudo isso para demonstrar o alcance do efeito sufi no misticismo judaico, muito além da era medieval e da esfera ocidental do Islã. Tudo isso também para que árabes e muçulmanos levem em conta essa parte de seu patrimônio. Tudo isso para desviar a abordagem exclusivista e

97 Europa Central. [N.T.]

reducionista das identidades. Afinal, deve-se lembrar que essa obra judaica é decorrente de um *corpus* islâmico que, por sua vez, tem sua dívida para com a memória grega – por meio do neoplatonismo e do pitagorismo – que inspirou os padres católicos do deserto entre os séculos IV e VIII, antes de inspirar os espiritualistas e os especulativos do Islã a partir desse mesmo século VIII. Essa história do pensamento que abre o caminho para os deveres dos corações é transfronteiriça.

ATUALIZANDO O SUFISMO[98]

Depois da semana de encontros e concertos dedicada às culturas sufis em Fez, gostaria de enfatizar a sorte que temos, como muçulmanos, com o sufismo. Esse imenso *corpus* revela ter potenciais de atualização extraordinários para oferecer ao mundo uma linha de horizonte, a fim de salvá-lo do desastre que o ameaça. Isso vai muito além do próprio Islã. Mas, é claro, recorrer ao sufismo salvará o Islã em primeiro lugar e o protegerá de seus demônios.

[98] Crônica transmitida em 26 de abril de 2014 pela Médi 1.

Inicialmente, recordemos que o sufismo, em sua pluralidade, recapitula e sintetiza as múltiplas tradições que cuidaram da experiência interior, levando à construção de uma sabedoria para ser em si e no mundo, no mundo ao mesmo tempo como Natureza e como comunidades plurais que exigem disciplina no relacionamento com os outros. Essas tradições envolvem tanto a Grécia quanto a China ou a Índia. Elas também envolvem o cristianismo e a preciosa contribuição dos padres do deserto, eles mesmos procedentes de uma genealogia grega, pitagórica, pré-socrática e neoplatônica. Somam-se também a isso, é claro, os múltiplos saberes que foram desenvolvidos na Pérsia, especialmente em torno da metafísica da luz. Com o sufismo, todo esse potencial é orientado para o espaço da crença islâmica, da mitificação do Profeta, da meditação do texto corânico. Esse potencial pode ser atualizado para nos permitir estar no presente e, ao mesmo tempo, reivindicar uma sabedoria duradoura.

Heidegger observou, em sua *Carta sobre o humanismo*, publicada após o desastre alemão, que vivemos em um mundo devastado pela malignidade do mal e que nossa tarefa no mundo é preservar o *sauf*, preservar o que pode ser salvo em um mundo devastado. O filósofo alemão não falava apenas de seu país, levado ao desastre pelos nazistas. O mundo está devastado, segundo ele, pela Técnica, essa coisa[99] ocidental que trouxe aos humanos o melhor e o pior, coisa que, ao se universalizar, põe em risco a Natureza.

É necessário estender o diagnóstico heideggeriano a nossa realidade atual, vigiada pela consciência ecológica. Diante da ameaça enfrentada por nossas cidades e nosso campo, temos de preservar o *sauf*. Bem, para isso, propomos uma disciplina que emana do sufismo como uma síntese de todas as sabedorias. Emerge então o duplo aspecto do sufismo, que privilegia tanto a estética quanto a ética. A estética imanente deve salvar o belo que resta em um mundo devastado. Sobre esse ponto há

---

[99] No sentido filosófico de algo que existe por si, independentemente da percepção do sujeito. [N.T.]

muito a ser dito, mas hoje não direi mais nada. Prefiro me concentrar no aspecto ético, que também é duplo.

Em escala individual, ele se refere ao cuidado de si, essa exigência grega, presente desde os pré-socráticos e os pitagóricos, e que será encontrada entre os sufis, principalmente em Ibn 'Arabî, que organizou sua vida cotidiana em torno do culto do belo – culto do belo que é realizado pelo artesão, pelo mestre pedreiro, pelos artistas que produzem os objetos e as obras que usamos e com os quais nos relacionamos a todo momento. É uma maneira de conduzir a própria vida como se ela mesma fosse uma obra de arte, vendo em tudo o que é visível o traço do invisível, que leva ao signo que o cristaliza. A vida cotidiana se torna uma hermenêutica. O mundo é um livro cuja leitura requer decifração e interpretação. Essa é a imanência da transcendência, a metafísica da física, o *tajallî*, a epifania diária, o que move o ser. Se cada um de nós vive de acordo com nossos requisitos, fazendo aquilo que é preciso, a soma que representaremos vai participar, por esse modo de vida, da preservação do *sauf* em um mundo devastado.

O segundo vetor da ética diz respeito à vida na comunidade e entre comunidades. Ele envolve o relacionamento com o outro em um mundo onde, por toda parte, vemos a ruptura com a alteridade. No entanto, o sufismo privilegia a melhor parte do Alcorão, que está presente na expressão *istabiqû al-khayrât*, "encaminhar-se para o bem", "disputar para fazer o bem", "buscar o exemplo para preservar o *sauf* em um mundo devastado", diríamos, perseguindo o cuidado com a atualização, perseguindo o método do "anacronismo controlado". Essa expressão é encontrada duas vezes no Alcorão. Na surata *al-Baqara* ("A vaca"), surata II, versículo 148, que diz respeito à mudança de *qibla* – hoje temos a *qibla* dos muçulmanos, em direção a Meca, e a dos judeus, em direção a Jerusalém, mas essa distinção não importa, diz o texto corânico. O que importa é encaminhar-se para fazer o bem. A segunda ocorrência da expressão está na surata *al-Mâ'ida* ("A mesa posta"), surata v, versículo 48, onde é dito que, "se Deus quisesse, teria feito de vós uma única comunidade", ele criou a pluralidade de crenças para nos pôr à prova, mas o que importa é "encaminhar-se para fazer o bem". Por duas vezes, a prioridade é dada à ética. Privilegia-se o homem bom, seja qual for sua crença. Essa é a referência das escrituras que legitima as palavras de Ibn 'Arabî em seu livro *al-Tajalliyât al-Ilâhiyya* ("As epifanias divinas"), no qual ele diz o seguinte: "Quantos judeus e cristãos amigos nas sinagogas e igrejas, quantos muçulmanos inimigos nas fileiras das mesquitas!". Por meio dessa observação, Ibn 'Arabî, muçulmano, radicaliza a primazia da ética. Ele restaura a realidade grega ecoada na Ásia pelo famoso imperador Alexandre da Macedônia e observa que a divisão não se dá mais entre gregos e bárbaros, mas entre pessoas do bem e agentes do mal, qualquer que seja sua origem.

Portanto, pelo sufismo, experimentamos essa linha divisória para criar a nova comunidade, a comunidade por vir, que conta entre os seus aqueles que são os primeiros na busca pelo bem, o qual consiste em preservar o *sauf* em um mundo devastado.

ALEXANDRIA UNIVERSAL[100]

Ocorre neste momento em Genebra uma exposição com uma carga simbólica poderosa. É dedicada aos primórdios de Alexandria. Ela é intitulada *Alexandrie la divine* [Alexandria, a divina]. Acompanha a exposição um magnífico e volumoso catálogo em dois volumes, num total de 1.150 páginas, lindamente apresentado, publicado pela editora suíça La Baconnière. A exposição foi dirigida por Charles Méla e Frédéric Möri. Acontece na fundação Martin Bodmer, situada em um magnífico palacete com vista para um vasto parque que vai até as margens do lago. Fica próximo de uma das saídas da cidade, em uma pequena elevação. É um lugar encantador.

---

[100] Crônica transmitida em 14 de junho de 2014 pela Médi 1.

A exposição é composta principalmente de manuscritos dos grandes nomes que ganharam expressão em Alexandria desde sua fundação e que lá foram comentados na época que corresponde ao último grande período do pensamento e das ciências gregas, depois difundidas por vozes romanas, egípcias, cristãs, judias e muçulmanas. De fato, celebra-se o espírito alexandrino, espírito que busca o universal, capaz de todas as abordagens, de todas as sínteses, capaz de ligar sistemas particulares. Espírito que pulveriza definitivamente as categorias exclusivas, as oposições radicais, como a que separa gregos e bárbaros, ou que mistura o inconciliável, Platão, o homem do ideal, com Aristóteles, o pensador do realismo, ou mesmo as oposições entre pagãos e monoteístas, ou entre fé e razão. Alexandria oferece o cadinho do universal.

É preciso lembrar que a cidade foi fundada por Alexandre, filho de Filipe da Macedônia, que chegou ao ponto de unir, com base em sua conquista, a Grécia com o Egito, a Mesopotâmia, a Pérsia, até mesmo a Índia. A cada avanço, Alexandre, cujo tutor, lembremos, era ninguém menos que Aristóteles, imprime, então, o efeito dessas articulações no terreno geográfico.

Em particular, citarei duas delas. A primeira é ética. Foi realizada na Pérsia por Alexandre em pessoa. Na noite de seu casamento com a iraniana Roxane, ele convocou sua família a realizar casamentos exogâmicos, em que gregos se casam com estrangeiros. Assim, afirmou a futilidade da distinção entre o grego e o bárbaro. A única distinção é ética: aquela que separa o homem de bem do agente do mal. Ora, alguns bárbaros são homens de bem e alguns gregos são sequazes do mal. Isso põe fim ao privilégio que se dá às pessoas da própria comunidade e que esmaga o estrangeiro. A segunda é artística, justamente essa escultura indo-grega que mistura os cânones gregos e indianos e procura descobrir uma nova harmonia, inspirada por esses dois cânones que supostamente se excluem um ao outro e são inconciliáveis. Não sei se esse esforço foi bem-sucedido. E isso não importa. O que importa é a abertura para a imaginação de uma nova aventura.

Para voltar à exposição, mencionarei apenas duas passagens dela, ou melhor, dois momentos. Lembro-me primeiro do autor cristão egípcio da Alexandria do ano 200, São Clemente. O manuscrito de seu *Stromata* está na exposição – *stromata* significa "miscelânea", apresentada na forma de uma pradaria sarapintada durante a primavera. Nesse livro, Clemente se apresenta como um homem do universal. A sabedoria é baseada na ideia do Uno. Todos os povos a praticaram. A filosofia é um de seus ramos. Nela, os estrangeiros se expressaram. Os gregos não foram privilegiados. Sem o Egito, não há Homero nem Platão; Platão que também está em dívida com a Pérsia. Moisés é o modelo do líder da República de Platão como legislador, estratego, chefe de um povo, filósofo. Moisés é o produto de uma educação egípcia. Porque a verdade é uma só e foi disseminada entre os povos. "Poderíamos, portanto, mostrar que, no conjunto, todos os gregos e os bárbaros que tendiam à verdade possuem algo da palavra da verdade, alguns muito, outros um pouco..." Adiante, Clemente escreve: "Do mesmo modo, a filosofia bárbara e a grega sujeitaram a verdade eterna a um desmembramento [...]. Mas, se reunirmos novamente os fragmentos dispersos e reconstituirmos sua unidade, contemplaremos [...] o Verbo Integral..."[101].

Essa busca pelo Verbo Integral conheceu em Alexandria, no século XIII, seu momento árabe, no âmbito da crença islâmica. É o segundo momento que privilegio nesta exposição porque, até hoje, se trata de uma questão para nós. Momento em que, nessa segunda metade do século XIII, muitas pessoas do Ocidente, da Andaluzia e do Magrebe se encontravam em Alexandria: Ibn Sab'în, Shushtarî, Mursi, Abû al-Hasan al-Shâdhilî e, uma geração depois, Ibn 'Atâ' Allâh al-Iskandarî. Momento denunciado por Ibn Taymiyya, que disse que em Alexandria "o demônio instalou seu ninho e procriou, pervertendo os grupos de *sab'iniens* e *'arabiens*". Foi assim que acabaram denunciados os discípulos de Ibn Sab'în e Ibn 'Arabî que estavam em busca do Uno e do Verbo Integral.

104 Clemente de Alexandria, *Stromata*, I. 56-58.

Ibn Sab'în, cujo pensamento é helenizado, e Ibn 'Arabî, que, nessa busca, incita o coração do viajante a estar pronto para aceitar todas as formas de crença, o que levará Shushtarî a misturar gregos e muçulmanos. Nesse poema, ele cita como exploradores da verdade, que buscam o Uno, desejosos de reconstituir o Verbo Integral, tanto Hermes, Sócrates, Platão, Aristóteles e Alexandre como os sufis Hallâj, Shiblî, Niffarî, Ibn Masarra, ou ainda o teósofo Suhrawardî, ou seu próprio mestre Ibn Sab'în, como também os filósofos Fârâbî, Avicena, Ibn Tufayl, Averróis, ou ainda Ghazâlî, ou mesmo o popular sufi andaluz-magrebino Abû Madyan, ou ainda seu contemporâneo egípcio Ibn al-Fârid.

É para o enriquecimento e a atualização dessa cadeia múltipla, dessa filiação em busca do Verbo Integral, que incitamos hoje os participantes do Islã. Articular-se com o espírito universal legado por Alexandria: essa é a tarefa do momento.

REFERÊNCIA GREGA[102]

O que houve com a referência grega? Sua presença é considerável. De qualquer forma, ela estabelece o horizonte do humanismo. Ninguém duvida de que seja o fundamento da cultura ocidental. Mas e sua presença no Islã?

Alguns atribuem a ela apenas uma passagem factual, contingente e acidental, que não deixou efeito nem rastro. Recordemos o livro de Sylvain Gouguenheim publicado há dez anos e a imensa controvérsia que *Aristote au mont Saint-Michel* [Aristóteles no monte Saint-Michel] despertou. O livro buscou demonstrar a incompatibilidade irrefutável da referência grega com o Islã. Essa posição negativa e hostil tem seu equivalente no próprio contexto do Islã, em que os literalistas radicais ultraortodoxos consideram que a referência grega é uma intrusa que perturba a pureza do corpo civil e que é preciso, de forma imperativa, bani-la.

---

[102] Crônica transmitida em 12 de setembro de 2014 pela France Culture, como introdução ao programa *Cultures d'Islam*, com Alain de Libera, intitulada "Que Faire des Grecs?" [O que fazer dos gregos?].

O representante mais proeminente dessa tendência é o - influente, mas controverso, e como - teólogo Ibn Taymiyya, do fim do século XIII. Hoje, esse ortodoxo radical purista é venerado por todas as tendências islamistas que, por sua vez, atualizam a referência grega equiparando-a ao inimigo ocidental e vendo nela uma precursora, a anunciadora da hegemonia ocidental que está na origem de seu antiocidentalismo visceral.

Qual é de fato a presença dessa referência no Islã? O que dizem os historiadores e os documentos que temos a nosso alcance nas bibliotecas e livrarias das cidades árabes que ainda não estão completamente sob o jugo islamista, como Rabat, Túnis, Cairo ou Beirute? Eles nos informam que essa referência foi fundamental, que orientou a cultura islâmica, que fez dela uma cultura inventiva e relevante, que criou nessa cultura as condições para a adaptação a um Ocidente interior.

No campo das ciências, a referência grega fermentou no cadinho da língua árabe com a referência indiana, o que levou ao estabelecimento de condições extraordinárias para o progresso da pesquisa, particularmente em física, matemática, astronomia, biologia, botânica, medicina, engenharia. Na matemática, o que era potencial em Euclides e Diofanto se tornou real, principalmente pela invenção da álgebra. Há também a força da observação e da experimentação entre os estudiosos de língua árabe. Dessa forma, na óptica, Ibn al-Haytham (século XI), também conhecido como al-Hasan, retificou, aprofundou e enriqueceu de forma radical o legado de Ptolomeu. Da mesma maneira, al-Bîrûnî, no século XI, conseguiu formular a hipótese da possibilidade de um sistema heliocêntrico - fez tal afirmação de passagem, é verdade, por acreditar que essa hipótese não altera seus cálculos. Na filosofia, há o aprofundamento da conciliação iniciada pelos neoplatônicos de Alexandria entre Platão e Aristóteles. Al-Kindî, Fârâbî, Avicena e tantos outros refletiram no âmbito dessa perspectiva. Enquanto o inconciliável da polaridade Platão-Aristóteles - para simplificar, entre idealismo e realismo - será incorporado em Córdoba, no século XII, pela coabitação entre Ibn 'Arabî, a quem a tradição chama de "filho de Platão", e Averróis, também conhecido como "o comentarista", como o denomina Dante, "o comentarista" de Aristóteles por excelência. Ainda mais, a articulação, por meio do cristianismo nascente, da escola alexandrina de pensamento neoplatônico com o gnosticismo encontrará, no século XIII, na mesma Alexandria, seu avatar em língua árabe no campo da crença islâmica. Seu melhor representante é Ibn Sab'în, filósofo sufi nascido em Ceuta. Ele permitirá que seus discípulos se manifestem ali ao lado de seus parentes "akbarianos", os discípulos de Ibn 'Arabî.

Tudo isso para dizer que a retomada dessa referência grega, desse Ocidente interior que trouxe o melhor ao Islã, é bastante necessária diante da onda islamista que destrói tudo em seu caminho e que deseja destruir essa memória da civilização, que temos o dever de manter diante do empreendimento devastador dos bárbaros islamistas.

O GOLPE EGÍPCIO[103]

Volto aos anos 1200-1100 antes de nossa era para encontrar uma estranha analogia com o que está acontecendo hoje no Oriente Médio, no Mediterrâneo oriental. Para isso, reporto-me ao arqueólogo norte-americano Eric Cline e seu livro *1177 B. C.* [1177 antes de Cristo], publicado pela editora da Universidade de Princeton[104]. É o período da transição da Idade do Bronze para a Idade do Ferro. O colapso de Troia, tema da *Ilíada* e de uma parte da *Odisseia*, se insere, de acordo com evidências arqueológicas, no estranho contexto de destruição e colapso de todas as cidades da Grécia, de Creta, de Chipre, da Anatólia, da Síria, até o norte da Mesopotâmia. Todas foram devastadas quase simultaneamente: Micenas, Pilo e Tirinto, na Grécia; as cidades hititas da Anatólia, da Alta Mesopotâmia, de Chipre; na Síria, o mesmo destino foi sofrido por Ugarit, Alepo, Emar, Cades, Catna... Mais ao sul, não foram poupadas Acre, Megido, Asdode, Ascalão. Esse colapso político do Mediterrâneo oriental gerou quatro séculos de vazio cultural. Somente o Egito resistiu.

---

[103] Crônica transmitida em 26 de setembro de 2014 pela France Culture, como introdução ao programa *Cultures d'Islam*, com Gilles Kepel, intitulada "Face à la Barbarie" [Diante da barbárie].
[104] Tradução em francês posterior a esta coluna: Eric Cline, *1177 avant J.-C. Le Jour où la civilisation s'est effondrée*, Paris: La Découverte, 2015 [2014].

De fato, esses eventos são relatados nas paredes do templo de Medinet Habu; era a época de Ramsés III. Essa inscrição data de 1177; ela narra a invasão do delta por aqueles que foram chamados de "povos do mar" e a derrota destes diante do exército egípcio, que salvou o país do perigo universal que se alastrou por toda a região. A identidade desses "povos do mar" é controvertida. Supõe-se que sejam invasores do norte, aos quais muitos piratas e aventureiros do Mediterrâneo se juntaram, inclusive gregos.

Quando olhamos para o que acontece hoje, desde o que se chamou de "Primavera Árabe", a analogia é impressionante. De fato, vemos diante de nossos olhos a desagregação da Síria, do Iraque, do Iêmen, da Líbia. Deixando de lado a situação da Tunísia, que continua aos trancos e barrancos, incerta em sua experiência em direção a uma possível realidade democrática, apenas o Egito parece ter sido preservado, até aqui, do cataclismo que sacode a região. Mas essa sobrevivência do Egito não é apreciada pelos ocidentais, defensores da universalização da democracia. Isso porque um golpe de Estado interrompeu um processo democrático.

O debate é intenso no Egito para recusar a própria noção de golpe, argumentando que a rejeição do presidente Morsi, o islamista eleito, era generalizada, na mesma medida que o apoio ao marechal Sissi. A intervenção do Exército e a destituição dos islamistas são, de acordo com muitos intelectuais egípcios, mais legítimas que a legitimidade democrática. Esse julgamento é compartilhado por uma grande maioria da população, o que choca profundamente a consciência democrática ocidental. Ao que os egípcios respondem: "Mas esses estrangeiros ocidentais não sabem nada sobre a realidade local. O país, sob o governo islamista, estava em perigo, corria risco de desintegração, de contaminação pela devastadora onda islamista, em todas as suas nuances, dos moderados aos jihadistas. Sob o governo islamista, nosso país milenar adernou e quase sofreu o naufrágio".

Proponho um esboço da linha de defesa egípcia que legitima o golpe de 3 de julho e o processo de erradicação dos islamistas, da Irmandade Muçulmana, que foi sua consequência. Os egípcios acreditam que, desde 2011, eles, como toda a região, sofreram um plano de ataque bem elaborado, concebido pelo norte-americanos, para quem o único grupo que poderia acabar com a era das ditaduras era a Irmandade Muçulmana e sua esfera internacional: os norte-americanos teriam considerado, portanto, que um processo de democratização poderia ser iniciado na região por meio deles. Essa perspectiva foi apoiada principalmente por forças regionais, a Turquia de Erdogan, por um lado, e o Catar, por outro; este último divulgou aos ocidentais a tese do apoio necessário ao que eles chamam de "islamismo moderado", a fim de afastar o jihadismo e o radicalismo islamista. No entanto, é evidente que o fluxo entre um e outro não se interrompeu. Será que não veem que o islamismo radical floresce em toda parte, mesmo em nossas escolas secundárias, aqui na França, onde a tentação jihadista constitui uma resposta romântica à exclusão? De qualquer forma, o efeito do golpe egípcio atrapalhou todos esses cálculos norte-americanos. Suas consequências na Tunísia, por exemplo, deram a vantagem ao campo secular em relação aos islamistas. O que aconteceu no Egito em 3 de julho de 2013 coloca uma questão central e importante: em que contexto político, socioeconômico e cultural devemos pensar a questão da democratização como um processo que nos afastaria da alternativa entre a ditadura quase secular ou pseudossecular e a ditadura teocrática?

PERIGO E SALVAÇÃO[105]

Durante a última semana dedicada à cultura sufi em Fez, em abril passado [2014], entre os participantes estava o eminente especialista em sufismo Denis Gril, da Universidade de Aix-en-Provence. Denis Gril é ele mesmo um sufi. Ele não é apenas um teórico, um divulgador de textos sufis do árabe em francês por meio de suas excelentes traduções, descobridor de manuscritos até então desconhecidos, enterrados em bibliotecas, divulgando-os ao público por meio de suas edições críticas científicas. Ele também é praticante do sufismo, familiarizado com exercícios espirituais, iniciado nos mistérios por *shuyûkh*, mestres do Egito, da Tunísia ou da Síria, respeitoso da ordem e da hierarquia da irmandade quando reconhece sua autenticidade.

[105] Crônica transmitida em 27 de setembro de 2014 pela Médi 1 e publicada de forma resumida em 8 de outubro de 2014 no *site* de notícias Leaders, sob o título "Face au Desastre" [Diante do desastre].

Conheci Denis Gril enquanto estávamos juntos em Fez, por acaso, no labirinto da medina. Mantivemos um breve diálogo, que aprofundamos em Paris dois meses depois. Discutimos então a situação calamitosa que o Islã enfrenta hoje, provavelmente a pior de sua história. Também mencionamos a exceção marroquina, que se encontra longe de estar segura, pois o mal ronda e tem na mira aquilo que está indo bem. No entanto, o sufismo sobrevive, continua a estruturar uma parte da sociedade, em particular no Marrocos, onde continua a estabelecer o vínculo social. Aliás, na tradição magrebina, ele sempre desempenhou esse papel prático de reestruturação social por meio da transmissão de uma moral digna, que deságua na metafísica, no voo do espírito, sem, no entanto, enfraquecer o vínculo social. O papel determinante dessa moral é a ética da dádiva e da alteridade.

Como abandonar esses tesouros e como deixar bárbaros, decapitadores, degoladores de anjos, de inocentes, orgulhosos de seu crime, encenando-o, divulgando-o universalmente, como deixá-los prevalecer, invadindo o mundo com seu amor à morte, seu ódio à vida, sua fobia de todo outro, como deixá-los manchar a palavra *islã* e agir em nosso nome? Como aceitar que Hervé Gourdel, tão bom, seja sacrificado como o cordeiro místico? Por que os muçulmanos não protestam em massa em sua cidade? Como se pode permitir que a palavra *islã* seja sequestrada impunemente, que seja usurpada por esses malfeitores? Como deixar os tesouros de nosso legado serem dilapidados diante de um mundo estupefato, que identifica a palavra *islã* com essas crueldades teatralizadas destinadas a espalhar o terror? Qual visão dá origem a tudo isso?

Quanto a nós, acreditamos ter duas posições a tomar com urgência: uma circunstancial, a segunda substantiva. A primeira consiste em um protesto imediato, que diga que, como muçulmano, esses horrores não podem ser feitos em meu nome, a exemplo da iniciativa *"Not in my name"* [Não em meu nome], seguida por centenas de milhares de homens e mulheres que postaram suas fotos nas mídias sociais com esse *slogan*. Se cada muçulmano honesto agir individualmente dessa maneira, reuniremos uma massa de vozes de protesto que será ouvida até mesmo pelos surdos, para restaurar a honra e a dignidade da palavra *islã*.

A segunda, substantiva, como dissemos, é nunca deixar de transmitir as maravilhas do Islã nestes tempos de desolação. Porque parte do antídoto para essa peste negra se encontra em nossa herança cultural. Como podemos abandonar o imenso *corpus* do sufismo nessas circunstâncias? É de sua manutenção diária que a salvação pode vir. O sufismo não é aquele que perturba a norma, que atrapalha o uso da ortopraxia e do literalismo aos quais querem reduzir o islã? De fato, ele impõe a complexidade ao sujeito e o liberta por um discurso mais livre, que faz o dogma tremer. Estabelece o intersubjetivo no reconhecimento da alteridade. Além disso, o sufismo concebe a crença despojada de punição e recompensa, fora da ficção do paraíso e do inferno.

Apesar de todas essas licenças que os doutores da Lei condenam, nos países do Islã o sufismo sempre desempenhou um papel prático, de estruturação social, pela transmissão de uma moral digna que se abre para a metafísica, para o voo do espírito, sem, no entanto, desfazer os vínculos sociais. A força motriz é a ética da dádiva e da alteridade.

O sufismo, cujos primeiros mestres apareceram no início do século VIII, deriva de várias fontes que fazem dele, desde o começo, uma espiritualidade aberta, inspirada tanto pela tradição cristã dos padres do deserto quanto pelo neoplatonismo, sem esquecer a contribuição da Índia e da Pérsia antiga. Sua eficiência nunca falhou, produzindo vozes dissidentes até o século XX, vozes que a oposição dos doutores da Lei nunca conseguiu silenciar.

Tomemos apenas um exemplo da eficácia do recurso ao sufismo nestes tempos corrompidos pela malignidade do mal: a alteridade. Sabemos que o islamismo, em todas as suas formas, tem um ódio por todo outro, até mesmo pelos correligionários que não compartilham da visão mortal de um islamismo despojado de sua civilização, a qual, segundo eles, o tornaria impuro, porque, como toda civilização, a nossa é construída de acordo com o princípio da hibridização, que leva à assimilação e à adaptação de si mesmo a múltiplas contribuições estrangeiras. Bem, no sufismo, encontramos uma visão completamente oposta da alteridade: o outro, o estranho à crença, não apenas é reconhecido, mas é até mesmo celebrado. Já no século VIII, os mestres sufistas crísticos, por exemplo, eram numerosos: citemos Râbi'a al-'Adawiyya (século VIII), Bistâmî (séculos VIII-IX), Hallâj (séculos IX-X), Ibn 'Arabî (séculos XII-XIII); e a sucessão não foi interrompida até o emir Abdelkader (século XIX) e o xeque Allaoui de Mostaganem (século XX).

Além disso, esses mestres têm certeza de que a pluralidade de crenças é uma bênção para a experiência interior; é proveitoso colher o pólen no roseiral da sabedoria, qualquer que seja a origem de suas flores. Assim, Ibn 'Arabî escreve em um de seus famosos poemas que seu coração é capaz de acolher todas as formas de fé, que ele é um templo pagão, um convento cristão, um tabernáculo para o pergaminho da Torá, um códice para folhas do Alcorão, que sua religião é a do amor e que ele vai aonde seus cortejos levarem.

Há um país que entendeu que o sufismo pode ser o antídoto para a doença que paralisa o Islã atualmente: é o Marrocos, cuja linha oficial incentiva o sufismo, tanto como um *corpus* de audácia quanto como participante da estruturação social, por meio da solidariedade das confrarias e dos ritos que garantem uma catarse que descarregaria o excesso trágico que sobrecarrega o sujeito.

No entanto, de acordo com os sufis, vivemos no presente um tempo de ocultação, que requer o retiro para a manutenção e a revitalização da experiência interior. Os sufis não desapareceram; longe disso, estão por toda parte nas cidades do Islã, mulheres e homens de amor e bondade, abertos à aventura, presentes até em Medina e Meca, governadas pela doutrina vaabita que abominam. Eles preservam o santo e o sagrado em uma paisagem urbana dedicada a um tipo de tecnoislã, que esmaga tudo o que é santo e arrasa tudo o que é sagrado.

Então, encontramos os sufis apenas se os procurarmos; caso contrário, nem sequer os vemos. No entanto, eles devem ser mais visíveis a nós. Eles têm, mais que outros, direito citadino nestes tempos de angústia. Apostamos que é mediante o sufismo que chegará ao fim o pesadelo da negação do outro, o qual leva à encenação abominável de sua eliminação física. "Que seu coração seja o templo que acolhe todas as crenças": assim disse Ibn 'Arabî. Por meio dele e de outros mestres sufis, surge a salvação nestes tempos de perigo. Afinal, como diz o poeta romântico alemão Hölderlin: "Onde cresce o perigo cresce também aquilo que salva".

IBN 'ARABÎ, OU O DEVER DE ALTERIDADE[106]

É verdade que o material de Ibn 'Arabî ecoou na poesia, mas não na ficção. Essa obra também abre um campo de possibilidades que pode ser dos mais úteis a nosso tempo, especialmente por algo que é pensado, imaginado e, enfim, vivido no espaço islâmico. Ibn 'Arabî amplia as brechas abertas pelo islã no dispositivo patriarcal, que se escora na dupla questão da alteridade: a que diz respeito às mulheres (o outro sexo) e a que envolve os fiéis de outras crenças.

[106] Coluna publicada em 12 de novembro de 2012 no *site* de notícias *Leaders*.

Ibn 'Arabî abre caminho para que possamos nos realizar por meio de ambas as alteridades. Quanto às mulheres, ele as exaltou na canção que dedicou a Nizhâm, uma jovem persa de Isfahan que encontrou em Meca, sublimada como inspiração em seu livro de poemas autocomentados, *Tarjumân al-Ashwâq (O intérprete dos desejos)*, escrito por volta de 1212. O nome da mulher amada (Nizhâm) delineia uma orientação ao sentido, uma teofania que reflete a harmonia cósmica, exatamente aquela na qual o poema participa pela coincidência entre ritmo (música), imagem (que se desenrola na imaginação) e ideia (que se constrói no intelecto).

A figura inspiradora não é apenas estrangeira por etnia (o árabe que ama uma persa em sua partilha da crença islâmica). Pois eis que, mais à frente no prólogo de *Tarjumân*, a musa é enriquecida por uma iniciadora encarnada em uma jovem grega, bizantina, ou seja, cristã: triplamente estrangeira (pela língua e pela crença, além da etnia), dá à feminilidade a ciência da hermenêutica, do *ta'wîl*, da revelação do significado oculto que a aparência das palavras traz em si. Essa voz feminina coloca o Mestre diante da insuficiência espiritual de sua poesia.

Não é menos verdade que a convivência com mulheres ajuda a manter o melhor suporte para acolher a epifania divina, esse Invisível que precisa do visível para se manifestar. Por isso, é necessário também manter a parte feminina encontrada em todo homem. Essa parte somente pode se desenvolver por meio da convivência com mulheres, não apenas com a carne, mas, principalmente, com o espírito.

A alteridade projetada pela crença já foi levada em consideração no trecho que relata o encontro com a bizantina. Mas também é representada pelo xeque al-Akbar [Ibn 'Arabî] até o dogmatismo. Voltarei ao poema XII do mesmo *Tarjumân al-Ashwâq*, cujos sete versos são dedicados à celebração da Trindade, assim declamada no verso axial, o quarto: "Meu Bem-Amado é trino enquanto seria Uno / Tais hipóstases fizeram deles Uno na Essência"[107].

---

107 Mon Bien-Aimé est trois quand il serait Un / Telles les hypostases qu'ils ont faites Une dans l'Essence.[N.T.]

A verdade do Outro é, dessa forma, reconhecida; é extraída de seu próprio livro, o Alcorão, em que Ibn 'Arabî percebe, pela pluralidade de Nomes que conferem atributos ao Deus Único, um aceno ao Três em Um cristão.

Além disso, o reconhecimento de outras crenças pertence à economia da eleição, da forma como é apoiada (intelectualmente) e vivida (existencialmente) pelo sufi nascido em Múrcia, falecido em Damasco, que passou por Fez, Túnis, Cairo, Jerusalém e chegou a Mossul e Konya, entre muitas outras cidades visitadas. Isso porque, segundo ele, nunca se pode escapar ao horizonte do Uno. Certamente, vários caminhos levam a ele. A experiência dos *credo* que é oferecida aos seres humanos deve ser internalizada pela pessoa física em sua dimensão metafísica.

Essa é até mesmo uma condição de salvação. Sabemos que, como o Deus grego, o deus do Alcorão é astuto, capaz de estratagemas, podendo se apresentar aos eleitos de uma forma que não a de sua crença; o eleito corre o risco de não reconhecer o privilégio da visão que lhe é concedida. Além disso, para evitar qualquer mal-entendido, ele terá de se familiarizar com todas as formas de crença: "Que seu coração seja de *hylê* [matéria bruta] para que todas as crenças se formem em você", escreve Ibn 'Arabî em seu *Fuçûç al-Hikâm* ("As joias da sabedoria"). Assim, o conhecimento da alteridade religiosa se torna uma necessidade estratégica para preservar alguma possibilidade de obter a salvação.

Termino mencionando a superação de fronteiras implícita na questão ética. A partilha, entre os humanos, do vício e da virtude, do bem e do mal, é uma questão de compromisso pessoal que não é determinada pela afiliação religiosa. Pode acontecer que meu irmão no Islã seja um homem perverso capaz de torpeza, de crimes; e que meu irmão na humanidade, ligado a outro *credo*, seja um homem bom, constante na realização do bem (*'amal al-çâlihât*). Isso é dito explicitamente por Ibn 'Arabî em seu *Tajalliyât al-Ilâhiyya* ("As epifanias divinas"): "Quantos amigos bem-amados nas igrejas e nas sinagogas, quantos inimigos odiosos nas fileiras das mesquitas".

É um muçulmano que, falando dessa forma, apresenta uma versão árabe e islâmica da questão ética expressa na Ásia por Alexandre, de acordo com a versão relatada por Eratóstenes: é necessário se afastar da operação que divide a espécie humana entre gregos amigos e bárbaros inimigos; seria mais justo dividir os seres humanos de acordo com o critério da virtude e da desonestidade, para além de qualquer consideração que envolva algum tipo de solidariedade de grupo.

Na verdade, Ibn 'Arabî não faz nada além de radicalizar a emulação ética à qual convida o Alcorão, que diz na surata *al-Mâ'ida* ("A mesa posta"): "Se Deus quisesse, teria feito de vós uma única comunidade. Mas Ele vos põe à prova naquilo que vos deu. Encaminhe-se para fazer o bem..." (Alcorão, v, 48).

Essa lição de alteridade, por si só, merece ser atualizada em um mundo onde, a cada passo, nos encontramos diante de alguém que vem de outra cultura, outra religião, outra língua, outro grupo étnico, outro país, outra classe, enfim, outra comunidade. A emulação ética será o motor que nos impulsionará a construir uma comunidade futura. É com seu advento que contamos.

IBN KHALDÛN ATUALIZADO[108]

Dizem-nos que a teoria de Ibn Khaldûn pode mais uma vez explicar e esclarecer o curso da história, enquanto Ibn Khaldûn havia se tornado inútil na era da industrialização e da universalização do Estado-nação. Nestes tempos de pós-modernidade, de globalidade transfronteiriça, os Estados estão enfraquecidos, como se estivessem prestes a ser tomados de assalto.

Se considerarmos o caso da Síria e do Iraque, onde os Estados estão de fato em decomposição avançada, se os vemos sitiados por hordas selvagens, temos a sensação de que a teoria cíclica da história desenvolvida por Ibn Khaldûn é produtiva, aquela que fala das hordas de beduínos que atacam as capitais de onde irradia a civilização urbana para ocupá-las, começando por destruir, ao passo que vão se adaptando ao espírito da civilização até se tornarem, finalmente, por sua vez, produtores de civilização. É esse resultado positivo que torna os beduínos sedutores aos olhos de Ibn Khaldûn, porque o processo que eles iniciam passa de destruidor a produtor de civilização. É, portanto, um processo gerador de criatividade. Ele participa da acumulação e do refinamento da civilização.

[108] Crônica transmitida em 20 de setembro de 2014 pela Médi 1.

O que ocorre com esse processo se tomarmos, por exemplo, o Dâ'ish, que se tornou Estado Islâmico? A rígida e elementar doutrina do islamismo radical, da qual o Dâ'ish procede, simplesmente proíbe qualquer ato civilizatório. Sua visão identitária considera que qualquer intrusão estrangeira que perturbe a fantasia da pureza islâmica deve ser banida. O fato é que qualquer ato da civilização só pode ser híbrido. Ele deve ser inspirado pelo avanço da civilização feito por outros. Deve tomar emprestado, assimilar, adaptar, sintetizar para que a contribuição de outros fermente em sua própria singularidade. Tudo isso é necessário para criar algo próprio com base nesses múltiplos empréstimos assimilados.

As obras de civilização urbana criadas pelo Islã em sua era clássica ilustram perfeitamente esse processo de hibridização. Tomemos o exemplo da Cúpula da Rocha, na Esplanada das Mesquitas, em Jerusalém. Esse monumento octogonal é o resultado da planta centralizada como problema espacial. Envolve um problema mediterrâneo que surgiu no século VI antes de nossa era, entre os gregos antigos. A planta centralizada foi inaugurada com a orquestra dos teatros, depois apareceu nos tesouros das cidades gregas no santuário de Delfos. Foi então retomada nos templos redondos construídos pelos romanos, passando, mais tarde, pelos paleocristãos, depois pelos bizantinos. É na área de influência dos bizantinos, cujos artistas foram contratados pelas autoridades omíadas, que essa planta encontra sua realização mais perfeita, na Cúpula da Rocha, que celebra o episódio sagrado da jornada noturna do Profeta de Meca a Jerusalém, seguido de sua ascensão celeste. Chama-se a isso, em árabe, *al-Isrâ' wa al-Mi'râj*.

Outro elemento de islamização da coisa bizantina é revelado nos mosaicos e na decoração que esse monumento exibe. A técnica bizantina foi despojada de sua iconografia baseada na ilustração pictórica de histórias e símbolos bíblicos e evangélicos. Isso resulta em uma decoração estritamente geométrica e vegetal, à qual se soma a caligrafia monumental que transmite as verdades da mensagem corânica.

Vamos dar outro exemplo, mais familiar para Ibn Khaldûn. A mesquita-universidade de sua cidade natal, Túnis, a Zitouna, onde o grande historiador se formou e até lecionou. Essa mesquita é, por si só, um museu antigo caracterizado pelas centenas de colunas e capitéis romanos, paleocristãos, bizantinos, que foram reutilizados ali e que pontuam o vasto salão hipostilo. Além disso, as cúpulas monumentais são de inspiração bizantina. Ibn Khaldûn via com seus próprios olhos o que é uma obra de civilização. É o produto da hibridização.

No entanto, a ideologia do Estado Islâmico não pode apoiar a ideia de hibridização, que só pode ser associada à impureza. Mais ainda, como o último estágio da civilização foi ocidental, como a ideologia islamista se baseia no prurido antiocidental, o Estado Islâmico e seus similares não podem ser produtores de civilização, daí sua raiva bárbara que levou à destruição de toda as mesquitas pertencentes ao patrimônio e consideradas históricas em Mossul, desde a mesquita-mausoléu do xeque Qadhîb al-Bân, construída em 1150, até a mesquita dedicada ao profeta Seth, construída em 1647. Nem a tumba do famoso historiador Ibn al-Athîr foi poupada. Essas destruições mostram que o Dâ'ish não acredita nem um pouco na civilização do Islã clássico.

Com certeza, Ibn Khaldûn, fascinado pelos beduínos cuja violência em ato carregava em si a civilização em potência, só poderia ter rejeitado, desprezado, repugnado o Estado Islâmico, portador de uma realidade destrutiva que nunca se transformará em civilização. Esses bárbaros destruidores devem ser combatidos, antes de tudo, para a salvação do Islã e, além disso, para a salvaguarda da dignidade exigida pela condição humana.

AINDA SOBRE IBN KHALDÛN[109]

Em relação à catástrofe que o mundo árabe e islâmico enfrenta hoje, descobrimos que as análises de Ibn Khaldûn não estão distantes de nós. Elas iluminam nosso presente. O historiador medieval, existencialmente pessimista, nos fala de Estados que duram o tempo máximo de três gerações humanas. Ora, vemos diante de nossos olhos o colapso dos Estados reconstituídos na década de 1950. É o caso da Síria, do Iraque, do Iêmen, da Líbia.

[109] Crônica transmitida em 10 de outubro de 2014 pela France Culture, como introdução ao programa *Cultures d'Islam*, com Hamit Bozarslan, intitulada "Ibn Khaldûn et la violence" [Ibn Khaldûn e a violência].

Essa atualidade acaba de ser lembrada pelo cronista Hassan Shami em um artigo publicado no diário em língua árabe *Al-Hayât*, por meio da noção criada pelo historiador e por ele denominada *Irhâf al-Hâdd*, literalmente "aguçamento da lâmina". Significa dizer que Ibn Khaldûn convoca o príncipe a reinar na medida certa, para evitar o que se chama em árabe de *ghuluw*, o excesso – em suma, para evitar reinar brandindo o sabre afiado. Evitar a tirania, em resumo, porque é isso que gera males irreparáveis que levam à destruição, ao definhamento dos Estados. Ora, o colapso dos Estados que testemunhamos na Síria, no Iraque, no Iêmen e na Líbia é o produto de ditaduras abomináveis representadas por Assad, Saddam, Kadafi e outros. O *ghuluw*, o excesso, a desmesura, o uso da ponta da espada, gera o *ghuluw*. A violência leva à violência.

Ghuluw é um termo corânico muito usado hoje em dia para denunciar a interpretação excessiva do islã por parte dos islamistas. Interpretação que faz do islã uma instituição construída com base no princípio da morte, distante de todas as condições para uma vida decente, agradável, em que se desfrute dos bens deste mundo, como o Alcorão também recomenda em muitos versículos e passagens. É essa noção de *ghuluw* que está sendo invocada pelas autoridades religiosas e teológicas da Arábia Saudita, presa em sua contradição entre uma ideologia religiosa que leva ao *ghuluw* e um Estado responsável, que tem um horror sagrado a qualquer expressão terrorista e sediciosa, cujo motor, por sua vez, é precisamente o *ghuluw*, o excesso, a desmesura, a *húbris*.

Para lutar contra o *ghuluw*, os sauditas propõem a teoria da *wasatiyya*, a do meio-termo, do ponto do excesso. Será preciso lembrar que esse conceito que está sendo atualizado hoje circulou na tradição da língua árabe como referência socrática, grega? O mesmo dispositivo também foi adotado pela eminente universidade sunita Al-Azhar, do Cairo, mas de uma maneira mais séria, mais aprofundada, mais sistemática, mais elaborada, mais argumentada e mais informada sobre o que está oculto na Tradição. A Al-Azhar aproveita sua influência internacional no sunismo para espalhar essa teoria da *wasatiyya*, do meio-termo, a fim de evitar o princípio da morte, com o qual os islamitas contaminaram o islã ao ponto de corrupção.

A influência da Al-Azhar vai além das fronteiras do Egito e chega ao sul, até os confins da África; ao leste, até a Indonésia. Por meio da *wasatiyya*, talvez a Al-Azhar consiga exorcizar o *ghuluw*, o excesso, a desmesura, a *húbris* que estraga o Islã. Esse *ghuluw* cujos agentes e os que o reivindicam para si se chamam al-Qâ'ida, Nuçrat al-Sharî'a, Dâ'ish, o pretenso Estado Islâmico do Iraque e do Levante, que proclamou a suposta restauração do califado.

Enquanto isso, os partidários do *ghuluw*, do fio da lâmina, do excesso, da desmesura, só conseguem semear a morte e o terror onde quer que vão. Sua palavra de ordem, que é o motor de seu ser, não é outra senão o *Viva la muerte*, que ataca em outros lugares os seres humanos em nome do exclusivismo radical, de sua doxa, da recusa de opiniões divergentes, enfim, em nome do fascismo.

Até aqui, os apoiadores do *ghuluw* participaram dessa empreitada inaugural ao longo da história: a destruição dos dois berços da civilização islâmica. Será preciso lembrar que a primeira capital imperial do Islã se chama Damasco e que a segunda não é outra senão Bagdá? Mais ainda, destruíram os dois berços da civilização universal, afinal, nessas regiões o homem inventou a escrita, em seguida o alfabeto e a urbanidade, depois de ter inventado o precioso domínio do cultivo do trigo.

FRACASSO DA TRANSIÇÃO PARA A MODERNIDADE[110]

Tanto na sociologia quanto na antropologia, entende-se que o critério para confirmar a passagem da tradição para a modernidade é o da transição dos grupos humanos da comunidade para a sociedade. É o que ocorreu particularmente na Europa ao longo do século XIX. Sem empregar esses conceitos, que surgirão no contexto alemão do fim do mesmo século, um livro como *O povo*, de Michelet, explica o processo que transformou a França na época de sua industrialização.

---

[110] Crônica transmitida em 3 de outubro de 2014 pela France Culture, como introdução ao programa *Cultures d'Islam*, com Fethi Benslama, intitulada "De la Communauté à la société" [Da comunidade à sociedade], e reapresentada em 11 de outubro de 2014, com o mesmo título, pela Médi 1.

No entanto, o mesmo processo, começado aos trancos e barrancos nos países muçulmanos, muitas vezes fracassou. Apenas emergiu excepcionalmente e ainda... mesmo onde quase triunfou, onde está em vias de triunfar, a obsessão pela comunidade nunca se dissipou. Ela ainda ameaça em países como a Turquia ou a Tunísia, que passaram por uma evolução forçada para o secularismo, imposta por um poder autoritário apoiado em sua elite. Na derrocada atual de muitas das principais sociedades árabes – Iraque, Síria, Iêmen, Líbia –, é a desagregação do corpo social que põe a comunidade em primeiro plano. Em algum momento no passado ouvimos tanto falar em irredentismo de xiitas-sunitas, curdos-árabes, alauítas-iazidis, cristãos de diversas ordens, caldeus, assírios, gregos ortodoxos, ou seja lá qual outra seita que sai do anonimato em que sobreviveu por séculos, como ocorre agora?

A sociedade tradicional foi muitas vezes constituída por um conglomerado de comunidades que coabitam em um conjunto colorido de todas as diversidades, em geral sob o comando de uma autoridade imperial. Esse foi o caso na região do Oriente Médio, a que nos diz respeito, durante o tempo do Império Otomano. Além disso, depois da desagregação desse império, a república nasceu para criar uma nova sociedade, baseada no princípio da soberania popular, da cidadania, governada pelo direito positivo. Essa mudança ocorreu em meio a uma violência muito grande, que baniu toda referência à comunidade, transcendida pelo identificador nacional turco, que matou a diversidade. Daí o aparecimento dos problemas curdos e, em menor grau, do problema armênio.

No entanto, o processo histórico natural da transição da comunidade para a sociedade ocorre, em princípio, de maneira pacífica, consentida, e não imposta. É por essa razão que, na sociedade moderna, a referência à comunidade original permanece; apenas se torna periférica, não é mais central. Com o tempo, a comunidade pode desaparecer e se assemelhar a uma remanência. De fato, continua sendo um traço persistente. Nos Estados Unidos, a referência à comunidade de origem permanece recorrente, mas é transcendida pelo referente comum a todos, o da cidadania, motor da sociedade. Isso se chama identidade de duplo gatilho: comunidade em casa, cidadania na cidade, na *ágora*.

No Islã, há a utopia da *umma*: como reunir a comunidade religiosa em uma comunidade politicamente universal? É a utopia revivida pelos islamistas, que não acreditam na transição para a sociedade moderna e, por isso, dificilmente acreditam em fronteiras, em nações ou em povos já constituídos historicamente. É essa utopia que sonha se instalar por meio do estabelecimento fantoche, pelo Estado Islâmico, do califado em duas vastas partes do Iraque e da Síria.

Esse estabelecimento que perturba a região e aflige as administrações, quanto tempo vai durar? Terá os meios para estender-se? Por que o permitimos? Por que as grandes potências e as potências regionais têm reações tímidas, lentas, cautelosas e vagas? Por que as administrações, depois da indiferença, empreendem uma ação militar cuja eficácia é das mais relativas? Por que não acompanhar essa política conjuntural com uma política de longo prazo, que atacaria o mal pela raiz para erradicá-lo? São tantas as perguntas para as quais não temos resposta e que, no entanto, merecem ser feitas.

NOTA À PRESENTE EDIÇÃO

"O trabalho do poeta é estar no mundo em estado de vigília, prender-se à sequência dos momentos, aproveitá-los", escreveu Abdelwahab Meddeb em uma das meditações de seu *Exil Occidental* [Exílio ocidental][111]. Esse era o princípio de sua vida, aplicado no intermédio, "na encruzilhada de [sua] dupla genealogia espiritual, árabe-islâmica e laica-europeia"[112], no vai e vem, "condição intermediária governada pelo intervalo"[113].

Escritos a partir do fim de 2011 em cadernos anotados em Paris, Fez, Túnis, Berlim, Calcutá e muitos outros lugares, os textos reunidos nesta obra testemunham simultaneamente esse "estado de vigília" e essa situação intersticial de Abdelwahab Meddeb. Seguindo o ritmo das notícias e dos acontecimentos da história, mas também de seus encontros e descobertas pessoais, o escritor "errante e polígrafo" entremeou em suas análises políticas comentários eruditos sobre o islã e o sufismo, pontuou suas palavras com referências a obras mundiais da literatura, da arquitetura, da música, e enriquecia por vezes sua proposta de rememorar uma visita ou uma paragem com a evocação de uma paisagem, com um relato do passante que é testemunha.

[111] Abdelwahab Meddeb, "Matière du poème", *L'Exil occidental*, Paris: Albin Michel, 2005, p. 147.
[112] Idem, *Pari de civilisation, avec une contribution de Christian Jambet*, Paris: Seuil, 2009, p. 68.
[113] Idem, "L'Autre Exil occidental", *L'Exil occidental, op. cit.*, p. 76.

A maioria desses textos foi motivada inicialmente pela expressão de um *Point de vue* [Ponto de vista] livre, nome de sua crônica semanal na rádio Méditerranée Internationale – Médi 1, transmitida por todo o Magrebe, até a Mauritânia e a Líbia. Escritas com cuidado para com o ouvinte, seguindo as modulações tão reconhecíveis de sua voz, foram, por vezes, revisadas de próprio punho, ampliadas para ser publicadas como artigos no *site* de notícias tunisiano *Leaders*, veículo por meio do qual ele se envolveu na Revolução de Jasmim, em 2011, e depois na luta contra a ascensão do partido islamista tunisiano Ennahdha, mostrando uma vigilância muito particular na época da redação da Constituição tunisiana. Alguns deles também foram apresentados nas páginas dos jornais franceses *Libération* e *Le Monde*. Privilegiamos essas últimas versões publicadas em detrimento das primeiras referências manuscritas, transmitidas por rádio.

A esses textos, mais especificamente dirigidos ao mundo árabe, foram enfim acrescidas as últimas palavras de Abdelwahab Meddeb na France Culture, a partir do fim do verão de 2014, como introdução do programa *Cultures d'Islam* [Culturas do Islã]. Isso ocorreu logo depois que o chamado Estado Islâmico proclamou o estabelecimento do califado. Abdelwahab Meddeb sabia então que estava condenado pela doença que o vitimou no fim do outono, mas ainda queria abordar os assuntos atrelados ao Oriente e ao Ocidente. Esse foi seu chamado humanista. Essa também foi sua fé como poeta. Além disso, os títulos de suas últimas crônicas permitem compreender seu estado de espírito: "Fraude do Dâ'ish", "Fracasso da transição para a modernidade", "Perigo e salvação", "Sufismo, apesar de tudo", "Ódio à cultura", enfim, que deu origem a um diálogo com seu amigo Christian Jambet.

Crônicas inéditas e artigos publicados constituem, portanto, o material dessa primeira compilação póstuma, que desejamos inscrever, com Amina e Hind Meddeb, na continuidade de seus trabalhos anteriores e, mais particularmente, em continuação a suas *Contre-Prêches* [Contra-prédicas][114] ou aos *Instants soufis* [Instantes sufistas][115], que reúnem outras

[114] Idem, *Contre-Prêches*, Paris: Seuil, 2006.
[115] Idem, *Instants soufis*, Paris: Albin Michel, 2015.

crônicas transmitidas pela rádio Médi 1. Como não podíamos reunir aqui a totalidade dos textos escritos desde 2009, data de publicação de seu *Pari de civilisation* [Aposta na civilização], tivemos que fazer escolhas. Foram selecionados os textos mais recentes, cujo caráter político ou cuja perspectiva crítica lançam luz sobre as questões postas pelo mundo atual. Quanto à organização, decidimos correr o risco de substituir a cronologia estrita por uma estrutura em partes temáticas, como feito anteriormente em *Sortir de la Malédiction. L'Islam entre civilisation et barbarie* [Escapar da maldição: o Islã entre civilização e barbárie][116]. A presente coletânea é um eco daquele livro, atualizada na reiteração de seu chamado à modernidade e ao acompanhamento do advento da globalização.

De fato, delineia-se novamente nesta antologia a dialética que está no cerne de seu pensamento desde *La Maladie de l'islam* [*A doença do Islã*][117]. Dialética, entre outras, do Islã como civilização contra "o islã dos *hadîths*", do primado da ética sobre o da Lei, do fenômeno religioso vivido na interioridade da experiência contra o efeito social e identitário do religioso. Essas crônicas e artigos são, acima de tudo, do combatente que nunca dissimula suas opiniões, sob o risco de ser contra-atacado.

Condenando o exercício diário do terror à luz dos esplendores que foram esquecidos, destruídos ou estão prestes a sê-lo, detectando nos discursos do islã político a componente da astúcia e da mentira, Abdelwahab Meddeb chama nossa atenção aos desastres em curso e aos perigos futuros. Contra o uso do que ele considera ser a parte do Islã "mais pobre e menos adaptada ao nosso tempo"[118], parte política nutrida pelo culto à ordem moral e pela obediência ao dogma, ele reitera seu apelo em favor do renascimento da interpretação da Letra de acordo com a antiga tradição das controvérsias teológicas e na continuidade da hermenêutica, segundo a qual o significado se realiza em sua interpretação.

116 *Idem, Sortir de la Malédiction. L'Islam entre civilisation et barbarie*, Paris: Seuil, 2008.
117 *Idem, La Maladie de l'islam*, Paris: Seuil, 2002.
118 Vf. a crônica "O Islã não é o islamismo", p. 17.

Da mesma forma, Abdelwahab Meddeb elogia a resistência civil, criações ousadas e os menores sinais de liberdade – como no caso desses adolescentes que se beijaram em uma rua de Túnis –, enfatizando a importância de agir, de "encaminhar-se para fazer o bem", de acordo com a expressão que forja na tradução da expressão corânica *istabiqû al-khayrât*.

De fato, esses textos podem ser lidos como "chamamentos". Não apenas na forma de se endereçar – e note-se que Abdelwahab Meddeb inclui sua voz na de um "nós" coletivo –, mas também pela escansão que uma leitura, que uma escuta do todo permite. Isso nos lembra a determinação com que ele expressou seu voto de liberdade, convocando incansavelmente para a defesa da pluralidade, para "nunca deixar de transmitir as maravilhas do Islã"[119]. Não "um Islã imaginário, embelezado, inteligente, amável, comparado a um Islã real que seria horrível, estúpido, sanguinário, detestável"[120], esclareceu, mas um Islã aberto, pronto para entrar na era da cosmopolítica, aberto àqueles a quem chamou "os defensores da hibridização, que estão na vida e no mundo, que transmitem alegria e amor", em vez de abandonado aos "defensores do puro, que são pela morte, pelo culto da sepultura, e que espalham crime e ódio"[121]. Atento aos gestos e acontecimentos cotidianos, elogiando a coragem de uma juventude comprometida, tal como convocavam os Anciãos, o cronista se fazia, ao mesmo tempo, arqueólogo e arquivista de nosso contemporâneo. Dizia ele: "Devemos manter os olhos abertos, mesmo enquanto dormimos, e não nos deixar enganar pelas sereias islamistas. Devemos sempre lembrar que, em nossa própria tradição, temos riqueza suficiente para construir uma sociedade aberta ao outro, ao amor à vida, à hospitalidade, uma sociedade que adapta nossos próprios valores ao tempo presente. Isso é possível, nós sabemos"[122].

Abdelwahab Meddeb não testemunhou as últimas séries de aten-

---

[119] Vf. a crônica "Perigo e salvação", p. 280.
[120] Abdelwahab Meddeb, "Introduction", *Instants soufis*, op. cit., p. 31.
[121] Vf. "L'Hybridation, c'est la vie", crônica transmitida em 31 de março de 2012 pela Médi 1, não transcrita aqui.
[122] Vf. a crônica "Do governo do clérigo ao amor à vida", p. 116.

tados que ensanguentaram as cidades do mundo que ele amava visitar, esses atos cada vez mais frequentes cometidos em nome de um terrorismo que é agora globalizado. Ele temia, no entanto, a propagação do desastre que viu ocorrer no ritmo da repressão, dos crimes e da destruição. Consciente do perigo, esforçava-se, como poeta, ancorado em seu presente, para "preservar o *sauf*" e aquilo que ainda poderia atingir essa condição. Como o Hypnos de René Char, "marcando a resistência com um humanismo consciente de seus deveres"[123], Abdelwahab Meddeb zelava por seu tempo.

Raphaël Lauro

[123] René Char, apresentação de "Feuillets d'Hypnos", *Fureur et mystère, in Œuvres complètes*, Paris: Gallimard, 1983, p. 173 (col. Bibliothèque de la Pléiade).

Fontes Jaroslav e GT Sectra
Papel Pólen Soft 70 g/m² (miolo) e Supremo 300 g/m² (capa)
Impressão Hawaii Gráfica e Editora
Data maio de 2024